삶을 위한 권력

삶을 위한 권력

공론장과 권력감수성

박태순 김경숙 지음

글통

이글은 삶의 영역에서 작동하는 힘의 원리와 힘을 형성하는 방법을 다룹니다. 힘을 만들어내지 않고는 삶을 변화시킬 수도, 삶의 주체가 될 수도 없습니다. 힘은 4년에 한 번 하는 선거 정도로 만들어지지 않습니다. 여야가 바뀐다고 우리에게 힘이 저절로 생기는 것도 아닙니다. 일상적으로 작동하는 정치 권력을 통제할 수 있는 유일한 방법은, 우리 삶의 영역에서 정치 권력을 견제하고 통제할 수 있는 대항 권력을 일상적으로 만들어내는 방법 밖에 없습니다. 공론장은 정책의 정당성을 확인해주는 나른한 토론장이 아닙니다. 공론장은 의사소통을 통해 시민의 뜻과 의지를 모으고, 삶의 요구를 제도적으로 실현하기 위한 권력, 의사소통 권력을 형성하는 정치적 공간입니다. 공론장을 통해 우리가 반드시 배우고 깨쳐야 할 것은 화려한 말과 그럴듯한 논리가 아니라, 공론장을 둘러싼 다양한 세력과 이해관계자 간에 작동하는 권력 관계와 권력의 작동방식입니다. 권력의 움직임을 제대로 포착하지 못하면, '자유롭고 평등한 공론장'은 고사하고, 영원히 '을'로 남을 수밖에 없습니다.

권력의 가장 포괄적 의미는 '영향력'입니다. 삶의 주체인 우리가 영향력을 만들어내지 못하고, 타자에 의해 영향을 받기만 한다면, 우리의 인권과 권리는 계속해서 쪼그라들고, 타자에 대한 종속성은 더욱 커질 것입니다. 삶의 영역에서 우리의 영향력, 즉 시민권력, 주민권력을 키우고자 한다면, 권력에 관심을 두고, 권력 현상을 배워야 합니다. 공론장은 공통의 과제를 토론하고 합의하기 위해 다양한 주체들이 결합하는 장소입니다. 공론장이 자율성을 갖기 위해서는 공론장과 공론장 외부에 작동하는 권력작용을 이해하고, 대처할 수 있어야 합니다. 또한 공론장에 참여한 사람들 간에도 권력 작용은 일어납니다. 공론장이 지배와 종속, 억압과 타율이 존재하는 공간이 되지 않기 위해서도 공론장 내에서 작동하는 권력 관계를 읽고 대처할 수 있어야 합니다. 공론장에서 토론과 합의가 드러난 모습이라면, 그 모습을 결정하는 것은 권력 관계입니다. 참여자 모두가 권력 관계에 민감해질 때, 일방적으로 당하거나 손해 보는 사람이 없어집니다. 특히, 한국사회와 같이, 가정에서부터 사회, 국가에 이르기까지 참으로 오랫동안 성별, 연령, 직업, 직위, 학별 등에 의한 차별이 정당화되었던 곳에서는 공론장 역시, 그런 관행과 습속이 그대로 유지될 가능성이 큽니다. 이를 깨뜨려야 합니다. 공론장을 자유롭고 평등한 관계로 바꿔 가야 합니다. 그러자면, 공론장 내부와 외부에 작동하는 권력에 민감해져야 합니다. 한마디로 공론장을 통해 권력에 대한 민감성, 권력 감수성을 키워야 합니다. 공론장은 삶의 영역에서 의사소통적 권력이 형성되는 공간이자, 참여자들이 권력 감수성을 배우고 키우는 공간 입니다.

1. 우리가 직면한 현실과 과제

우리는 지금 대 전환의 시대에 살고 있습니다. 후기 산업사회, 디지털 정보사회를 넘어 생성형 AI 시대에 접어들었습니다. 노동 소멸을 우려하는 위기의 시대를 의미하기도 합니다. 이러한 전환에 성공적으로 대응하기 위해서는 국가와 시민사회의 상호 대등한 협력이 매우 중요합니다.

우리는 오랫동안 국가주의 속에서 살아왔습니다. 과거 조선 시대부터 대한민국 근대화 과정을 거치면서 국가가 중심에 있었고, 국가가 모든 것을 결정하며 시민은 수용체, 수행체 혹은 동원 대상으로 인식되었습니다. 이러한 상하 위계적인 수직 관계에서는 제대로 된 협력을 이끌어낼 수 없습니다. 결국, 국가와 시민사회 간의 관계를 재정립하는 것이 절실한 시점에 와 있습니다. 상호 주체적인 협력이 이루어지기 위해서는 국가권력에 대응할 수 있는 시민권력의 형성이 중요합니다.

이 점에서 공론장은 단순한 논의 공간이 아니라, 시민권력을 생산하는 공간이기도 합니다. 공론장을 단순한 토론 공간으로 이해하는 분들은 '시민권력 형성 공간'이라는 말이 낯설게 느껴질 수 있습니다. 공론장은 삶의 영역에서 삶의 주체들이 만들어내는 논의 공간이며, 시민사회에 사는 사람들이 공통의 과제를 해결하는 공간입니다. 무엇보다도 중요한 것은 자신들이 직면한 문제를 권리로 확보하기 위해 법과 제도를 형성하는 논의 공간이라는 점입니다. 공론장은 시민사회의 요구를 법과 제도를 통해 권리로 확보하기 위한 목적을 가진 공간입니다.

공론장을 통해 시민권력이 확보되어야만 국가권력과 시민권력이 상호 견제와 균형을 이룰 수 있고, 상호 존중의 관계를 형성할 수 있습니다. 국가권력과 시민권력이 상호 견제와 균형을 이룰 때야 비로소, 국가도 발전하고, 시민도 자유로울 수 있었습니다. 상호 견제와 균형이 이루어지기 위해서는 지금보다 시민권력이 훨씬 강해져야 합니다. 공론장이야말로 시민권력을 형성하고 강화하는 곳입니다.

얼마 전 인천 검암동이란 동네에서 '마을회의 창립총회'가 열렸습니다. 마을회의 운영규정이 채택되고, 추진위원회가 구성되고, 사업 계획이 발표되었습니다. 이날 총회는 그 흔한 마을회의와는 차이가 있었습니다.

28년 전 인근에 있는 수도권매립지 공사를 하면서, 이 마을에 복지관 건립 비용으로 14억 원이 넘는 지원금이 지급되었습니다. 마을에 아파트가 들어서고 입주민이 늘어나고, 복지관이 절실했습니다. 그러나 어떤 이유인지 당시 복지관 건립 책임을 맡은 '복지관 건립 추진위원회'는 그 돈을 움켜쥔 채, 요지부동이었습니다. 주민과 추진위 간에 소송이 걸리고, 법원은 그 돈은 마을 전체의 것이므로, 조속히 복지관 건립을 하라고 판결하였지만, 아무런 변화도 일어나지 않았습니다. 구청도, 동장도, 주민자치회도 이 문제 해결에 나서지 않았습니다. 이 문제를 주민 간 갈등으로 보고, 나서는 것에 부담을 느꼈기 때문입니다.

이런 상황에서 마을의 몇몇 주부들이 이 문제 해결에 나서게 된 것입니다. 그들은 집회나 시위, 항의라는 (전통적인) 방식이 아니라, 주민이면 누구든지 참여해서 복지관 건립에 대해 자유롭게 토론하는 논의 공간을 지속적으로 만들었습니다. 거듭된 논의를 통해 현재 상황과 문제를 정리하면서, 마을 주민을 대표할 새로운 '주체'가 필요하다고 결정하였습니다. 마을회의 결성을 위한 총회를 개최한 것입니다. 1500명이 넘는 주민이 마을회의 회원으로 가입하고, 150명이 넘는 사람이 창립총회에 참석하여, 주민 스스로 복지관을 만들자고 결의하였습니다. 주민이 모이면서, 시에서도, 서구 의회에서도 관심을 갖기 시작하고, 지역 사회에서 더 이상 무시할 수 없는 사안이 되었습니다. 주민이 자발적 공론장을 통해 영향력을 형성하는 대표적인 현장입니다.

공론장을 통해 시민권력이 형성되는 과정을 보여준 또 하나의 사례는 2023년 의정부 소각장 관련 시민공론장입니다. 의정부시에는 연한을 초과한 낡은 소각시설이 있습니다. 의정부시와 시민사회, 지역주민 간에 신설할 것이냐 개·보수할 것이냐, 현 위치에 지을 것이냐-이전할 것이냐, 소각 용량을 그대로 유지할 것이냐 증설할 것이냐, 옮긴다면 어디로 옮길 것이냐 등을 둘러싸고 수년째 대립과 갈등을 이어갔습니다. 지역 사회 갈등에 따른 피로가 쌓여가면서, 의정부시장은 시민사회가 제기한 '시민공론장을 통한 시민에 의한 결정'을 전격적으로 받아들이게 되면서, 공론장 논의가 본격화되었습니다.

문제는 공론장의 자율성 확보였습니다. 오랫동안 행정에 의한 일방적인 통치를 겪어온 주민과 시민들에게 시장이 수용한 공론장은 '잡아 놓고 조지는' 또 하나의 요식 행위에 지나지 않을 수 있었기 때문입니다. 이런 상황에서 시민사회는 시장과의 사전 면담을 통해 공론장 자율성 확보를 위한 다음과 같은 약속을 받아냅니다. 첫째, 지원하되 간섭하지 않는다, 둘째, 공론장의 구성과 운영의 자율성을 보장한다, 셋째, 논의에 필요한 정보를 충실히 제공한다, 넷째, 공론장 논의 결과를 존중해야 한다, 다섯째, 용역에 의존하지 않는다 등입니다. 반대 운동에 주력했던 시민사회가 공론장에 적극적으로 참여하였고, 시장은 이 약속을 지켰습니다. 신뢰의 토대가 만들어지고, 수용성 높은 합의안이 도출되었습니다. 시민은 공론장을 통해 자신들이 지역 현안 해결의 주체가 되는 '놀라운' 경험을 하였고, 지역 사회는 민관협력의 가능성을 새롭게 확인하였습니다.[*]

이 책을 통해 공론장의 의미와 필요성을 알게 되기를 바랍니다. 또한 공론장과 권력의 관계에 대해 이해하는 계기가 마련되기를 바랍니다. 더 나아가 삶의 영역에서 공론장을 구상하고, 이를 구현하기 위한 설계 역량을 갖추는 계기가 되기를 바랍니다. 무엇보다 자율적이고 민주적인 공론장을 구성하고 운영할 수 있는 능력을 갖추기를 희망합니다. 궁극적으로 공론장을 통해 우리는 인권과 주민주권, 법치 등 민주주의의 핵심 가치를 배우는 계기가 될 것입니다.

이 책은 주민에 의한 자발적인 공론장과 공론장의 자율성을 강조하고 있습니다. 우리는 오랫동안 권위주의와 행정중심국가에 살아왔습니다. 그리고 사람마다 차이는 있지만, 국가주의적인 사고방식이 깊이 내면화되어 있습니다.

입법·사법·행정 간 삼권분립만 중요한 게 아닙니다. 국가 내부의 삼권분립보다 우리 삶에 직접 영향을 끼치는 것은 국가와 시민사회 간 견제와 균형입니다. 국가는 필요하고 중요하지만, 국가가 우리 삶의 모든 것을 책임질 수 없고, 국가권력은 삶의 주체들에 의해 통제되어야 합니다. 그 국가를 통제하는 힘은 누가 대신 만들어줄 수 없습니다. 우리 스스로 만들어 가야 합니다. 국가를 통제하는 권력, 즉 주민권력을 형성하기 위해서는 그 힘을 만들어 가는 원리를 알아야 합니다. 우리가 공론장에 대해 알고 공부해야 하는 이유이기도 합니다.

국가권력과 행정권력이 우리 삶을 촘촘하게 관리하고 통제하는 사회에서 공적 사안에 대한 주민 주도의 자율적인 공론장은 말처럼 쉽지 않

---

[*] 박태순, 2024. "공론장 정상화 전략과 의의 : 의정부 소각장 시민공론장 사례를 중심으로.", 『정치와 공론』 34권, 157-206.

습니다. 마을 길 하나 놓는 것부터 복지회관에 들어갈 내용에 이르기까지, 행정기관은 이 모든 일이 자신들의 소관이라고 생각하고, 인허가 등을 통해 통제하려 듭니다. 주민이 모여 스스로 논의 공간을 만드는 순간부터 행정기관과의 관계, 그리고 현재의 법과 제도와의 관계 문제에 직면할 수밖에 없게 됩니다. 이런 경험을 통해 우리는 국가와 행정이 단순한 서비스 기관이 아니라, 권력 기관이라는 것을 깨닫게 되고, 그 권력과 어떻게 관계해야 할 것인지를 고민하게 됩니다.

공론장을 통해 자율성을 확보하고, 시민권력을 형성하려는 순간마다, 이전에는 느끼지 못했던 국가권력, 행정권력이라는 실체를 경험하게 되고, 그 권력의 특성과 운용 방식, 권력과의 관계 맺기에 대해 고민하게 됩니다. 국가나 행정을 권력작용으로 인식하고, 그 역량의 크기와 작동방식, 그리고 시민사회나 삶의 세계와 관계 맺는 방식 등을 고민하면서, 권력에 대한 감수성이 생겨납니다. 저는 이를 '권력 감수성'이라고 부릅니다.

공론장을 만들면서 우리 스스로 권력이 만들어지는 것을 실감하게 되고, 기존에 알지 못했던 국가권력, 행정권력을 감각하고 인식하게 되고, 관계 맺기에 대해 본질적으로 성찰하게 됩니다. 또한 권력에 대한 감수성이 높아질수록 넓게는 국가와 시민사회, 좁게는 우리 삶의 영역에서 행정과 공론장 간에 바람직한 관계에 대한 지혜도 깊어지게 될 것입니다. 공론장이 권력 감수성을 발견하고 기르는 공간이라면, 권력 감수성은 공론장을 둘러싼 다양한 권력들과 견제와 균형에 기반한 자유롭고 평등한 관계를 형성하는 기반이 될 것입니다.

2. 이 책을 쓰게 된 계기

이 책을 쓰게 된 첫 번째 이유는, 제 성찰과 실천을 통해 얻은 것을 저와 같은 삶을 사는 사람들과 나누고 싶었기 때문입니다. 사람들은 충분한 잠재력을 가지고 있습니다. 저는 여러 차례의 경험을 통해, 사람들이 스스로 논의를 통해 자신들의 문제에 가장 합리적이고 효과적인 답을 찾아가는 과정을 확인하였습니다. 사람들은 이미 자신의 문제를 해결할 수 있는 상당한 잠재 역량을 갖추고 있습니다.

삶의 주체들이 놀라운 잠재력을 가지고 있음에도 불구하고, 왜 우리 삶의 문제 해결은 계속해서 미뤄지고, 삶의 질은 정체된 상태에서 벗어나지 못하는 것일까요? 저의 오랜 질문이자 고민거리였습니다. 이러한 현상의 근본적인 이유는 세 가지가 있으며, 각 이유에 맞는 해결책을 찾는 것이 중요하다고 판단했습니다.

첫 번째는 우리가 여전히 현실에 맞지 않는 낡은 인식에서 벗어나지 못하고 있다는 점입니다. 공적인 일은 '그들'이 해결해줄 것이고, '우리'는 해결할 수 없다는 오래된 믿음과 습관이 여전히 남아 있습니다. 공적인 문제는 국가가 처리하는 것이고, 시민(혹은 주민)은 그저 일상에 충실하면 된다는 수동적인 태도가 여전히 사람들의 사고방식을 지배하고 있습니다.

그러나 실제로 우리의 삶에서 발생하는 많은 문제는 국가나 행정의 몫이 아니라, 시민들이 함께 해결해야 할 공적 과제입니다. 우리는 각자가 문제 해결의 책임을 지고, 일상 속에서 이를 실천해야 합니다. 삶의 영역에서 발생하는 다양한 문제들에 대해 책임감을 느끼고, 공동체의 구성원으로서 문제를 해결하려는 노력이 필요합니다.

이러한 공적 과제는 거창한 것이 아니라, 누구나 작은 공론장을 통해 참여할 수 있는 다양한 과제들입니다. 작은 모임이나 토론의 장을 통해 공적인 문제에 대한 논의와 해결책을 모색할 수 있으며, 이를 통해 시민들이 적극적으로 공적인 역할을 수행할 수 있습니다. 이는 개인의 삶과 공동체 모두에 실질적인 변화를 가져올 수 있는 중요한 과정입니다.

두 번째는 관계 재구성에 필요한 권력 개념이 부재하다는 점입니다. 관계 재구성의 필요성, 그리고 공론장의 중요성을 우리는 아직 잘 인식하지 못하고 있습니다. 우리가 스스로 공통 관심사를 논의하고, 뜻과 의지를 형성하려 들면, 행정에 우리의 문제를 맡긴 채 살아갈 때는 경험하지 못한 새로운 상황에 직면하게 됩니다. 우리의 행위가 기존 권력에 영향을 미치게 되고, 기존 권력은 전과는 다른 면모를 보이기 시작합니다. 이뿐 아니라, 시민사회 내에서도 행정이나 의회와 같은 수직적 권력 구조에 익숙한 집단과 마주하게 됩니다. 주민의 주체적인 활동이 주변에 반응을 일으키고, 평소에는 보이지 않던 권력 관계가 모습을 드러내게 됩니다.

결국, 문제를 해결하기 위해서는 주변 권력들과 새로운 관계를 형성해야 합니다. 그러나 정부와 민간 모두 협력적 문제 해결 경험이 부족하다 보니, 새로운 관계 형성이 쉽지 않습니다. 협력이 불가피한 시대에서 문제를 해결하기 위해서는 기존의 수직적이고 위계적인 관계에서 수평적이고 상호적인 관계로의 전환이 필수적이지만, 현실은 이런 요구가 문제해결은 고사하고 새로운 갈등과 분열로 끝나는 경우가 많았습니다.

새로운 관계는 상대와의 관계를 권력 관계로 인식할 수 있을 때만 형성될 수 있습니다. 상대를 향한 지식, 활동, 역할을 권력 작용으로 인식하고 권력 작용을 조정할 수 있어야 합니다.

공론장은 안과 밖의 경계와 내부에서 이런 권력 관계를 감지하고 확인할 수 있는 최적의 공간입니다. 또한, 공론장은 상호 존중을 바탕으로 협력적 관계를 형성하는 데 필요한 권력 관계를 학습할 수 있는 공간이기도 합니다. 저는 이러한 관계의 본질적인 측면에 대해 이야기하고 싶었습니다. 권력 관계를 제대로 인식하고, 그 관계 안에서 협력적 해결책을 찾아 나가는 것이 문제 해결의 핵심입니다.

세 번째는 아직은 시민들이 자신들의 의지와 뜻을 모아 권력을 형성하는 구체적이고 현실적인 방법을 알지 못한다는 점입니다. 어찌 보면 당연한 일입니다. 언제 우리가 수직적이고 위계적인 사회에서 그러한 경험과 성찰을 해본 적이 있습니까? 오랫동안 우리는 군신(君臣), 부자(父子), 부부(夫婦), 남녀(男女), 장유(長幼)간의 엄격한 서열이 있어야 한다고 믿고 살아왔습니다.

조선이라는 나라는 오래전에 사라졌지만, 그 유산은 여전히 우리의 삶과 의식 전반에 깊이 자리 잡고 있으며, 공사 모든 영역에서 여전히 영향을 미치고 있습니다. 현대적인 표현으로 바꾸면, '사회 구성원 모두는 자신의 위치에 따라 발언권이 다르고, 그 차이를 유지하는 것이 질서'라는 생각이 여전히 자리하고 있습니다. 이는 행정 영역에만 국한되지 않고, 가정에서도 마찬가지이며, 학교나 직장에서도 위계적인 구조 속에서 자유롭고 평등한 논의를 경험할 기회는 거의 없었습니다. 이런 사고방식이 우리의 삶의 기초라면, 우리가 공론장에 모인다고 해서 오랫동안 몸과 마음에 깊이 새겨진 생각과 행동이 쉽게 바뀔 수 있을까요?

최근 미투운동을 통해 남녀 차별이란 위계질서의 한 축이 무너지고 있으나, 여전히 우리 일상에서는 남성이나 어른들이 주도권을 잡고, 가정에서는 가장이, 사회에서는 학자나 관료들이 의사결정을 독점하는 구조가 여전합니다. 나머지 사람은 겨우 수혜자나 권력의 대상자로 인식될 뿐이며, 처음부터 발언권이 없었던 이들은 순응하거나 요구하고 저항하는 것 외에는 할 수 있는 일이 없었습니다.

요구와 저항은 비록 적극적인 행동일 수 있지만, 결국 결정권자에게 의존하는 것이므로 순응과 크게 다르지 않습니다. 자신이 문제 해결의 주체가 되어, 자유롭고 수평적인 논의 공간에서 권력을 창출하고, 이런 권력을 바탕으로 시민의 권리를 확장해본 경험은 거의 없었습니다.

1987년 이후 시민사회의 엘리트들에 의해 권리를 찾는 운동이 활발히 전개되었지만, '시민 없는 시민운동'이라는 말처럼, 당시에도 삶의 주체인 '일반 사람'은 여전히 대상자나 수혜자의 수준에 머물러 있었습니다. 일반 사람은 참여할 의지는 있었고, 권력 재구성의 필요성도 인식했지만, 이를 어떻게 실현할지 알지 못했습니다. 시도해본 적이 없었기 때문입니다. 지금은 수많은 시행착오를 통해 하나씩 배워가고 있지만, 경험이 많다고 해서 저절로 올바른 방법을 터득하는 것은 아닙니다.

이 책을 쓰게 된 네 번째 이유는 일반 사람이 일상 속에서 직접 활용할 수 있는 책이 필요하다고 판단했기 때문입니다. 국내외에서 주민주권과 공론장에 관한 책들이 출판되고 있긴 하지만, 권력의 관점에서 그 작동 방식을 다루는 책은 거의 없습니다. 많은 경우, 단순한 방법론을 다룰 뿐 현실을 변화시키는 실천적인 지침으로는 충분하지 않았습니다.

한국사회는 오랫동안 국가주의 이념에 기반해 국가가 공적 문제를 독점해 왔고, 시민들은 일상에 집중할 수밖에 없는 구조 속에 있었습니다. 이 과정에서 국가가 만든 '공공을 위해서'라는 명분 앞에 삶의 영역은 너무 자주, 쉽게 침탈당해왔습니다. 생존권이 직접 위협받는 절박한 상황이 되고서야 문제를 제기하고, 요구하고 저항하는 문화와 관습이 자리를 잡아 왔습니다. 자발적인 논의를 통해 문제를 해결하고 권력을 형성하는 방법에 대해 포괄적이고 실질적인 지침을 제공하는 책을 찾아보기 어려웠습니다.

여기에 마을 공동체 활동과 주민 자치의 중요성을 강조하면서 모임을 만들고, 운영하는 데 필요한 책들이 많이 출판되었지만, 이런 책들 대부분은 활동가를 위한 '지침서' 수준을 넘어서지 못합니다. 활동가에게 모임을 구성하고 운영하는 방법에 대해서는 친절하게 안내하지만, 그 근거와 이유를 말해주는 책은 거의 없습니다.

또한, 일상 속에서 살아가는 사람에게 왜 공론장에 참여해야 하는지와 어떤 목표를 지향해야 하는지에 대한 구체적인 이유를 제시하지 못하거나, 제공하더라도, 대부분 당위적인 차원에 그치고 맙니다.

3. 이 책의 구성과 내용

이 책은 이론과 실천을 함께 다루고 있습니다. 우리 사회 현실에 대한 성찰과 전통적인 공론장 이론을 기반으로 우리 사회에 필요한 공론장 이론을 제시하고, 삶의 영역에서 삶의 주체들이 이를 실천하기 위한 과정과 절차를 안내하고 있습니다.

공론장 이론편은 공론장의 개념과 의미, 공론장의 특성, 공론장과 권력, 주민주권과 공론장, 좋은 공론장을 위한 과제 등 총5부로 구성됩니다.

1부 '공론장 개념과 의미'는 우리 역사에서 공론의 의미와 현대적 의미의 공론장 개념을 소개합니다. 공론장은 개인이 모여 공공 문제를 논의하고 여론을 형성하는 사회적 공간입니다. 단순한 토론의 장이 아니라 사회적 가치와 규범을 형성하는 집단적 의사결정을 위한 공간입니다. 하버마스 이론에 뿌리를 둔 공론장은 공개적이고 합리적인 토론을 통해 합의를 형성하는 매체 역할을 합니다. 초기의 이런 공론장의 의미는 소외된 집단을 포함한 다양한 목소리가 대표성과 영향력을 추구하는 현대적 과제를 통합하기 위한 공간으로 점차 변화 발전해왔습니다.

2부 '공론장의 특징'에서는 공론장이 다른 논의 공간 혹은 문제 해결 공간과 구별되는 공론장만이 가진 속성에 대해 말합니다. 우선 공론장은 개인의 삶과 집단적 거버넌스 사이의 가교 역할을 하면서 사적 영역과 공적 영역 사이에 존재합니다. 공론장은 사익에 기반하되, 다수의 공통 관심사로서, 공익을 지향하는 공공성(公共性)의 영역입니다. 공론장 내 토론의 기본 단위는 집단이나 조직이 아닌 '상호주관성'을 바탕으로 하는 개인입니다. 어떤 조직에 속한 사람이라도 공론장에서는 조직의 대표로서가 아닌 한 개인으로 의사소통에 참여하는 것입니다. 소통 자체가 개별적으로 이뤄지기 때문입니다. 또한 공론장은 자율성을 기반으로 합니다. 공론장의 자율성은 외적인 압력이나 압력이 없어야 할 뿐 아니라, 스스로 내적인 질서를 만들어 낼 수 있을 때 확보될 수 있습니다. 자율성은 참가자가 자유롭고 독립적으로 토론에 참여할 수 있도록 보장하는 것입니다. 논의 방식에 있어 공론장은 숙의성, 담론과 담론윤리, 그리고 사고의 전환 가능성을 특징으로 합니다. 이에 대한 세부적인 내용은 본문에서 상세하게 다루겠습니다. 의사결정의 측면에서 공론장은 선호기반 다수결보다는 합의를 추구하고, 공론장의 권위는 직위나 전문성과 같은 사회 일반적인 권위와 달리, 공론장 자체, 논의와 결정의 민주성에서 발생하게 됩니다. 마지막으로 공론장은 자유로운 참여, 토론과 숙의, 합의에 기반한 뜻과 의지의 형성이라는 면에서, 다양한 민주주의 형태 가운데 숙의민주주의와 밀접한 관련이 있습니다.

3부 '공론장과 권력'은 일반적인 의미에서의 권력 개념과 공론장에서 형성되는 의사소통 권력의 차이를 설명합니다. 정치 권력에 의한 배제와 일방적인 지배가 일상화되고 내면화된 우리의 현실에서, 의사소통 권력을 형성하기 위해서는 무엇보다 권력에 대한 감수성을 키워야 한다고 제안합니다. 공론장은 시민권력이 형성되는 정치적 공간일 뿐만 아니라, 상호이해와 공감을 바탕으로 권력이 형성되는 공간이기도 합니다. 또한 공론장은 다양한 힘과 세력이 경쟁하는 역동적인 공간이기 때문에, 공론장을 이해하고 올바른 공론장을 만들기 위해서는 권력에 대한 감수성과 인식이 필수적입니다

공론장은 국가와 시민 사이의 권력 균형을 맞추는 데 중요한 역할을 합니다. 열린 토론과 담론을 통해 시민의 힘을 형성하고, 국가 권위에 대한 균형을 이루는 역할을 합니다. 공적 영역에서 형성되는 이러한 소통의 힘은 민주적 통합을 유지하고 정치권력의 일방적 지배를 방지하는 데 필수적입니다. 공론장은 국가 정책과 법적 틀을 형성하고 시민의 이익을 반영하며, 과도한 국가 통제로부터 우리 삶을 보호하는 울타리입니다. 그러므로 공론장은 단순한 토론의 장이 아니라, 통제되지 않는 권력에 저항하고 적극적인 시민 참여를 통해 민주적 견제와 균형을 촉진하는 공간입니다.

4부 '주민주권과 공론장'에서는 주민주권의 개념, 주민공론장의 특징, 주민주권과 숙의민주주의 관계, 민관협치을 통한 주민주권 강화 방안 등을 제시합니다.

주민주권은 특정 지역에 거주하는 주민이 정치적, 사회적, 경제적 결정 과정에 참여하고 영향을 미칠 수 있는 권리와 능력을 의미합니다. 이는 주민이 단순한 행정 서비스의 대상이 아니라, 자율적으로 문제를 해

결하고 의사결정을 할 수 있는 권리를 가진 주체라는 의미입니다.

　주민공론장은 주민이 모여서 공적 문제를 논의하고 해결하는 사회적 공간입니다. 이는 단순한 토론 공간을 넘어 상호이해와 공감을 바탕으로 의사소통 권력을 형성하는 공간이자, 형식에 구애받지 않으며, 누구나 참여할 수 있는 열린 공간입니다.

　주민주권과 숙의민주주의는 밀접한 관계를 맺고 있습니다. 숙의민주주의는 깊이 있는 토론과 합의를 통해 문제를 해결하는 방식으로, 주민이 자율적으로 문제를 해결하고 의사결정을 할 수 있는 권한을 부여합니다. 주민공론장은 이러한 숙의적 토론 방식의 핵심적 공간이며, 이를 통해 주민권력이 형성됩니다.

　민관협치는 주민주권 강화를 위한 중요한 수단이지만, 현재 민관협치는 대부분은 행정 중심적으로 이루어지고, 주민은 참여 대상에 머물러 있습니다. 이를 극복하기 위해서는 주민이 자율적이고 수평적인 관계 속에서 민관협치에 참여할 수 있어야 하며, 주민의 역량을 강화하여 행정 의존성을 줄여야 합니다.

　주민주권을 강화하기 위해서는 주민 스스로 공론장을 형성하고, 자율적인 문제 해결 역량을 키우며, 행정과의 관계를 다양한 방식으로 맺어가는 것이 필요합니다. 어떤 방식이든 주민과 행정이 동등한 관계에서 문제를 논의하고 해결하는 방식을 확립하는 것이 중요합니다. 궁극적으로, 민관협력은 주민주권 강화를 목표로 해야 하며, 이를 위해 주민의 참여를 촉진하고 역량을 강화하는 것이 핵심 과제입니다.

　5부 '좋은 공론장을 위한 과제'에서는 급격한 사회변동 속에서 국가와 시민사회 관계의 변화와 공론장이 직면한 과제를 살펴보고, 주민주권 강화에 기여하는 더 좋은 공론장을 만들기 위한 과제를 제시합니다. 사회와 국가의 관계는 급속한 기술 발전에 맞춰 진화하고 있습니다. 산업사회에서 디지털 정보사회로 전환하면서 시민사회 참여와 자율성이 더욱 강조되고 있습니다. 국가와 시민사회가 공통의 과제를 해결하기 위해서는 협력이 불가피합니다. 협력하기 위해서는 국가 중심적 사고에서 벗어나, 국가-시민사회가 위계적 관계에서 수평적 관계로 전환해야 합니다.

우리 현실에서는 행정의 권위적 관행과 태도, 주민의 의존적 인식과 태도가 수평적 관계에 기반한 공론장 형성을 어렵게 하고 있습니다. 여기에 주민은 공적 문제에 관한 토론 경험이 부족하며, 공론장 운영에 대한 자신감이 낮습니다. 이런 문제를 해결하기 위해서는 행정과 주민 간의 신뢰를 회복하고, 주민이 자발적으로 문제를 해결할 수 있는 역량을 키워야 합니다.

주민주권을 강화하기 위해서는 '국가에서 삶으로'라는 전환이 필요합니다. 이는 국가 중심의 문제 해결이 아닌, 주민의 실질적인 삶에 초점을 맞춘 활동을 의미합니다. 또한, 이념 중심의 접근보다는 실질적인 문제 중심의 접근이 요구되며, 이를 통해 주민이 자발적으로 활동에 참여할 수 있는 환경을 조성해야 합니다.

우리 사회는 엘리트주의, 국가 의존적인 태도, 권위주의적인 사고와 같은 낡은 사고방식을 탈피해야 합니다. 변화하는 사회에 맞춰 개인의 자율성과 네트워크화된 개인 중심의 협력이 강조되어야 하며, 집단주의적 사고 대신 다양한 의견이 공존하는 사회로 전환할 필요가 있습니다.

공론장 실천편은 공론장의 구성 요소와 공론장의 주요 단계와 과제를 중심으로 총 25강으로 구성됩니다.

1부 '공론장 구성 요소'는 공론장과 공론화의 차이, 공론장 운영원칙, 구성 요소 등을 포함합니다.

공론화는 정부 등이 정책의 정당성을 확보하기 위해 인위적으로 시민을 동원한다는 점에서 삶의 영역에서 자발적으로 형성되는 공론장과 차이가 있습니다. 정책 결정의 명분을 중시하는 공론화는 다수결 등 '결정'을 중시한다면, 공론장은 '결정'보다는 상호이해와 공감이 형성되는 '과정'을 중시한다는 점에서도 차이가 있습니다.

공론장 운영원칙에서는 공론장을 구성하고 운영하면서 꼭 지켜야 할 원칙을 다음과 같이 9가지로 정리하여 제시합니다. 첫째, 자율성입니다. 공론장은 외부의 압력이나 강제 없이 시민들이 자발적으로 논의하고 결정하는 것을 의미합니다. 둘째, 포괄성입니다. 공론장은 모든 시민이 참여할 수 있는 개방적 공간을 지향하며, 소수자나 소외된 그룹의 목소리도 반영할 수 있어야 합니다. 셋째, 투명성입니다. 공론장은 논의 과정과 결과가 투명하게 공개되어야 하며, 참여자들이 쉽게 접근할 수 있도록 정보를 제공해야 합니다. 넷째, 사고전환입니다. 공론장은 대화와 토론, 숙의 과정을 통해, 생각과 판단이 넓어지고 깊어질 수 있도록 다양한 장치와 기회를 제공해야 합니다. 다섯째, 공익과 사익의 균형의 원칙입니다. 공론장에서는 공익을 우선하면서도 사익을 존중하는 균형 잡힌 논의가 필요합니다. 여섯째, 상호 존중의 원칙입니다. 공론장 참여자는 모두 평등합니다. 발언력에 차이가 있어서는 안 됩니다. 다양한 의견과 가치를 존중하며, 혐오 발언이나 차별적인 언어 사용을 배제하는 환경이 조성되어야 합니다. 일곱째, 정보 접근성입니다. 공론장 참여자는 누구든지 차별 없이 논의와 판단에 필요한 정보에 쉽게 접근할 수 있어야 합니다. 여덟째, 숙의성입니다. 사안에 대해 즉흥적이고 반사적인 판단이 아닌, 성찰적이고 종합적인 판단이 가능할 수 있도록 논의에 필요한 정보와 자료, 논의 기회, 성찰 시간 등을 사안의 성격에 맞게 배치합니다. 아홉째, 현실성입니다. 공론장은 논의된 내용이 실제 정책으로 반영되고 실행될 수 있도록 제도적 기반 마련을 목적으로 논의를 진행해야 합니다.

공론장 구성 요소는 사안(issues), 참여자(participant), 의제(agenda), 절차(procedure) 등으로 구성됩니다. 구성 요소별 내용과 특징은 다음과 같습니다.

사안(issues)은 공론장에서 다룰 문제를 말합니다. 사안은 공공성과 중대성, 논의 가능성, 다수에게 영향을 미치는 사항이어야 합니다. 적절한 문제를 설정하는 것이 공론장의 성공을 좌우합니다. 개인적인 문제나 기술적으로 복잡한 문제는 공론장에서 적합하지 않습니다.

참여자(participant)는 공론장에 참여하는 사람으로, 일반 시민(주민), 전문가, 정치인, 시민사회단체 등으로 나눌 수 있습니다. 특히 일반 시민은 공론장의 핵심 주체이며 다양한 배경을 가진 사람이 참여해야 합니다. 동원 방식의 참여보다는 자발적 참여를 장려하고, 참여자의 다양성을 보장하고, 사회적 소수자에 대한 배려도 필요합니다.

의제(agenda)는 공론장에서 논의할 주제들을 체계적으로 정리한 것으로, 공론장의 성공을 위해서는 적절한 의제를 설정하는 것이 매우 중요합니다. 공공의 관심사와 관련된 문제, 포괄성과 다양성을 반영할 수 있는 의제를 선정해야 하며, 합의 가능성이 있는 주제를 설정하는 것이 바람직합니다.

절차(procedure)는 공론장을 진행하는 순서를 의미하는 것으로 일반적으로 제안, 준비, 운영팀 구성, 참여자 선정, 정보제공, 숙의토론, 의사결정, 실행과 모니터링 단계 등으로 구성됩니다. 사안의 성격에 따라 각 단계의 중요도는 달라질 수 있고, 각 단계는 하위 절차와 과제로 구성될 수 있습니다. 이에 관해서는 본문에서 상세하게 다루겠습니다.

2부 '공론장의 주요 단계와 과제'는 공론장을 구성하고 운영하는 과정에서 발생하는 다양한 문제와 해결책을 다루고, 공론장 제안, 준비, 체계 구성과 역할 부여, 운영규정 작성, 참여자 모집과 선정, 정보제공과 사전학습, 숙의토론회 진행, 합의문 작성 등으로 구성됩니다.

공론장 제안 : 공론장은 일반 시민, 행정기관, 시민단체, NGO, 전문가 등 다양한 주체들이 제안할 수 있습니다. 제안 주체에 따라 공론장의 성격이 달라질 수 있으며, 자발적인 주민 제안과 행정기관 주도의 공론장이 대표적인 예입니다. 행정기관 주도의 공론장은 종종 정책 결정의 정당성을 확보하기 위한 수단으로 사용됩니다.

공론장 사전 논의 : 공론장을 준비하는 단계에서는 핵심적인 이해관계자와 관련 전문가가 중심이 되어, 제안된 주제, 참여자, 운영 방식 등에 대한 사전 논의가 이루어집니다. 이를 통해 공론장의 자율성과 투명성을

보장하고, 운영 과정에서 행정기관과의 협력 방안도 논의됩니다.

공론장 체계 구성과 운영규정 : 운영위원회를 중심으로 공론장을 운영하고, 운영위원회는 의제 설정, 참여자 모집, 숙의토론 진행, 최종 제안문 작성 등의 역할을 담당합니다. 공론장의 운영규정(Ground Rules)은 상호 존중과 공정성을 보장하기 위한 규칙으로, 투명성과 포괄성을 담보해야 합니다.

참여자 모집과 선정 : 시민참여단은 공론장의 핵심 주체로서 운영위원회가 제공한 자료를 학습하고 숙의토론에 참여하여 의사결정을 주도합니다. 시민참여단은 자발적 신청자 중에서 지역·성별·연령 등을 고려해 공정하게 선정되며, 이해관계자의 참여 비중도 논의됩니다. 또한, 참여자의 다양성을 보장하기 위해 소수자에 대한 배려가 필요합니다. 참여자의 규모는 공론장의 목적, 논의할 주제의 복잡성, 상호작용의 질, 사용 가능한 자원 등을 고려해 결정합니다.

사전학습자료집 제공 : 공론장에 대한 전반적인 이해를 돕는 정보, 숙의토론의 의제와 쟁점, 이해관계자의 의견 등을 포함합니다. 시민들이 사전에 학습할 수 있도록 충분한 시간이 제공되며, 자료는 내용의 공정성과 정확성, 분량의 균형이 중요합니다.

숙의토론회 진행 : 논의 주제 제안, 발제 및 토론, 질의응답, 분임토의, 전체 토의를 통해 논의가 진행되며, 합의안을 도출하는 순서로 이루어집니다. 의사결정 과정에서 최대한 합의를 도출하려 노력하며, 필요시 충분한 논의 후에 표결을 진행할 수 있습니다.

4. 감사의 말씀

비록 작은 것이라도 변화의 필요성을 느끼는 모든 사람에게 이 책이 닿기를 바랍니다. 급속한 기술 변화와 많은 전통적 가치의 붕괴로 특징지어지는 불확실성의 시대에 민주주의는 위기에 직면해 있습니다. 이렇게 혼란스러운 시대에는 작은 변화라도 의미가 있습니다. 이 책은 그 변화가 아무리 작더라도 이를 추구하는 사람을 위한 책입니다. 이 책이 여러분이 찾고 있는 영감을 얻는 데 도움이 되길 바랍니다.

저는 오랫동안 전국을 다니며 우리 사회가 직면한 갈등을 해결하려 노력해왔습니다. 그 과정에서 갈등 해결이 주민주권에 어떻게 기여할 수 있을지 늘 고민했습니다. 왜 수많은 갈등에도 불구하고, 시민들의 삶은 나아지지 않는가에 대한 질문도 품었습니다. 갈등 해결과 주민주권은 쉽게 결합되지 않는 어려운 숙제였습니다.

이 여정에서 저는 수많은 시민, 주민, 그리고 정부, 공공기관 관계자를 만났습니다. 그분들은 제게 새로운 질문과 생각, 그리고 성찰의 동기를 주었습니다. 이 책은 현장에서 만난 분들이 제게 주신 질문과 생각, 그리고 성찰의 결과를 씨실과 날실로 엮은 것에 불과합니다. 그 모든 분께 감사를 드립니다.

마지막으로 5년 전 겁도 없이 '주민이 주도하는 공론장'과 '권력 감수성 운동'을 주창한 이래, 앞길을 알 수 없는 노상에서 저를 믿고, 불확실한 길을 함께 걸어온 존경하고 사랑하는 한국공론포럼 동료들께 진심으로 감사드립니다.

은평에서
박태순, 김경숙

목차

공론장 이론편

| CONTENTS |

공론장 실천편

1부: 공론장 구성요소

목차

이론편

chapter 1

공론장 개념과 의미

[제1강] 공론과 공론장

전통사회에서의 공론

'공론(公論)'이라는 말은 우리에게 익숙한 표현입니다. 사전적으로 '공(公)'에는 공평(公平), 공정(公正), 공공(公共), 공개(公開)와 같은 뜻이 있습니다. 이는 치우치지 않음, 모두를 위한 것, 올바름, 공개성, 속된 이익을 탐하지 않음을 의미합니다. '론(論)'은 말이나 글을 논리적으로 표현함을 뜻합니다. 따라서 '공론'은 여러 사람이 논의를 통해 형성된 공개된 의견, 올바른 의견, 대중적 의견 등을 의미합니다.

우리 전통사회에서도 '공론'이라는 말을 많이 사용했고, '공론 정치'라는 표현도 자주 썼습니다. 조선 성리학에서는 공론을 매우 중요하게 여겼습니다. 조선왕조실록에 처음 등장한 '공론'은 국가를 다스리는 원동력으로, 국왕이라 하더라도 옳지 못한 행동이나 잘못된 국정 운영에 대해 비판하고 옳은 길을 논쟁하는 것을 의미했습니다. 율곡 이이는 "온 나라 사람이 의논하지 않고도 옳게 여기는 것", "이익으로 유인하는 것도 아니고 위협으로 두렵게 하는 것도 아니며 삼척동자라도 그것이 옳은 것임을 알 수 있는 것"이라며 공론의 중요성을 강조했습니다. 그는 공론을 '도덕적이고 윤리적으로 그릇됨이 없는 것'으로 정의했습니다.

조선 초에는 백성의 뜻을 헤아리고 왕에게 간언(諫言)하는 의미로 '공론', '공론 정치'라는 말을 사용했으나, 조선 중기 이후에는 사림 중심의 선비 정치와 당쟁 정치로 그 의미가 변했습니다.

공론장의 개념

이제 공론장(公論場)이라는 말의 의미를 살펴보겠습니다. 하버마스(Jürgen Habermas)의 저서 〈부르주아 공론장의 구조 변동〉(1962)에서 공론장이라는 개념이 처음으로 소개되었습니다. 공론장은 독일어로 '외펜틀리카이트(Öffentlichkeit, public sphere)'라고 하며, 이는 '모든 사람에게 들리고 눈에 보이며, 의견을 자유롭게 표현하고 비판할 수 있다'는 의미를 담고 있습니다. '공론장'을 간략하게 정의하면, '공동의 관심사에 대해 논의의 필요성을 느끼는 사람이 함께 모여 투명하고 개방적으로 논의하는 공간'입니다. 이는 현대 사회에서 중요한 역할을 하는 사회적 공간으로, 개인들이 모여 공적인 문제를 토론하고 여론을 형성하는 장소를 의미합니다. 공론장은 사적 영역과 공적 영역 사이에 존재하며, 민주주의의 핵심적인 구성 요소로 여겨집니다.

하버마스 공론장의 의미는 다음과 같이 네 가지로 구체화할 수 있습니다.

1. 공적 공간 (öffentlicher Raum): 공론장은 사회적 활동이나 상호 작용이 일어나는 공적 장소나 영역을 의미합니다. 이 공간은 정치적 모임, 시위, 공공 토론 등이 이루어지는 장소로, 개인적이거나 사적인 것이 아니라 '다수에게 공개된 공간'입니다. 이러한 공적 공간은 민주적 사회에서 시민들이 자유롭게 모여 의견을 나누고 논의하는 데 필수적입니다.

2. 공개성 (öffentlichkeit): 공론장에서 '공개성'은 매우 중요한 요소로, 공통 관심사에 대해 누구든지 접근할 수 있고, 투명하고 포용적이며 강제성 없이 자유롭게 참여할 수 있음을 의미합니다. 이는 공론장이 민주적인 토론과 상호이해를 촉진하는 공간임을 강조합니다. 공개성은 모든 참여자가 정보를 공유하고, 자신의 의견을 표현하며, 타인의 의견을 경청할 수 있는 환경을 조성합니다.

3. 알림·홍보 (Publizität): 공론장의 알림·홍보 기능은 단순한 정보 공개를 넘어서, 많은 사람이 해당 사안에 대해 알 수 있도록 정보를 대중에게 적극적으로 공개하고 전달하는 것을 의미합니다. 이는 소수의 사람이

정보를 독점하고 왜곡할 가능성을 줄이고, 다수가 정보를 통해 공정한 논의를 할 수 있도록 돕습니다. 정보의 적극적인 공개는 편견을 줄이고, 대중적 통제력을 높이는 데 기여합니다.

4. 공적 의견 형성 (öffentlichwerdung): 공적 의견 형성은 공론장의 핵심 기능으로, 사적인 관심에서 시작한 논의가 사회적 논의를 거쳐 공적인 의견으로 발전하는 과정을 의미합니다. 다양한 개인이나 단체의 의견이 논의 과정에서 모여 사회적으로 공식화되거나 인정받는 과정을 통해, 공론장은 민주주의적 프로세스를 강화합니다. 이는 공론장이 단순한 토론의 장을 넘어, 사회적 합의와 정책 형성에 실질적인 영향을 미치는 공간임을 보여줍니다.

하버마스의 공론장은 사적인 문제를 공론화하고, 이를 통해 공적 의견을 형성하여 제도적으로 실현하는 중요한 역할을 합니다. 공론장은 민주적 사회에서 시민들이 자유롭고 평등하게 참여할 수 있는 공간으로, 사회적 의제 설정과 정책 결정에 큰 영향을 미칩니다. 하버마스의 이론은 현대 민주주의 사회에서 공론장의 중요성을 강조하며, 공론장의 이상적인 기능과 역할을 제시합니다.

따라서 공론장은 사적인 문제를 논의하는 공간이 아니라, 사적인 영역과 맞닿아 있는 문제를 사회적 논의를 통해 공적 의견을 형성하고 이를 제도적으로 실현하려는 공간을 의미합니다.

공론장 개념의 확장

하버마스 외에도 공론장 개념을 발전시킨 철학자들이 많습니다. 대표적인 몇 사람을 살펴보겠습니다.

한나 아렌트 (Hannah Arendt)는 하버마스와 접근 방식과 강조점은 다르지만, 공론장 이론 발전에 크게 이바지했습니다. 그녀는 공론장을 사회적, 정치적 권력의 강압적인 영향력에서 벗어나 평등하게 토론하고 숙의하는 공간으로 보았습니다. 아렌트는 공론장을 자신의 말과 행위를 대중 앞에서 공개적으로 표현하는, 즉 '자신을 드러내는 공간'으로 정의했습니다. 이는 그리스 아테네의 아고라에서 자유롭게 의견을 표명하던 시민들의 모습을 떠올리게 합니다.

낸시 프레이저 (Nancy Fraser)는 하버마스의 부르주아 공론장이 사회적 하위계층을 소외시킬 수 있다고 비판하며, 지배적인 담론에 대항할 수 있는 하위계층의 대항적 공론장(counter-publics)의 중요성을 강조합니다. 프레이저는 공론장은 단일하지 않고, 다양한 사회적 위치와 정체성을 가진 사람이 각자의 공간에서 목소리를 낼 수 있어야 한다고 주장합니다. 이를 통해 더 포괄적이고 민주적인 공론장을 형성할 수 있다고 봅니다.

샹탈 무페 (Chantal Mouffe)는 공론장을 다양한 이데올로기와 정체성이 경쟁하는 적대적 다원주의의 장으로 보았습니다. 무페는 공론장에서 중요한 것은 타협이나 합의보다는 사회적 모순과 대립을 드러내는 것이라고 주장합니다. 그녀는 공론장이 갈등과 대립을 통해 더 나은 민주주의를 추구하는 공간이어야 한다고 봅니다.

찰스 테일러 (Charles Taylor)는 다문화주의와 인정의 정치에 관한 연구로 유명한 철학자입니다. 그는 공론장에서 다원성과 차이에 대한 인정과 존중이 매우 중요하다고 강조했습니다. 테일러는 공론장이 다양한 문화적 배경과 정체성을 가진 사람이 서로를 인정하고 존중하는 공간이어야 한다고 주장합니다.

자크 랑시에르 (Jacques Rancière)는 '불화(Discord)'라는 개념을 통해 공론장을 새롭게 정의했습니다. 그는 공론장을 목소리 없는 사람이 자신의 목소리를 드러내는 공간으로 보았습니다. 랑시에르는 기존의 기득권에 도전하고, 소외된 사람이 자신의 존재와 의견을 주장할 수 있는 공간이 공론장이라고 보았습니다.

　이처럼 공론장에 대한 다양한 철학적 접근은 공론장이 단순히 사람이 모여 의견을 나누는 공간이 아니라, 다원성과 차이에 기반한 공간임을 강조합니다. 공론장은 대립과 갈등을 드러내고 이를 통해 사회적 문제를 해결하는 중요한 장소입니다. 따라서 공론장은 덮어놓고 합의만을 강조하는 것이 아니라, 갈등과 차이를 명확히 드러내고 해결 방안을 모색하는 과정도 중요하다는 점을 이해할 필요가 있습니다.

[제2강] 공론장의 현대적 의미

공론장은 합리적 토론 공간입니다. 공론장은 공적 영역과 사적 영역이 함께 존재하는 공간, 그 사이에 있는 공간입니다. 공론장은 공공성(公共性)을 지닌 공간이라고 할 수 있습니다. 공공성이란 순전히 개인적인 의미의 사적 영역과 공식적인 공적 영역 사이의 영역을 의미합니다. 따라서 공론장은 이 두 가지 속성이 함께 존재하는 공공성의 영역이라고 이해할 수 있습니다.

공론장은 인권에 대한 법적·제도적 정당성을 확보하는 공간입니다. 공론장은 단순한 토론 공간이 아니라, 삶을 살아가는 사람들의 요구와 바람을 제도적으로 실현하는 방안을 논의하고 고민하는 공간입니다. 이는 공론장이 인권에 대한 법적·제도적 정당성을 확보하는 중요한 역할을 한다는 것을 의미합니다.

공론장은 시대와 상황에 따라 많은 변화를 겪어왔습니다. 하버마스가 언급한 18세기 부르주아 공론장은 자본주의 발전과 국가 수립 과정에서 국가권력의 강화로 인해 공론장이 식민화되는 경험을 했습니다. 그러나 1960년대 문화혁명과 1970년대 석유파동으로 인한 경제 위기 등으로 인해 전통적인 노동 계급을 넘어서는 새로운 사회적 집단이 형성되었습니다. 이들은 기존의 경제 체제와 정치 질서에 새로운 문제 제기를 시작했습니다. 신사회운동(new social movement)의 출현과 함께, 생활세계 식민화에 대한 저항이 시작되었고, 공론장은 국가와 기업의 통제에서 벗어나 공개적이고 민주적인 논의를 위한 공간으로 재-활성화되었습니다.

새로운 사회 운동이 활성화되면서 의사소통을 위한 공간이 확장되었고, 새롭게 출현한 대중들이 참여할 수 있는 공론장이 등장했습니다. 이러한 공간을 통해 사회가 직면한 문제를 논의하고, 그 결과를 제도화하려는 노력이 본격화되었습니다. 이를 통해 현대 민주주의 사회에서 공론장은 새로운 활력을 찾게 되었습니다.

공론장의 궁극적인 의미는 공론장 재건을 통해 민주주의 활성화입니다. 그러나 현대 사회에서 공론장의 활성화에는 긍정적인 측면만 있는 것이 아닙니다. 도전적인 측면도 존재합니다.

우선, 미디어의 집중과 편견이 있습니다. 대규모 미디어의 장악으로 인해 정치적 편향이나 사회적 편견이 생길 수 있습니다. 미디어의 집중과 편향으로 인해 공론장에 필요한 정보가 제대로 공급되지 못하거나 편향된 정보가 제공될 가능성이 있습니다.

사회가 점점 더 많은 소규모 그룹으로 나뉘면서 각 그룹은 자신들만의 관심사와 의제를 가지고 있습니다. 이는 공론장에서 광범위한 대화를 방해할 수 있으며, 다양한 목소리를 통합하고 포괄적인 대화를 유도하는 기능을 약화시킬 수 있습니다.

SNS의 활성화는 정보의 전파 방식을 변화시켰습니다. SNS는 빠르고 광범위한 커뮤니케이션을 가능하게 하지만, 동시에 정보의 파편화와 확증 편향 현상을 촉진합니다. 사용자들은 자신의 관심사나 이미 동의하는 의견에 더 자주 노출되며, 이는 공론장에서 다양한 관점과의 직접적인 교류를 제한할 수 있습니다.

이제는 팬덤 현상이 스포츠나 예술 분야를 넘어 정치·사회 전반으로 확산하고 있습니다. 팬덤 현상은 특정 콘텐츠나 인물에 대한 강렬한 애착과 충성을 보여주는 현대 문화의 한 형태입니다. 이러한 팬덤 그룹은 자체적인 커뮤니케이션 채널을 구축하고 자신들만의 의제를 추진하는 강력한 공동체를 형성합니다. 그러나 이러한 집중적인 그룹 형성은 공론장에서 더 넓은 사회적 대화에 참여하는 것을 방해할 수 있는 요소가 될 수 있습니다.

현대 사회의 공론장은 이전보다 훨씬 복잡하고 다양한 형태로 발전하고 있습니다. 기술적 발전과 사회적 다양성은 공론장에 새로운 기회와 도전을 제시합니다. 이러한 환경에서 공론장의 본질적 기능을 유지하고 강화하기 위해서는 새로운 형태의 참여와 소통 방식을 모색하는 것이 중요합니다. 포괄적이고 다양한 방식의 대화를 장려하고, 모든 사회 구성원이 의미 있는 방식으로 참여할 수 있는 공간을 형성하는 것이 필수적입니다.

[제3강] 공론장과 민주주의

공론장의 의미를 제대로 이해하기 위해서는 대의제민주주의, 참여민
주주의, 숙의민주주의의 개념을 이해할 필요가 있습니다. 이를 위해서는
먼저 민주주의가 무엇인지 상기해보는 것이 중요합니다.

민주주의

민주주의는 하나의 정치 체계를 의미하는 용어입니다. 민주주의의 가
장 대표적인 특징은 권력이 국민에게 있다는 것입니다. 시민이 직접 또
는 대표를 통해 정치적 의사결정에 참여하는 시스템을 민주주의라고 합
니다. 민주주의에는 다른 체제가 갖고 있지 못한 몇 가지 원칙과 특징들
이 있습니다. 민주주의의 핵심 원칙과 특징으로는 인권, 주권, 법치가 있
습니다. 이를 조금 풀어서 설명하자면, 첫 번째 특징은 모든 사람이 인간
으로서 존중받아야 하며, 기본적인 권리를 누리고 차별받지 않아야 한
다는 것입니다. 두 번째는 주권, 즉 중요한 문제를 결정할 권리는 소수의
왕이나 귀족이 아닌 '국민' 전체에게 있다는 의미입니다. 세 번째는 법치
주의로, 이는 사람을 함부로 다루지 않고 사회적으로 합의된 법에 따라
다뤄야 한다는 것을 의미합니다.

또한, 민주주의에서는 정치적 평등과 의견을 자유롭게 표현할 수 있는
정치적 참여가 중요합니다. 모든 민주주의는 이러한 기본 원칙과 특징을
공유하지만, 현대 사회에서 가장 자주 언급되는 민주주의 유형에는 대의
제민주주의, 참여민주주의, 숙의민주주의가 있습니다. 대의제민주주의
는 국민에게 투표권을 부여해 자신을 대표할 수 있는 사람을 뽑아 정치
하게 하는 제도입니다. 그리스 아테네의 직접 민주주의와는 달리, 현대
대의제민주주의는 정기적인 선거를 통해 정치적 대표자를 선출하고, 그
대표자들이 시민의 의지와 이익을 대변합니다. 참여민주주의는 노무현

정부 시절부터 많이 사용된 용어로, 대표들만이 아닌 일반 시민이나 시민단체도 국가 정책 결정에 참여하는 것을 의미합니다. 참여민주주의를 대표하는 예로는 '○○○위원회'가 있습니다. 이는 시민사회와 사회단체가 행정이나 정치적 의사결정에 참여하여 국가 정책에 시민의 뜻을 반영하려는 것입니다. 국민의 의견 수렴이라는 점에서는 진전이 있었지만, 여전히 행정이나 국회 등 국가 기관이 중심이라는 한계가 있습니다. 숙의민주주의는 정책 결정 과정에서 토론과 숙의, 합의를 중시하는 민주주의입니다. 참여를 넘어 토론과 숙의, 합의 도출을 중시한다는 점에서 참여민주주의와 차이가 있습니다.

공론장과 숙의민주주의에 관한 이론적 토대를 마련한 사람은 하버마스입니다. 하버마스는 당시 현실 세계가 권력과 자본에 의해 생활세계가 식민화되었다고 보았습니다. 이를 극복하기 위해서는 시민사회가 활성화되고, 자율적인 공론장과 의사소통 권력이 형성되어야 한다고 보았습니다. 이러한 과정을 통해 민주주의를 형성하는 것이 생활세계의 식민화에서 벗어나는 방법이라고 하였습니다. 즉, 공론장의 부활을 통해 민주주의를 활성화할 수 있다고 보았습니다. 이러한 하버마스의 생각은 '해방적 기획'으로 불리기도 합니다. 하버마스는 대의제민주주의가 위기에 처해 있고, 직접 민주주의로의 회귀가 어려운 상황에서 자발적 공론장을 통해 공적 의견을 형성하는 방법을 대안으로 제시했습니다. 생활세계 주체들이 합리적인 의사결정 과정에 참여하고, 자율적인 공론장을 만들며, 합리적 의사소통을 통해 공적 의견을 형성하는 것이 가능하다고 보았습니다.

공론장을 통해 형성된 공적 의견은 담론윤리에 기반한 토론을 통해 규범적 정당성을 확보하게 됩니다. 공적 의견을 형성하는 과정에서 치열한 논의와 논쟁을 통해 내용이 보편성과 도덕성을 갖추도록 구성된다는 것입니다. 공론장을 통해 상호이해와 공감, 합의를 형성하는 과정에서 의사소통 권력이 형성됩니다. 이러한 과정에서 모아진 의견은 법과 제도를 통해 관철하려는 의지가 형성됩니다. 공론장을 통해 형성된 내용을 의회 등 공적 논의 기구를 통해 제도적으로 관철하는 것이 공론장의 역할입니다. 하버마스는 생활세계 주체들이 자발적 공론장을 통해 공적 내용을 형성하고, 공적 기구를 통해 이를 완성해가는 과정에서 민주주의가 활성화되고 시민 권리가 보장될 수 있다고 보았습니다.

공론장과 숙의민주주의

다음으로 공론장과 숙의민주주의의 관계를 살펴보겠습니다. 공론장은 삶의 영역에서 공동 관심사를 대상으로 공적 논의를 진행하는 공간이며, 숙의민주주의는 정책 결정 과정에서 토론과 숙의, 합의를 중시하는 민주주의입니다. 공론장은 삶의 문제를 해결하는 방식으로, 민주주의 국가가 아닌 곳에서도 존재할 수 있습니다. 숙의민주주의는 민주주의를 운영하는 원리이자 국가 차원에서 법과 제도를 결정하는 방식입니다. 공론장은 숙의민주주의를 시작하는 공간으로, 자발적 참여, 토론, 숙의, 합의 지향이라는 점에서 공론장과 숙의민주주의는 밀접한 관계를 갖습니다.

공론장과 공론화

마지막으로 공론화와 공론장의 차이를 살펴보겠습니다. 공론장은 자발적으로 모여 사회적 문제를 토론하는 공간으로, 개방성, 자발성, 상호 이해와 공감, 소통 권력의 형성, 권리 신장을 중시합니다. 반면, 공론화는 국가나 공공기관이 공적 문제 해결을 위해 시민을 모집하고 토론 공간을 조성하여 정책 결정에 명분을 확보하기 위한 인위적 공간입니다. 공론화는 국가가 공론을 인위적으로 형성하는 과정입니다. 최근의 공론화 사례로는 신고리 5·6호기 건설 여부, 대입제도 관련 국가 교육 회의, 광주 도시철도 공론화, 제주도 녹지병원 관련 공론화 등이 있습니다.

공론화는 몇 가지 문제점을 가지고 있습니다. 첫째, 의제 설정과 공론장 절차 등 모든 부분에서 행정이 핵심적인 내용을 정한 상태에서 진행되는 행정 중심의 접근이라는 점입니다. 둘째, 공론화를 진행할 용역 회사를 선정하여 사업을 진행하면서 실제 시민 참여는 제한적이었다는 점입니다. 셋째, 형식적 논의와 의사결정이 이루어졌다는 점입니다. 마지막으로, 무작위 추출을 통해 자발적 참여가 아닌 방식으로 진행되었다는 점에서 동원 방식을 사용했다는 비판이 있습니다.

이와 같은 점들을 고려할 때, 공론장의 본질적 기능을 유지하고 강화하기 위해서는 새로운 형태의 참여와 소통 방식을 모색하는 것이 중요합니다. 포괄적이고 다양한 방식의 대화를 장려하고, 모든 사회 구성원이 의미 있는 방식으로 참여할 수 있는 공간을 형성하는 것이 필수적입니다.

[제4강] 공론장, 삶의 가치와 의미를 회복하는 공간

1. 생활세계

우리는 생활세계와 체계라고 하는 이원화된 구조 속에서 살고 있습니다. 어렵게 들릴 수 있지만, 조금만 알아도 쉽게 이해할 수 있습니다. 생활세계는 '우리 일상이 이루어지는 삶의 세계'라고 이해하면 됩니다. 우리가 직장 생활을 하고, 학교에 가고, 교회에 다니고, 다양한 문화 활동을 하며 생업을 하는 모든 세계가 생활세계입니다. 하버마스에 따르면 생활세계를 구성하는 요소는 크게 문화적 재생산, 사회통합, 사회화 이렇게 세 가지로 이루어집니다.

문화적 재생산: 사회의 문화적 지식, 가치, 공유된 의미가 세대를 거쳐 전달되고 진화하는 것을 의미합니다. 우리의 삶은 하루아침에 저절로 이루어진 것이 아닙니다. 오랜 역사와 과정을 통해 문화적 전승의 효과를 보고 있는 것입니다. 이는 가족의 양육, 학교 교육, 미디어, 예술 활동, 종교 활동 등을 통해 이루어집니다. 생활세계는 이러한 문화적 재생산을 통해 문화적 규범과 가치를 이어갑니다.

사회통합: 개인들이 사회에서 어떻게 행동을 조정하고 상호작용하여 집단의 결속력을 유지하고 갈등을 관리하는지에 관한 것입니다. 이는 사회 집단이 원활하게 기능할 수 있도록 사회 규범과 관행을 설정하고 유지하는 데 중요합니다. 사회통합은 우리가 속한 사회에서 질서를 유지하는 기관, 사회적으로 형성된 법과 관습을 인정하고 존중하는 것을 의미합니다.

사회화: 생활세계에서 개인이 다른 사람들과 상호작용하면서 자신의 정체성을 만들어가는 것을 말합니다. 이 과정을 통해 우리는 사회의 구성원이 되고, 복잡한 사회 구조와 규범을 이해하며, 그 사회 구조에 참여

하는 방법을 알게 됩니다. 생활세계를 통해 우리의 역량을 기르고, 사회 속에서 자신의 정체성을 형성하고 발견하게 되는 것입니다.

1) 생활세계의 특징

생활세계의 큰 특징은 의사소통 행위를 통해 유지된다는 것입니다. 문화적 재생산, 사회통합, 사회화 과정 모두가 의사소통을 통해 이루어집니다. 의사소통은 말뿐 아니라 비언어적인 것, 문서, 다양한 미디어 매체 등을 포함한 상호작용을 모두 포괄합니다. 생활세계는 이러한 의사소통 행위가 일어나는 공간이며, 그에 속한 사람들끼리 상호이해를 지향하는 곳입니다. 같이 살기 위해서는 상대방과 다른 집단 또는 조직에 대한 이해가 필수적입니다. 이러한 상호작용을 통해 사회적 연대와 결속이 이루어지고, 개인과 집단의 정체성이 형성됩니다.

2) 생활세계와 체계

생활세계와 대립하는 개념으로 체계가 있습니다. 하버마스는 생활세계로부터 체계가 분화되었고, 체계는 시장과 행정권력의 자체 규제 메커니즘을 의미한다고 정의했습니다. 우리 삶의 영역은 원래 생활세계가 전부였지만, 생활세계가 합리화되고 효율화되면서 시장과 행정권력이라는 체계가 형성되었습니다. 체계를 구성하는 요소는 크게 두 가지입니다:

화폐 기반 경제: 경제적 교환이 이루어지는 공간입니다. 이전에는 물물교환이 일반적이었다면, 화폐라는 단일한 가치를 가진 것으로 모든 것을 통합하게 됩니다.

국가: 일정한 권력을 가지고 정치적 의사결정을 하게 되는 것입니다.

체계는 상호이해를 목적으로 하는 생활세계와 달리, 성공을 지향하는 전략적 행동이 특징입니다. 행정은 정해진 시간 내에 정해진 목표를 달성하기 위해 여러 도구를 활용하며, 그 성과에 의해 평가받습니다. 체계는 도구적 합리성이 지배하는 영역입니다. 도구적 합리성은 목적 달성을 위해 수단을 마련하는 합리성을 의미합니다.

3) 생활세계의 식민화

결과적으로 체계가 강화되면서 생활세계가 침범당하는 상황이 발생합니다. 이를 생활세계의 식민화라고 표현합니다. 체계가 생활세계를 대체하며, 생활세계의 규범과 가치, 의사소통 관행이 약화되고, 돈과 행정권력에 의한 도구적 합리성이 지배하게 됩니다.

경제 체계는 인간 상호작용을 화폐에 의한 거래로 축소시키고, 행정 체계는 생활세계의 자율성을 관료적 통제와 하향식 결정으로 대체합니다. 이는 민주적 정당성의 위기와 인간관계의 물화(物化) 현상을 초래합니다. 생활세계의 본질적 가치와 규범이 도구적 합리성에 의해 파괴되고, 삶의 의미를 잃게 됩니다.

2. 공론장의 의미

공론장은 이러한 파괴된 생활세계를 극복하려는 방안입니다. 단순한 논의 공간이 아니라 의사소통에 기반한, 도구적 합리성이 주도하는 사회에서 발생하는 다양한 사회적 병리 현상을 회복하기 위한, 총체적인 전략입니다. 공론장은 생활세계 식민화를 극복하는 방안으로서 중요한 의미를 가집니다.

의사소통 합리성 회복: 의사소통 합리성은 상호이해와 공감, 합의가 핵심입니다. 의사소통 본래의 의미를 회복하는데 공론장의 의미가 있습니다.

민주주의 활성화: 공론장은 삶의 영역에서 민주주의를 다시 활성화하는 의미가 있습니다. 일상에서 논의를 활성화하여 도구적 합리성에서 벗

어날 수 있습니다. 다양한 모임들을 통해 행정이 주도하는 것이 아닌 생활 중심의 민주주의를 회복할 수 있습니다.

법·제도 개선을 위한 내용과 의지 형성: 공론장은 사람들의 바람과 요구를 결집하여 법과 제도를 통해 권리를 쟁취하는 공간입니다. 공론장은 삶의 영역에서 논의를 활성화하여 민주적 정당성을 확보하고, 법·제도를 바꿀 수 있는 에너지를 형성합니다. 공론장은 법률과 제도적 개혁을 위한 공간이라는 의미도 있습니다.

공론장의 의미를 다시 정리하면, 첫째, 공론장은 생활세계 식민화를 극복하는 전초기지의 역할을 합니다. 둘째, 공론장은 삶의 영역에서 상호주관적 의사소통능력을 회복하는 것입니다. 셋째, 공론장은 경제와 권력에 오염된 사회적 관계를 회복하는 공간입니다. 마지막으로, 공론장은 경제와 권력에 의해 변질된 삶의 가치를 회복하는 공간입니다. 상호 존중과 관계 중심의 삶의 가치를 다시 회복하는 것이 공론장의 진정한 의미입니다.

[제5강] 의사소통 권력의 생성

오늘은 '공론장은 의사소통 권력을 생산하는 곳이다'라는 얘기를 해보 겠습니다. 권력에는 행정권력 국가권력 이런 말은 많이 들어봤는데, 의 사소통에 권력이 있나요? 이해가 되나요? 일단 의사소통 권력이라고 하 는 것은 공론장에 참여한 주민 시민의 숙고와 토론에서 나오는 사회적 정치적 권력을 의미합니다. 쉽게 설명하면, 우리가 국회 같은 데서 시민 들이 모여서 토론을 하고 토론에서 만약에 합의가 이루어지면 그 내용을 어떻게 하나요? 국회의원이나 정부 당국자에게 전달합니다. 그럴 때 어 떤 개인이 얘기하는 것보다 훨씬 더 큰 힘을 갖게 됩니다. 그리고 그 내 용이 합의가 제대로 되고 내용이 탄탄한 만큼, 그것이 전달하는 힘도 더 세지는 것입니다. 그렇게 사람들이 모여서 충실하게 논의를 하고, 그 내 용이 합리적이고 설득력이 있으면, 국가권력이나 행정권력도 무시하지 못하는 힘이 발생한다는 의미입니다. 참여한 시민의 숙고와 담론을 통 해, 서로 간의 타당성에 대한 조밀한 논의를 이어가면서 만든 내용은 사 회적으로 또 정치적으로 영향력을 갖게 된다고 이해하시면 됩니다.

의사소통 권력의 의미를 살펴보면, 정당한 정치권력은 의사소통 합리 성과 공적 숙의를 통해서 생성되는 것입니다. 이것은 공론장 참여 시민 의 합리적인 담론에서 발생하는 것입니다. 담론(談論)이라는 것은 어떤 내용의 논리적인 타당성이 포함된 토론을 말합니다. 그리고 이렇게 해서 형성되는 권력이라고 하는 것은 기존에 국가가 관료제를 통해서나 법정 메커니즘을 통해서 행사되는 행정권력과는 다른 것입니다. 그러니까 권 력이라고 하는 것이 국가가 권력을 이용해서 아래로 행사하는 국가권력 행정권력이 있는가 하면, 삶의 세계에서 공론장에서 의사소통 과정을 통 해서 형성하는 권력이라고 하는 것이 있다는 것입니다. 하나가 수직적인 권력이라면, 다른 하나는 삶의 세계에서 수평적으로 형성되는 권력이라고 하는 점에서 대조적입니다. 정치적 결정의 정당성을 갖게 된다는 것입니다. 이런 것이 민주주의의 본래 모습이기도 합니다. 우리가 숙의민주주의라고 할 때, 본질적인 내용은 이렇게 삶의 세계에서 토론과 숙의가 활성화된 민주주의를 우리가 숙의민주주의라고 합니다.

1. 공론장과 의사소통 권력

그렇다면 공론장하고 의사소통 권력하고는 어떤 관계가 있는지 조금 더 살펴보도록 하겠습니다. 공론장은 의사소통 권력이 생성되고 행사되는 공간입니다. 그리고 공론장은 우리의 일상과 국가 사이에 연결하는 가교(架橋) 역할을 하는 공간입니다. 즉, 삶의 세계와 국가라고 하는 체계 사이에 우리가 지난번에 말씀드린 것처럼 기본적인 운영 원리와 합리성의 기준이 다르잖아요. 따라서 이 두 가지 이질적인 것을 결합하는 공간이 공론장입니다. 그리고 사적인 문제를 공적인 문제로 전환하는 공간이고 의사소통 권력을 통해서 정치적 행동과 정책 결정에 영향력을 행사하는 즉, 의사소통 권력을 형성하고 행사하는 공간입니다. 그다음에 또 하나 중요한 것은 그렇게 형성된 의사소통 권력은 결국은 법과 제도를 만드는 정치권력으로 전환이 되는 것입니다. 의사소통 권력은 어디에 행사되는 건가요? 의사소통 권력은 공론장을 통해서 형성되는 것인데, 그렇게 형성된 의사소통 권력이라고 하는 것이 국가나 행정과 같은 체계에 반영이 되는 것입니다. 즉 의회 혹은 행정 이런 것에 반영이 돼서, 법과 제도로 구체화되고, 행정을 통해서 시민의 권리가 신장되는 것입니다. 의사소통 권력이 결국 행정을 통해 효력을 발휘하게 되는 것입니다. 그렇게 법과 제도를 통해서 효력이 발생하는 상황을 정치 권력화 되었다고 합니다. 의사소통 권력이 정치권력으로 전환되는 것이죠.

공론장에서 의사소통 권력이 형성되고, 그것이 정치권력으로 전환되기 위해서는 상당한 정도로 민주사회여야 되겠죠. 그리고 공론장의 자율성과 그다음에 의사소통 권력의 형성과 또 그것에 정치권력으로의 전환 과정을 보장할 수 있는 기본적인 절차와 법적 틀이 사회에 이미 마련이 돼 있어야 합니다. 한 가지 예를 들어볼까요? 만약, 표현의 자유가 없다면 집회나 결사의 자유가 억압당하는 사회라면 공론장 구성이 잘될 수 있을까요? 아니면 의사소통 권력을 형성한다고 하더라도, 그것이 국회나 이런 제도권에 제대로 반영이 될 수 있을까요? 잘 안 되겠죠. 예를 들면, 우리가 국회 청원이나 이런 것이 그런 의사소통 권력이 정치권력으로 전환되는 그 중간 지점에 있는 절차라고 볼 수 있습니다. 이렇게 의사소통 권력에 근거해서 국가권력이 형성될 때, 그 국가권력이 정당성을 갖게 되는 것이고, 우리는 이것을 민주적 정당성(正當性)이라고 말합니다. 의사소통 권력이 제대로 잘 형성되는 그런 체제를 우리는 숙의민주주의 체제라고 말합니다. 앞서 말씀드린 것처럼 토론과 논증, 토론과 담론의 역할을 중시하는 것이 숙의민주주의의 핵심적인 내용입니다. 의사소통 권력은 시민들이 이런 토론과 논증 과정을 통해서 정치 체계의 영향력을 행사하는 과정이라고 말씀드렸고, 이런 전체 과정을 우리가 숙의민주주의라고 부릅니다. 그래서 숙의민주주의가 잘 작동하는지는 공론장에서 도출된 의사소통 권력이 정치 체제의 영향력을 제대로 행사하게 절차와 제도가 잘 마련돼 있느냐에 의해서 결정되는 것입니다.

2. 의사소통 권력 형성 조건

의사소통 권력이 제대로 잘 형성되기 위한 몇 가지 조건을 살펴보겠습니다. 첫째, 개방성과 포괄성입니다. 담론에 참여할 수 있는 논의 기회가 보장돼야 하고요. 또 다양한 관점과 경험이 존중돼야 합니다. 누구도 원칙적으로 배제되는 사람이 없어야 합니다.

둘째, 참여는 평등해야 합니다. 여기서는 제한이나 표현이나 이의제기 등과 관련해서, 동등하게 말할 수 있는 권리를 가져야 함과 동시에 특정 개인이나 집단으로부터 영향력이 미치지 않아야만 합니다.

셋째, 외적 강제로부터 자율성이 보장돼야 합니다. 국가권력과 권력에 의한 공론장의 침탈, 정보 제공을 제대로 하지 않는다든지 여러 가지 방법으로 자율성을 침해하는 현상들이 벌어지기 쉽습니다. 그렇게 제대로 된 내용이 형성되지 않게끔 즉, 의사소통 권력이 형성되지 않게끔 방해하는 모든 것으로부터 자유로워야 합니다. 그래서 공론장은 오직 타당한 논증으로 그 영향력이 확보될 수 있도록 하는 것이 대단히 중요합니다.

 넷째, 참여한 사람들과 관련된 조건이라고 말씀을 드릴 수가 있는데요. 첫 번째는 토론에 대한 열정입니다. 토론에 대한 관심과 열정이 있을 때, 그 내용이 튼실하게 만들어집니다. 그리고 합리적인 주장을 통해서 상호이해와 합의에 도달할 가능성이 훨씬 더 커질 것입니다. 그리고 자기 생각과 판단에 대한 수정 가능성을 인정할 때, 훨씬 더 생산적인 논의가 이루어질 수 있을 것입니다. 두 번째는 담론(談論)윤리가 필요합니다. 담론윤리 하니까 너무 어렵죠? 우리가 공론장 같은 것을 할 때, 운영규정 같은 것을 만듭니다. 그래서 참여한 모든 사람이 동의할 수 있는 자체 규칙을 만들잖아요. 이렇게 자율적 규정을 합의해 낼 수 있어야합니다. 그래서 참여에 대한 존중 그다음에 동의의 기반을 형성하는 것이 대단히 중요합니다. 마지막으로는 투명성과 책임이 보장돼야 합니다. 그래서 숙의와 의사결정 과정 전체가 다 투명하게 가시화돼야 하고, 그다음에 자신들이 한 발언과 결정에 대해서 책임감을 가져야합니다.

[제6강] 공론장, 의사소통 행위 실현 공간

　공론장의 의미 세 번째 시간으로 공론장은 의사소통 행위가 실현되는 공간이라는 것과 관련해서 말씀드리겠습니다. 공론장은 무엇을 통해서 운영되는 걸까요? 말할 필요도 없이 서로 이야기를 통해서 내용이 전개되는 것입니다. 공론장은 충분한 의사소통을 통해, 서로에 대해 이해하고 합의도 만들어내는 공간입니다. 그 얘기는 공론장이라는 것은 참여한 사람들이 서로 의사소통을 통해서 내용을 형성해 가는 공간이라는 의미입니다. 의사소통에는 도대체 어떤 속성이 있기에, 공론장에서 이렇게 놀라운 위력을 발휘할까요? 그 내용을 공부해보겠습니다.

　의사소통을 공부하려면 먼저 언어와 의사소통이 뭔지에 대해서 조금 알아볼 필요가 있습니다. 언어는 생각과 감정을 표현하는 코드이면서, 의사소통을 위한 도구이기도 합니다. 언어는 소리이면서 의미도 함께 담고 있는 것입니다. 그런데 의사소통은 단순히 그냥 언어를 말하는 것이 아닙니다. 왜냐하면, 의사소통은 정보 전달과 상호이해를 목적으로 하기 때문입니다.

　의사소통은 언어만으로 하는 건 아닙니다. 언어가 굉장히 중요하긴 하지만 비언어적인 것도 있습니다. 상대를 향해서 찡그리는 것도 일종의 의사소통이라고 할 수 있습니다. 우리가 의사소통 행위라는 말을 쓸 때는 의사소통이 어떤 구체적인 상황에서 어떻게 전개되는지, 그 다양하게 전개되는 방식까지 고려할 때 쓰는 말이 의사소통 행위라는 말입니다.

1. 의사소통과 상호 주관

　우리가 직면한 문제라든가 우리가 해결해야 할 과제와 관련해서 의사소통이 정말로 중요하다는 것을 알게 된 것이 놀랍게도 그렇게 오래되지 않습니다. 왕조시대에는 왕의 명령이 중요했죠. 그런가 하면 무력이 일상화된 세계에서는 물리력이 문제 해결의 강력한 수단이었을 겁니다. 의사소통이란 말이 공론장을 통한 문제 해결이라는 의미로 활용이 된 것은 근대(近代)에 일어난 일입니다.

거기에는 약간의 철학적인 배경이 있습니다. 우리가 근대 하면 무엇이 생각나시나요? 개인의 발견, 계몽, 이성, 주체와 대상, 이런 것들이 떠오릅니다. 데카르트의 "나는 사유한다. 고로 존재한다." 이런 말도 있습니다. 이렇게 근대에 이 '주체'라고 하는 것은 사물 또는 사안을 인식하는 '사람'이 있다는 것입니다. 그리고 그 주체가 이성이라고 하는 것을 통해서 바깥 세계를 이해한다고 하는 의미입니다. 그러니까 근대에 있어서 주체라고 하는 것은 자기중심이죠. 그리고 이성을 중시하는 것이고, 자기 외에 밖에 있는 것은 타자 즉 대상입니다. 그래서 주체와 대상 이렇게 돼 있었고요. 심지어는 자기 스스로 자신의 잘못된 일을 반성하는 것조차도 자기 안에 있는 과거의 경험을 스스로 반추한다는 의미에서 주체와 대상과의 관계라고 얘기를 합니다.

그런데 많은 철학자가 세계대전과 같은 이렇게 엄청난 일을 겪으면서 도대체 무엇이 문제였냐는 반성을 하면서, 철학적으로는 이게 모든 것을 자기중심적으로 생각하는 주체적인 사고방식이 오히려 심각한 문제가 있었다고 반성하게 됩니다. 그러면서 철학적으로 대 전환을 이루게 되는데요. 이후 개인을 대상으로 하는 주체, 이성 이런 것들로부터, 상호 주체, 상호주관이라는 것으로 생각의 전환이 일어나게 됩니다. 그래서 나만 주체가 아니라 상대도 주체인 상호 주체, 이것을 상호주관이라고 표현합니다. 상호주관 속에서 상호작용이 일어나고 그 속에서 발생하는 일들로 인해서 오히려 자신이 재구성되는 구성적 존재라고 하는 생각을 하게 됩니다. 지금은 너무나도 자연스럽게 받아들여지는 생각인데, 그렇게 오래된 생각은 아닙니다. 오히려 또한 인간의 행위에 대한 면을 좀 살펴보면, 우리가 부산에 가기로 한다면 부산이라고 하는 목적이 있습니다.

그런데 그 부산까지 가는 방법은 다양한 방법들이 있잖아요. 그런 목적을 달성하려는 방법들을 도구적이라고 합니다. 지금까지 대부분 인간이 중시 여겼던 행동 방식이라고 하는 것은, 그렇게 목적을 정하고 그다음에 그 목적에 어떻게 하면 가장 빠른 방법으로 가장 효율적인 방법으로 달성할 것이냐고 하는 측면에서 생각하고 행위 했다는 것입니다. 이것을 철학자들을 비롯한 많은 사람이 반성하면서 상호주관적인 관계라고 하는 것으로 사고의 전환이 일어났습니다. 그러한 상호주관적인 관계를 연결하는 것이 의사소통이라고 하는 것입니다. 그래서 의사소통을 통해서 상호이해와 합의를 이룰 가능성을 다시 발견하게 되는 것입니다.

2. 의사소통 행위의 구성 요소

다음은 의사소통 행위의 구성 요소에 대해 알아보겠습니다. 의사소통의 구성 요소는 세 가지로 나눌 수 있습니다.

첫째, 의사소통하기 위한 '주체'입니다. 공론장에 모인 자발적 참여자들, 즉 사안과 관련하여 관심 있는 사람들입니다. 공론장에 모인 사람들이 서로 의사소통을 통해 무언가를 구성해 간다면, 그 공론장에 참여한 한 사람 한 사람이 주체가 되는 것입니다. 그래서 '상호주체성', '상호주관성'이 형성됩니다.

둘째, 우리는 우리도 모르는 사이에 '합리성'에 기반해 의사소통을 한다는 것입니다. 무슨 뜻일까요? 우리는 의사소통 과정에서 의식하지 못하지만, 상호이해와 합리적인 능력을 이미 선천적으로 상당히 많이 갖고 있다는 겁니다. 일상적인 의사소통도 그렇지만, 특히 어떤 사안을 중심으로 논의하기 위해 모였을 때 더욱 그렇습니다. 상대방이 무슨 말을 했을 때, 그 말이 타당한지를 무의식적으로 따지게 된다는 것입니다. 그래서 상대방의 말이 타당성이 없거나 의심스럽다고 생각할 때는 질문을 하기도 합니다. 합리적 이성이 내장되어 있다고 보는 것입니다.

하버마스가 든 예를 살펴봅시다. 어떤 교수가 조교에게 '물 좀 갖다 주세요'라고 말했다고 해봅시다. 이때 '물 좀 갖다 주세요'라고 명령을 했다면, 그것은 전략적 행위나 도구적 행위에 해당할 겁니다. 의사소통이라고 한다면, '물 좀 갖다 주세요'라고 했을 때 그 말 안에는 그 말을 들은 조교 측면에서 세 가지 평가가 순식간에 이루어진다는 것입니다.

첫째, 실제로 물을 떠다 줄 수 있는 상황인지, 즉 물을 가져올 수 있는 곳이 실제로 존재하는지 사실관계에 대한 타당성 검토가 있습니다.

둘째, 윤리적이고 규범적인 측면에서 타당성 검토를 합니다. 교수가 조교에게 물을 갖다 달라고 해도 괜찮은 것인지 윤리적이고 규범적인 차원의 평가를 하게 됩니다.

셋째, 진정성과 관련된 평가를 합니다. 물을 가져다 달라고 하는 것이 다른 의도를 가지고 하는 말인지, 조교를 골탕 먹이기 위해서 하는 말인지 등 진정성과 관련된 말의 참뜻이 무엇인지 평가하게 됩니다.

놀랍지 않습니까? 사람은 대화하면서 어떤 말을 들었을 때 그 말의 의미가 사실인지, 규범적으로 문제가 없는지, 진정성이 담겨있는지 등을 평가하면서 그 말의 의미를 받아들입니다. 진정성에 의문이 든다면 "당신 그렇게 얘기한 것이 다른 뜻이 있어서 그런 것 아니에요?"라고 묻거나 생각하게 되는 것입니다. 이렇게 계속해서 타당성을 확인하는 과정을 거치면서 상호이해의 깊이가 더해지고, 그 폭이 좁아지면서 합의 가능성이 발생하게 되는 것입니다. 이해가 되셨을 것 같고요. 그래서 결국 의사소통은 어떤 강압에 의한 것이 아니라, 말하는 사람의 주장, 힘, 타당성에 의해 결정된다고 볼 수 있습니다.

3. 공론장과 의사소통 행위 관계

공론장과 의사소통 행위 간의 관계를 살펴보도록 하겠습니다. 공론장이라고 하는 것은 어떤 공통된 관심사가 있고, 그 관심사에 자발적으로 참여한 사람들이 모여서 무엇인가를 하는 거죠. 그게 공론장입니다. 그런데 사람들이 함께 모여서 무엇을 하나요? 일을 하나요? 노동을 하나요? 아니면 누군가의 지시를 따르나요? 공론장에서는 뭘 하나요? 의사소통 행위를 하잖아요. 공론장에서 하는 것은 서로 상호 의견을 드러내 놓고 서로의 생각을 검증하고 평가하면서, 상호이해의 깊이를 더 하여, 무엇인가 내용을 형성하는 과정이라고 볼 수 있습니다. 그러니까 공론장과 의사소통은 불가분의 관계입니다. 공론장에서 만약 의사소통이 빠진다면, 그건 공론장이라고 할 수가 없습니다.

그런가 하면 의사소통 행위에 상호이해와 타당성 검증에 관한 그런 잠재성이 없다면 공론장이 제대로 작동이 되지 않을 겁니다. 이렇게 공론장과 의사소통 행위 간에는 상호 의존적이며 굉장히 밀접하게 서로에게 영향을 주는 관계가 발생합니다. 공론장이 제대로 잘 구성이 될 때 의사소통 행위가 원활하게 일어나겠죠. 또 공론장의 절차와 과정이 원활하게 만들어질 때 의사소통 행위가 원활하게 일어날 것입니다. 거꾸로 의사소통 행위가 원활하게 되면 공론장은 나름대로 의미가 있게 되고, 상호 합의할 가능성도 그만큼 커지게 되는 거죠. 그래서 공론장에서는 의사소통 합리성에 기반해서 도구적인 합리성을 극복하고 상호이해와 합의에 도달할 가능성이 생깁니다. 그러면서 사회적 상호작용과 민주적인 참여의 기반이 형성될 수 있습니다.

의사소통 행위는 공론장이 아니어도 일어나지만, 공통의 관심사를 논의하는 공론장의 의사소통은 특별한 의미가 있습니다. 공론장에서 운영 규정 같은 것을 만들어 본 적 있나요? 우리가 이 공론장 운영을 어떻게 할 것인가에 대해서 규범을 정하는 거잖아요. 논의는 어떤 방식으로 할 것인지, 회의는 또 몇 차례 할 것인지, 논의 주제는 무엇으로 할 것인지 등을 논의하면서, 일종에 공론장의 질서를 세우게 됩니다. 그리고 그 질서에 의해서 공론장을 운영하게 됩니다. 이렇게 의사소통 행위와 공론장이 만나면 일어나는 굉장히 중요한 과정이 함께 지켜야 할 룰인 질서를 만드는 것입니다. 만약에 공론장이 아니고 집이라면 이런 규범을 만들 필요가 없겠죠. 이 규범을 만들기 위해서는 참여자들이 동등하게 참여해야 하고, 합리적인 담론이 이루어져야 합니다. 예를 들면 마을에서 마을 운영을 위해서 각 가정에서 얼마씩 갹출할 것인가라는 것을 정한다고 한번 해봅시다. 이럴 때 충분하고 합리적인 논의가 필요하겠죠. 이런 것이 다 의사소통 행위를 통해서 이루어지게 되는 것이죠. 결국, 공론장에서 의사소통 행위를 통해서, 모두가 동의할 수 있는 규범 같은 것이 만들어진다는 것입니다. 마지막으로 마을이나 동네 수준을 넘어서서 사실은 훨씬 더 민주주의를 성숙하게 만드는데도 의사소통 행위가 굉장히 중요합니다. 우리가 앞서 숙의민주주의를 공부했습니다. 그런데 숙의민주주의에서 굉장히 중요하게 생각하는 것이 토론과 담론, 합의 가능성입니다. 결국은 공론장에서 의사소통 행위를 통해서 숙의민주주의가 실현되는 것입니다. 그 의사소통 행위 가운데 토론과 담론, 합의라고 하는 과정을 통해서 숙의민주주의가 형성돼 가는 것입니다. 이렇게 공론장의 구성 및 운영에 관한 논의, 민주적인 정당성 확보 이런 모든 것들이 결국은 의사소통 행위를 통해 이루어집니다.

chapter *2*

공론장의 특징

[제7강] 공론장의 위치: 사적 영역과 공적 영역 사이

문제 해결에는 개인적, 사회적, 국가적 차원의 다양한 방식이 존재합니다. 국가 차원에서는 투표, 법률 제정, 사법적 판결 등의 방법이 있고, 개인 차원에서는 자발적 해결, 타인과의 협상, 심지어 폭력적 방법까지도 포함됩니다. 이러한 다양한 문제 해결 방법 가운데 공론장은 어떤 독특한 특징을 가지고 있을까요? 앞으로 7차례에 걸쳐 공론장의 특징을 하나씩 살펴볼 것입니다. 우선 그 핵심적인 내용을 요약하면 다음과 같습니다.

첫째, 공론장의 위치는 사적 영역도 아니고 공적 영역도 아닙니다. 사적 관심사를 사회적으로 해결하고자 노력하는 공간이며, 사적 영역과 공적 영역 사이에 있습니다. 하버마스의 공론장 이론에 따르면, 공론장은 사적 개인들이 공적 문제를 논의하며 비공식적으로 의견을 교환하는 공간으로 정의됩니다. 이는 공론장이 사적 이익을 공적 가치로 전환하는 과정에서 중추적인 역할을 한다는 것을 의미합니다.

둘째, 공론장을 구성하는 기본 단위는 고독한 개인이 아닌 복수의 사람들입니다. 의사소통을 통해 상호이해와 상호조정을 이루는 상호주관성에 기반을 두고 있습니다. 이는 공론장이 참여자들 간의 활발한 상호작용을 통해 합의를 도출하는 공간임을 의미합니다.

셋째, 공론장은 법이나 어떤 규정에 의해 인위적으로 만들어진 공간이 아닙니다. 공론장은 자발적 의지를 가진 사람들이 스스로 만들고 운영하는 자율성에 기반한 모임입니다. 이는 공론장이 법적 강제력이나 공적 권위에 의존하지 않고, 참여자들의 자발적 의사소통과 담론을 통해 사회적 합의를 형성하는 공간임을 강조합니다.

넷째, 공론장은 집단적인 숙의성을 강조합니다. 공론장에서의 숙의란 단순한 개인적 성찰이 아니라, 다수의 사람들이 깊이 논의하고, 성찰하고, 필요한 자료를 검토하며 심도 있는 논의를 진행하는 것을 의미합니다. 이는 공론장이 다수의 참여자가 서로의 의견을 경청하고 논의하며 합리적인 결론을 도출하는 과정임을 보여줍니다.

다섯째, 공론장의 특성 중 하나는 숙의와 토론을 통한 사고의 전환 (Thinking-turning)입니다. 공론장은 참여자들이 기존의 믿음이나 신념을 유지하는 것이 아니라, 숙의와 토론을 통해 상호작용하면서 사고의 깊이와 유연성을 키우는 경험을 제공합니다. 이러한 경험을 통해 토론 이전과 이후의 생각에 변화가 생기며, 이는 합의 가능성을 형성하는 원리로 작용합니다.

여섯째, 공론장은 합의를 추구합니다. 공론장은 개인의 고정된 선호를 다수결로 결정하는 방식이 아니라, 합리적인 토론과 의사소통을 통해 합의를 추구합니다. 비록 항상 합의가 이루어지지는 않지만, 상호이해와 조정을 통해 합의를 지향하는 방향성은 공론장의 중요한 특징입니다.

마지막으로, 공론장에서 내린 결정의 권위는 법률이나 외부 약속에서 오는 것이 아니라, 논의와 결정의 민주성 자체에서 발생합니다. 이는 공론장의 독특한 특징 중 하나로, 공론장이 자율적으로 운영되고 민주적인 과정에서 권위를 얻는다는 것을 의미합니다. 궁극적으로 공론장의 목적은 민주주의를 성숙시키고, 숙의민주주의를 실현하는 데 있습니다.

오늘은 이 가운데 첫 번째 특징인 '공론장의 위치'와 관련한 내용을 살펴보겠습니다.

공론장의 위치는 물리적 장소를 의미하는 것이 아니고, 사적 영역과 공적 영역 사이에 존재한다는 것을 의미합니다. 사적 영역은 개인이나 가족의 친밀한 삶의 측면을 다루며, 개인의 권리와 보호가 중심입니다. 이 공간은 주로 경제 활동, 개인적 성찰, 친밀성 유지 등의 활동이 이루어집니다. 반면, 공적 영역은 입법, 행정, 사법 등 국가나 공공 기관과 관련된 공식적인 공간으로, 법과 권력에 기반을 둡니다.

공론장은 이러한 사적 영역과 공적 영역 사이에서 사적 관심사를 논의하는 비공식적인 공간입니다. 이는 법에 의해 규정되지 않으며, 개방적이고 포용적이며 합리적인 담론을 통해 민주적인 공정성을 중시합니다. 공론장은 의사소통 권력을 통해 공적 영역에 영향력을 발휘하고 권리를 획득하는 것을 목표로 합니다. 개인이 공론장에 참여함으로써 공적 시민으로서의 역할이 전환됩니다.

공론장은 사적 영역의 문제를 공적 영역으로 변화시키는 중요한 역할을 합니다. 이는 합리적인 담론과 민주적인 공정성을 중시한다는 점에서 사적 모임과 다릅니다. 사적 모임은 정치적 영향력을 목표로 삼지 않으며, 법을 통한 권리 확보를 지향하지 않습니다.

공론장의 구성과 운영은 참여자들의 자율성에 기반합니다. 공적 모임은 법에 의해 구성되고 권위를 부여받지만, 공론장은 자율적으로 운영되며, 민주적 구성과 운영을 통해 권위가 형성됩니다.

공론장의 위치는 하버마스의 공론장 이론에 근거하여, 사적 영역과 공적 영역 사이에 위치한 중간 영역으로 정의됩니다. 하버마스는 공론장을 사적 개인들이 공적 문제를 논의하며 비공식적으로 의견을 교환하는 공간으로 보았습니다. 공론장은 따라서 법적 강제력이나 공적 권위에 의존하지 않고, 참여자들의 자발적 의사소통과 담론을 통해 사회적 합의를 형성하는 공간입니다.

공론장의 위치는 사적 영역의 개별적 이해관계와 공적 영역의 집단적 합의를 연결하는 역할을 합니다. 이는 공론장이 단순히 토론의 장이 아니라, 사회적 의제를 설정하고 정책 형성에 영향을 미치는 중요한 기능을 수행함을 의미합니다. 따라서 공론장은 사적 이익을 공적 가치로 전환하는 과정에서 중추적인 역할을 하며, 이를 통해 민주주의의 질적 향상을 도모합니다.

공론장을 활성화하기 위해서는 시민사회의 활성화가 필수적입니다. 이를 위해 시민사회 활성화를 위한 제도적 기반 조성이 중요합니다. 또한, 시민사회 내부의 토론과 합의 역량을 강화해야 합니다. 이러한 노력을 통해 삶의 문제들이 원활하게 공론장에서 논의되고, 이를 통해 의회 등 공식 기구에서 제도화될 수 있는 환경이 마련되어야 합니다. 이렇게 공론장은 사적 영역과 공적 영역을 연결하는 중요한 통로로서, 민주주의를 더욱 성숙시키는 역할을 합니다.

[제8강] 공론장의 단위: 상호주관성에 기반한 개인

우리가 지금 공론장의 특징을 주제로 공부하고 있습니다. 오늘은 공론장의 단위에 관해 이야기해보겠습니다. 공론장의 단위란 무엇일까요? 이는 공론장에 참여하는 주체에 관한 것입니다. 단위는 개인, 집단, 또는 조직이 될 수 있습니다. 그렇다면 공론장에 참여하는 기본적인 단위는 무엇일까요?

공론장을 준비하는 분들이 종종 "참여를 단체 대표가 해야 하나요? 아니면 개별적으로 해야 하나요?"라는 질문을 합니다. 예를 들어, 소각장 관련 사안에서는 소각장과 관련된 각각의 단체 대표들이 그 단체를 대표해서 참여하는 걸까요? 아니면 모든 사람이 단체와 무관하게 개인 자격으로 참여하는 걸까요? 이러한 혼란을 해결하기 위해 오늘은 공론장에 참여하는 기본적인 단위가 무엇인지에 대해 공부해보겠습니다. 정답부터 말씀드리면, 개인입니다. 그러나 그 개인은 단순한 개인이 아니라 상호주관성에 기반한 개인입니다. 공론장의 단위가 개인인 이유는 네 가지로 요약할 수 있습니다.

첫째, 인권과 가치 판단의 주체는 개인이기 때문입니다. 이는 근대 계몽주의 철학의 성과로, 데카르트에서 시작해 칸트에 이르는 근대 철학자들이 '개인'을 발견했다고 할 수 있습니다. 개인은 권리의 주체이자 도덕적 판단을 할 수 있는 존재로, 판단의 주체는 개인이 될 수밖에 없습니다.

둘째, 의사소통 행위의 주체가 개인이기 때문입니다. 상호이해와 합의를 지향하는 주체는 바로 개인입니다. 의사소통을 통해 상호이해와 합의를 이루는 행위는 개인의 역량과 관련이 있으며, 타당성에 대한 평가는 '말을 하는 상대를 만나는 나'라는 개인이 수행합니다. 따라서 의사소통의 주체도 개인입니다.

셋째, 현대 사회는 다양성과 차이의 사회입니다. 다양성과 차이는 집단 간뿐 아니라 각 개인 간의 차이에서 비롯됩니다. 이러한 차이가 새로운 대안과 내용을 발굴하는 원천이 됩니다.

넷째, 민주주의 사회에서 주권은 개인에게 있으며, 각 개인이 그 권리를 행사합니다. 투표가 동네별로나 세대별로 이루어지지 않는 이유는 바로 여기에 있습니다. 민주주의에서 주권은 개인에게 있고, 각 개인이 권리를 행사하는 것입니다. 이러한 이유로 공론장의 주인이자 단위는 개인입니다.

그러나 이러한 개인 개념에는 비판도 있습니다. 첫 번째 비판은 개인이 독립적 존재라기보다는 사회적 맥락과 관계, 이념적 특성을 가진다는 점입니다. 공화주의에서 주장하는 완전히 독립적인 개인은 존재할 수 없으며, 개인의 정체성은 사회적 맥락과 관계, 역사에 의해 결정됩니다. 두 번째 비판은 사회적 소수자에 관한 문제입니다. 공론장을 구성할 때, 장애인이나 청년 세대와 같은 사회적 소수자의 비율을 어떻게 보정할 것인가 하는 문제가 항상 생깁니다. 이는 공론장을 설계할 때 중요한 고려사항입니다.

공론장의 단위는 개인입니다. 그러나 그 개인은 완전히 독립적인 주체가 아니라, 상호주관성에 기반한 개인입니다. 상호주관성이란 무엇일까요? 이를 이해하기 위해 주체 중심 철학과 주체 해체 철학을 살펴보겠습니다. 주체 중심 철학은 계몽주의와 독일 관념론에서 논의된 완전히 자율적이고 합리적인 주체를 의미합니다. 반면, 포스트모더니즘 철학자들은 주체가 상황과 조건, 지식과 권력에 의해 구성된다고 주장하며, 주체의 해체를 논의합니다. 푸코와 데리다가 대표적인 예입니다.

상호주관성은 이러한 주체 중심 철학과 주체 해체 철학의 극단적 충돌 속에서 등장한 개념입니다. 상호주관성은 개인적인 관점에서 출발하지만, 타인과의 의사소통을 통해 상호이해와 합의를 도출하는 과정을 강조합니다. 이는 공론장의 주체가 개인임을 인정하면서도, 그 개인이 다른 주체와 상호작용하며 사회적 유대를 형성하는 과정을 중시합니다.

따라서 공론장의 주체는 명확하게 개인입니다. 그러나 그 개인은 홀로 존재하는 주체가 아니라, 상호주관성에 기반한 개인입니다. 개인은 사적 의미에 매여 있는 주체에서 공적 활동에 참여하는 주체로 나아갑니다. 이러한 상호주관성을 통해 공론장은 민주적 합의와 사회적 유대를 형성하며, 공적 영역에서 중요한 역할을 수행하게 됩니다.

[제9강] 공론장의 자율성

오늘은 공론장의 원리로서 자율성에 대해 공부하겠습니다. 자율성이란 무엇일까요? 자율성이라는 말은 그리스어 '아우토스'와 '노모스'에서 유래합니다. '아우토스'는 자기 자신, '노모스'는 법을 의미합니다.

따라서 자율성은 기본적으로 자기 입법, 자치, 자기 스스로 다스림이라는 의미를 담고 있습니다. 외부적인 통제 없이 자기 법에 따라 결정하고 행동하는 것을 자율성이라 합니다. 이는 자신의 생각과 행동을 통일시키는 능력, 즉 자신의 사람이 될 수 있는 능력을 의미합니다. 모든 인간은 자율적인 존재입니다.

1. 자율성의 개념

자율성의 개념을 조금 더 몇 가지 차원으로 나누어 살펴보면, 철학적인 의미에서 자율성은 자기 결정권을 갖는 존재, 즉 신이나 다른 존재가 아닌, 자기 스스로 결정을 할 수 있는 주체화된 존재를 의미합니다. 자율성은 기본적으로 개인의 자유에 기반합니다. 개인에게 자유가 있을 때, 그 자유를 바탕으로 자율성을 확보할 수 있습니다. 개인적인 자율성 역시 타인으로부터 간섭이나 억압 없이 스스로 자신의 일을 결정할 수 있는 권리, 자기 입법의 권리를 의미합니다.

정치적 자율성

정치적 자율성은 근대 민주주의와 관련해 대단히 중요한 의미를 가집니다. 누구나 정치적 공간에 참여할 수 있으며, 외부 권력이나 억압에 의하지 않고 내부 구성원이 스스로 의지를 모으고 의견을 형성할 수 있는 자유를 정치적 자율성이라고 합니다. 공론장을 만들 때, 국가권력이나 행정권력으로부터 간섭받지 않고 통제받지 않고 스스로 구성하고 운영한다면, 그 공론장은 정치적 자율성을 확보한 모임이 되는 것입니다.

도덕적 자율성

도덕적 자율성은 자기 스스로 또는 자신이 속한 모임이 내적인 교류를 형성하고 지킬 수 있는 자율성을 말합니다. 공론장에서 함께 논의를 통해 규정을 만들고, 운영규정을 구성원들이 논의해 지켜나가는 자기 내적인 자율성을 포함하는 개념입니다.

2. 공론장에서 자율성의 중요성

자율성이 없는 것은 공론장이 아니라고 할 정도로 자율성과 공론장은 밀접한 관계를 가집니다. 공론장은 완전히 사적 영역도, 완전히 공적 영역도 아닌 중간 영역에 위치합니다. 사적 영역이나 공적 조직은 그 구성원이 이미 정해져 있지만, 공론장은 필요에 의해 자발적으로 모인 비공식적 조직입니다. 따라서 누가 참여할지 자율적으로 결정해야 하며, 자발적으로 참여한 사람들이 스스로 논의를 형성할 수 있어야 합니다. 공론장이 자율적으로 구성되고 운영될 때, 참여자들은 자신의 생각을 자유롭게 펼칠 수 있습니다.

도덕적, 지적 발달은 자신의 가치나 의미를 사람들에게 설득하고, 사람들의 의견을 비판하며 자신의 생각을 자유롭게 제기하는 데서 비롯됩니다. 개인의 권리와 자유 보호의 측면에서도 자율성은 중요합니다. 공론장에서 표현의 자유가 제대로 보장되려면 다양한 법적, 제도적 보장 장치가 필요합니다. 다양한 사람들이 의견을 자유롭게 펼치고, 상호이해와 토론을 통해 내용을 구성할 때, 사회적 통합과 결속이 이루어질 수 있습니다.

3. 자율성 확보를 위한 조건과 전략

법적 보호

공론장이 자유롭게 운영되려면 법적인 보호가 필요합니다. 예를 들어, 헌법에 표현의 자유를 명시하여 사람들이 두려움 없이 자신의 의견을 말할 수 있도록 보장하는 것이 중요합니다. 법적 보호가 없으면 사람들은 자유롭게 의견을 나누기 어려울 것입니다. 이는 공론장이 원활하게 운영되기 위한 기본적인 조건입니다.

교육과 비판적 사고

공론장에서 자율성이 잘 확보되려면 상대방을 설득하고 원만하게 대화할 수 있는 능력이 중요합니다. 이를 위해 교육과 비판적 사고가 필요합니다. 예를 들어, 한 지역 사회에서는 시민들에게 비판적 사고 교육을 실시하여 미디어를 통해 정보를 분석하고 합리적으로 토론하는 연습을 합니다. 이렇게 하면 공론장에서 더 깊이 있는 논의를 할 수 있습니다.

정보의 분산

자율성을 확보하기 위해서는 다양한 정보를 바탕으로 스스로 정보를 선택하고 가공할 수 있어야 합니다. 만약 특정 단체가 모든 정보를 독점하면 다양한 목소리를 듣기 어려워집니다. 예를 들어, 공론장에서 다양한 목소리를 반영하기 위해 여러 출처에서 정보를 수집하고, 정부 보고서, 언론 기사, 학술 논문 등을 비교하여 논의의 기초 자료로 활용하는 과정이 필요합니다. 이를 통해 더 풍부한 논의가 가능해집니다.

경제적, 정치적 영향으로부터 보호

공론장이 자율성을 유지하려면 행정이나 자본으로부터의 간섭을 받지 않아야 합니다. 예를 들어, 특정 기업이나 정부 기관이 공론장의 논의에 영향을 미치지 않도록 법적 장치를 마련하고, 공론장의 자금은 여러 출처에서 투명하게 조달되어 특정 이해관계에 얽매이지 않도록 해야 합니다. 사회적 기반을 강화하는 다양한 문화적, 사회적 활동을 장려하는 것도 중요합니다. 이렇게 하면 공론장이 외부의 영향으로부터 독립적으로 운영될 수 있습니다.

공론장에 대한 서비스 지원

공적 기구로부터 장소, 정보, 인적 지원을 받는다면 공론장이 더 잘 운영될 수 있습니다. 예를 들어, 지방자치단체가 시민들이 공론장을 쉽게 이용할 수 있도록 회의실을 무료로 제공하고 필요한 자료를 지원하는 시스템을 운영한다면, 이는 공론장이 외부의 억압이나 강제로부터 자율성을 유지하면서도 내부적으로 자기 질서를 형성하고 책임질 수 있도록 도와줍니다.

이와 같이, 자율성을 확보하기 위해서는 법적 보호, 교육과 비판적 사고, 정보의 분산, 경제적 및 정치적 영향으로부터의 보호, 공론장에 대한 서비스 지원 등이 필요합니다. 이러한 조건들이 갖추어질 때 공론장은 자율성을 가지고 원활하게 운영될 수 있습니다.

[제10강] 공론장의 숙의성

이번 강의에서는 공론장의 중요한 특징 중 하나인 숙의성에 대해 다루겠습니다. 공론장과 숙의는 서로 떼어낼 수 없는 관계에 있습니다. 숙의가 무엇을 의미하는지 깊이 있게 살펴보겠습니다.

1. 숙의(熟議)의 의미

숙의(熟議)를 영어 사전에서 찾아보면 deliberation라고 되어 있습니다. 이 단어는 무엇인가에 대해 깊이 생각하고 논의하는 것을 포함합니다. 어원적으로 보면, 라틴어 'de'는 '완전히', '깊이'를 의미하고, 'liber'는 '자유롭다'는 의미를 담고 있습니다. 따라서 숙의는 무엇인가에 대해 철저히 심사숙고하고 논의하여 완전한 해결에 도달하려는 노력을 의미합니다. 숙의는 신중한 고려를 의미합니다. 무엇인가에 대해 신중하게 생각하고 판단하는 과정을 포함합니다. 이는 혼자가 아닌 여럿이 함께 생각하고 판단하는 집단적 추론 과정을 말합니다. 논리적 증명 과정을 통해 합리적 논증을 입증하는 과정도 포함됩니다. 논의를 통해 무엇이 옳고 좋은 것인지를 탐색하는 과정에서 도덕적이고 윤리적인 고려를 필요로 합니다. 또한 논의를 통해 사람들의 의견을 결집시키는 결과 지향적인 목적도 있습니다.

2. 숙의와 비슷한 용어

숙의와 비슷한 용어로는 심의(審議)와 토의(討議)가 있습니다. 숙의는 깊이 생각하여 충분히 논의함을 의미하며, 주로 언론학에서 신중한 의사소통과 심사숙고를 강조할 때 사용됩니다. 심의는 심사하고 토의함을 의미하며, 철학, 사회학, 정치학에서 옳바름을 검토히고 평가하는 과정을 강조할 때 사용됩니다. 토의는 문제에 대해 검토하고 협의함을 의미하며, 정치학에서 커뮤니케이션과 협의를 강조할 때 사용됩니다.

3. 숙의가 필요한 이유

공론장에서 숙의가 필요한 이유는 다음과 같이 다각적으로 설명될 수 있습니다.

민주적 참여와 투명성

숙의는 모든 구성원이 논의에 참여할 수 있는 기회를 제공하며, 이로 인해 민주적 참여가 활성화됩니다. 공론장에서 각자의 의견을 자유롭게 나눌 수 있는 환경은 결정 과정의 투명성을 높입니다. 투명한 논의 과정은 참여자들이 결정에 대한 책임감을 공유하게 하며, 이는 궁극적으로 의사결정의 정당성을 확보하는 데 기여합니다.

신중한 의사결정

숙의를 통해 다양한 정보를 수집하고 이를 바탕으로 신중한 결정을 내릴 수 있습니다. 이러한 결정은 단순한 선호에 의한 결정보다 안정적이며, 지속가능한 결과를 가져옵니다. 풍부한 정보와 깊이 있는 논의를 기반으로 한 결정은 다양한 이해관계를 반영하여 더욱 견고한 해결책을 제시 합니다.

사회적 결속력과 신뢰 강화

숙의는 사회적 결속력과 신뢰를 강화하는 데 중요한 역할을 합니다. 논의 과정에서 각자의 상황과 사정을 이해하고 존중하는 태도는 사회적 긴장과 갈등을 완화시킵니다. 숙의 과정에서 형성된 신뢰는 공동체의 결속력을 높이고, 협력적 문제 해결의 기반을 마련합니다.

시민성 함양

숙의는 시민성을 키울 중요한 기회를 제공합니다. 절차와 질서 속에서 다른 사람의 의견을 경청하고, 자신의 의견을 표현하며, 이견이 있을 때 이를 조정하는 경험은 민주적 시민으로 성장하는 데 필수적입니다.

복잡한 문제 대응력

현대 사회는 복잡한 문제들로 얽혀있습니다. 숙의를 통해 다양한 관점을 수용하고, 상황에 대한 적응력을 높이며, 보다 건설적인 대안을 마련할 수 있습니다. 복잡한 문제에 대한 다각적인 접근과 신중한 논의는 현명한 해법을 도출하는 데 유용합니다. 이를 통해 시민사회의 영향력을 강화할 기회를 제공합니다.

4. 숙의를 위한 조건

숙의가 가능하기 위해서는 여러 가지 조건과 절차가 필요합니다.

학습 환경 조성

숙의를 위해서는 주제에 대한 배경 지식과 데이터를 제공해야 합니다. 예를 들어, 소각장 문제를 논의할 때는 소각장의 용량, 폐기물의 양 등 기본정보를 제공하고 전문가의 의견을 반영해야 합니다. 이는 논의의 질을 높이고, 참여자들이 충분한 이해를 바탕으로 논의할 수 있게 합니다.

토론 질서 수립

숙의는 자연스럽게 발생하지 않기 때문에 참여 규칙과 운영규정을 수립하는 것이 중요합니다. 논의가 과열될 경우 이를 조정할 수 있는 역할도 필요합니다. 궁금한 내용을 전문가나 국가에 물어볼 수 있는 시스템을 마련하고, 온라인 공간을 활용하여 정보 접근성을 높여야 합니다.

데이터 창고 마련

숙의에 필요한 데이터를 쉽게 접근할 수 있도록 데이터 창고를 마련해야 합니다. 예를 들어, 소각장 관련 데이터를 일목요연하게 정리해 제공하면 참여자들이 궁금할 때 언제든지 찾아볼 수 있습니다. 이는 정보의 신뢰성을 높이는 데도 중요한 역할을 합니다.

참여 및 피드백 메커니즘

참여자들이 절차적 궁금증을 해결할 수 있는 루트를 제공해야 합니다. 검증 단위를 두어 현장에서 피드백을 받을 수 있도록 하고, 소수자에 대한 배려도 필요합니다. 청각장애인을 위한 자막이나 시각장애인을 위한 점자 자료 등을 제공하며, 디지털 참여를 독려하여 직접 참여하기 어려운 사람들도 공론장에 참여할 수 있도록 해야 합니다.

숙의가 가능하기 위해서는 평등과 포용성이 중요합니다. 누구나 자유롭게 참여할 수 있어야 하며, 배제되는 사람이 없어야 합니다. 합리적 담론이 가능하려면 특정 주제를 심도 있게 논의할 수 있는 조건이 마련되어야 합니다. 투명성과 개방성 속에서 합리적인 논의가 가능해지고 수용성과 책임감이 높아집니다. 외부 권력으로부터 자율성을 확보하여 간섭 없이 자율적으로 논의할 수 있는 환경이 필요합니다. 마지막으로, 서로에 대한 존중과 인정이 밑받침되어야 생산적인 결과와 합의 도출이 가능합니다.

이러한 조건들이 충족될 때 공론장은 더 나은 결정을 내리고, 사회적 신뢰와 결속을 강화하며, 시민사회의 영향력을 증대시킬 수 있습니다.

[제11강] 담론과 담론윤리

1. 담론의 정의와 형성 조건

담론은 논리적 사고와 소통을 포함하는 개념입니다. 이는 단순한 의사소통이 아니라, 논리적 근거를 바탕으로 한 체계적인 논의를 의미합니다. 의사소통이 정보를 전달하고 생각과 감정을 표현하는 과정이라면, 담론은 특정 주제에 초점을 맞추고 논리적 근거를 통해 의견을 교환하는 과정을 포함합니다. 담론의 주요 대상은 진실성, 규범성, 진정성으로, 진실성은 사실에 부합하는지, 규범성은 사회나 도덕에 맞는지, 진정성은 말과 속마음이 일치하는지를 평가합니다.

담론이 형성되기 위해서는 참여자가 외부 제약이나 권력 불균형으로부터 자유로워야 합니다. 외부 압력이나 권력 불평등이 존재하면 자유로운 대화가 어려워지며, 이는 의미 있는 담론을 형성하는 데 장애가 됩니다. 공론장에서 담론은 오직 더 나은 논증과 주장의 힘에 의해서만 설득력을 발휘해야 하며, 사회적 지위나 경제적 영향력이 영향을 미쳐서는 안 됩니다.

2. 담론윤리

담론윤리는 다양한 가치관과 이해관계에도 불구하고 모두가 동의할 수 있는 합의를 만드는 방법을 탐구합니다. 이는 논의의 정당성과 합리성을 확보하기 위한 질서를 형성하는 데 중점을 둡니다. 담론윤리의 핵심 관심사는 절차적 정당성과 보편화 원칙입니다.

절차적 정당성과 보편화 원칙

절차적 정당성은 공론장에서 누구나 자유롭게 발언할 수 있는 조건을 형성하는 것을 의미합니다. 발언을 독점하는 것을 방지하고, 참여자들이 논의를 통해 절차와 규범을 정해야 합니다. 이러한 절차적 정당성은 논의를 진행하는 데 있어 필수적인 틀을 제공합니다. 보편화 원칙은 논의 결과가 사회적 수용성을 확보하는 과정을 의미합니다. 논의 결과가 실제로 이해관계자들에게 수용 가능한지 검토하며, 이를 통해 타당성을 확보합니다. 예를 들어, 소각장 건설 여부를 논의할 때 주민, 폐기물 관련 업자, 예산 등을 고려하여 모든 이해관계자의 의견을 반영합니다.

담론윤리의 의미와 중요성

담론윤리는 주관적 직관이나 문화적 전통의 한계를 벗어나 체계적인 논의를 가능하게 합니다. 이는 자유롭고 평등한 참여자의 포용적이고 합리적인 담론을 촉진하며, 열린 대화와 상호 존중을 기반으로 합니다. 담론윤리는 절차적 정당성과 보편화 원칙을 통해 논의 질서를 형성하고, 이를 통해 공론장에서의 논의를 정당화합니다. 담론윤리는 의사소통과 민주주의를 연결하는 중요한 링크 역할을 하며, 규범이 만들어지는 과정과 법이 만들어지는 과정을 일맥상통하게 합니다.

담론윤리와 민주주의

담론윤리는 민주주의와 깊은 관련이 있습니다. 이는 의사소통에 기반한 도덕적 규범과 정당성을 결합하여 논의 질서를 형성합니다. 이러한 질서는 공론장 참여자들이 스스로 논의를 통해 형성해야 하며, 절차적 정당성과 사회적 수용성을 고려한 결론 도출이 중요합니다. 이는 숙의민주주의의 핵심 원리와도 일치합니다. 숙의민주주의는 민주적 결정의 정당성을 숙의 과정에서 찾으며, 합리적 토론과 시민 간의 합의를 중시합니다.

3. 담론윤리와 공론장

담론윤리와 공론장은 상호 보완적인 관계를 맺고 있습니다. 공론장은 다양한 의견을 수렴하고 합리적인 결정을 내리는 공간으로, 담론윤리는 논의의 질과 정당성을 보장하는 역할을 합니다. 담론윤리는 공론장의 운영원칙을 정립하고, 참여자들이 자율적으로 논의를 전개할 수 있는 구조를 제공합니다. 이를 통해 공론장은 민주적 정당성을 확보하고, 사회적 신뢰를 구축하며, 이해관계자의 갈등을 조정할 수 있습니다.

공론장은 담론윤리를 통해 더욱 투명하고 포용적인 의사소통을 가능하게 합니다. 이는 공론장이 단순한 토론의 장을 넘어, 실제로 정책과 결정을 형성하는 데 있어 중요한 기능을 수행할 수 있도록 합니다. 따라서 담론윤리는 공론장의 성공적인 운영에 필수적인 요소로 작용하며, 공론장의 목표를 실현하는 데 중요한 역할을 합니다.

담론윤리에 대한 비판도 존재합니다. 권력의 불평등이나 다양한 전략들이 만연한 실제 상황에서 담론윤리가 이상에 불과하다는 의견이 있습니다. 또한, 합의에 대한 지나친 강조가 사회적 갈등의 긍정적인 측면을 무력화시킬 수 있다는 지적도 있습니다. 그러나 이러한 비판에도 불구하고, 담론윤리는 여전히 논의 질서를 세우는 데 중요한 의미를 갖습니다. 담론윤리는 공론장에서 중요한 역할을 하며, 민주주의와 의사소통을 연결하는 데 필수적인 요소입니다.

결론적으로 담론과 담론윤리는 공론장에서 논의의 질과 정당성을 높이는 핵심 요소입니다. 이를 통해 공론장은 더 나은 결정을 내리고, 사회적 신뢰와 결속을 강화하며, 시민사회의 영향력을 증대시킬 수 있습니다. 담론윤리는 이상적 목표일 수 있으나, 현실적 적용을 통해 민주적 논의의 질을 높이고 공론장의 효율성을 증대시킬 수 있는 중요한 도구입니다. 담론윤리와 공론장의 관계는 민주적 절차와 정당성을 보장하는 중요한 메커니즘으로 작용합니다.

[제12강] 사고 전환

오늘은 공론장의 특징 가운데 사고의 전환에 대해 공부하겠습니다.

'숙의적 전환(Deliberative Shift)'이라고도 하며, 이는 쉽게 말해 생각의 전환을 의미합니다. 토론을 통해 합의에 도달하는 과정을 생각해 보면, 각자가 원래 가지고 있던 생각이 서로의 입장을 이해하고 심사숙고하는 과정을 통해 변화하는 것을 알 수 있습니다. 이 과정에서 사고가 확장되고, 공통분모가 형성되어 합의 가능성이 커집니다. 사고 전환은 공론장에서 토론과 합의를 이해하는 데 중요한 역할을 합니다.

1. 사고 전환의 특징과 근거

일상적인 상황과 달리, 공론장은 특별한 문제에 대해 관심 있는 사람들이 모여 의사소통을 통해 문제를 해결하는 공간입니다. 사고 전환의 개념을 살펴보면, 이는 자동적이고 무의식적인 사고에서 의식적이고 숙고(熟考)된 사고로 전환하는 것을 의미합니다. 이는 의사결정, 문제 해결, 의견 형성 과정에서 중요한 역할을 하며, 다양한 관점을 이해하고 공동의 결정에 도달하는 과정에서 발생합니다.

1) 사고 전환의 특징

사고 전환은 여러 가지 특징을 가지고 있으며, 이러한 특징들은 공론장의 효과적인 운영과 밀접한 관련이 있습니다.

의식적인 고려: 사고의 전환은 일상생활에서의 자동적이고 무의식적인 사고와 달리, 특정 문제에 대한 심도 있는 논의를 통해 의식적으로 이루어집니다. 사람들은 평소 일정한 관점과 평가 기준에 따라 행동하지

만, 특별한 문제에 직면하거나 공론장에서 논의할 때, 자신의 입장을 재평가하고 새로운 관점을 수용하는 과정을 거칩니다.

개방성과 유연성: 사고 전환이 일어나려면 개방성과 유연성이 필수적입니다. 참여자들은 서로의 생각을 터놓고 이야기하며, 자신의 관점을 고수하기보다는 다른 사람의 의견을 수용하고 새로운 정보를 받아들이는 자세가 필요합니다. 이는 공론장이 상호작용의 장으로서 기능할 때 가능해집니다.

사회적 상호작용: 사고 전환은 사회적 상호작용을 통해 촉진됩니다. 참여자들은 공론장에서 활발한 의사소통을 통해 서로의 입장을 이해하고, 이를 바탕으로 자신의 사고를 확장하거나 전환할 수 있습니다. 이러한 상호작용은 공론장의 핵심 요소로 작용합니다.

비판적 사고와 자기 성찰: 사고 전환은 비판적 사고와 자기 성찰을 필요로 합니다. 참여자들은 상대의 주장이 타당한지, 사실에 부합하는지, 사회적 규범에 맞는지, 진정성이 있는지를 평가하고, 동시에 자신의 생각도 되짚어보아야 합니다. 이는 공론장의 논의가 깊이 있게 진행되도록 하는 중요한 요소입니다.

2) 사고 전환의 근거

사고 전환의 근거는 인식론적 증거와 과학적 증거로 나눌 수 있습니다.

인지부조화 이론: 인지부조화 이론은 사람이 자신의 태도와 행동 사이에 모순이 발생할 때 이를 해소하려는 경향을 설명합니다. 예를 들어, 한 사람이 환경 보호의 중요성을 믿으면서도 일회용 플라스틱을 자주 사용한다면, 이 모순을 해소하기 위해 태도를 변경하거나 행동을 바꾸려 할

것입니다. 이는 공론장에서 사고 전환이 일어나는 기제를 설명하는 데 유용합니다.

이중 과정 이론: 다니엘 커너먼의 이중 과정 이론은 인지 과정을 두 가지 시스템으로 나눕니다. 시스템 1은 자동적이고 빠르며, 본능적이고 즉흥적인 반응을 담당합니다. 반면 시스템 2는 느리고 의식적이며, 논리적 사고와 숙고된 결정을 담당합니다. 공론장에서의 논의는 시스템 2를 활성화시켜 참여자들이 깊이 있는 사고를 하도록 촉진합니다.

거울 뉴런 이론: 거울 뉴런 이론은 사람이 타인의 행동을 관찰하거나 생각할 때 자신의 신경 시스템이 비슷하게 활성화된다는 것을 설명합니다. 이는 공감과 이해의 기초가 되며, 공론장에서 다른 사람의 의견을 듣고 이해하는 과정에서 중요한 역할을 합니다. 예를 들어, 다른 사람이 고통을 겪는 모습을 보면 자신도 고통을 느끼는 것처럼, 공론장에서 타인의 경험을 통해 자신의 사고가 변화될 수 있습니다.

이 외에도 정보 처리 이론, 사회 학습 이론 등 다양한 인식론적 및 과학적 근거들이 사고 전환을 뒷받침하고 있습니다. 특히, 뇌과학 연구를 통해 의사소통 전후의 뇌 활성화 패턴을 확인함으로써 이러한 전환의 과학적 증거가 계속해서 누적되고 있습니다.

3. 사고 전환을 위한 공론장의 조건

사고 전환이 활발하게 일어나기 위한 공론장의 조건은 여러 가지가 있습니다.

개방성과 포괄성: 공론장은 다양한 배경을 가진 사람들이 참여할 수 있도록 개방적이고 포괄적인 환경을 제공해야 합니다. 이는 다양한 관

점이 교환되고, 새로운 아이디어와 사고가 형성될 수 있는 기회를 마련합니다. 예를 들어, 공론장은 특정 그룹이나 계층에 국한되지 않고, 모든 사회 구성원이 자유롭게 참여할 수 있도록 해야 합니다.

정보의 질과 접근성: 고품질의 정보는 사고 전환을 촉진하는 중요한 요소입니다. 공론장은 참여자들에게 신뢰할 수 있는 데이터를 제공하고, 다양한 정보에 접근할 수 있는 환경을 조성해야 합니다. 이는 참여자들이 기존의 고정관념이나 편견에서 벗어나 객관적이고 근거 있는 결론에 도달할 수 있도록 합니다.

의사소통의 질: 명확하고 정확한 의사소통은 사고 전환의 핵심입니다. 공론장은 참여자들이 서로의 의견을 명확히 전달하고, 깊이 있는 상호작용을 할 수 있는 분위기를 조성해야 합니다. 이는 참여자들이 자신의 생각을 표현하고, 다른 사람의 의견을 경청하며, 논리적으로 반박하고 수용하는 과정을 통해 이루어집니다.

사회적 신뢰와 구조화된 토론 과정: 공론장은 참여자들 간의 신뢰를 구축하고, 논의가 체계적으로 진행될 수 있도록 구조화된 토론 과정을 제공해야 합니다. 규칙이나 절차가 명확하게 설정되어 있고, 시간이 충분히 주어지며, 필요한 자원이 적절히 지원되는 환경이 필요합니다. 이러한 조건이 충족될 때, 공론장은 효과적으로 운영될 수 있습니다.

4. 결론

공론장에서의 사고 전환은 토론과 합의를 통해 개인의 생각이 변화하는 과정을 의미합니다. 이는 공론장의 토론과 합의의 메커니즘을 이해하는 데 필수적입니다. 사고 전환은 의식적이고 숙고된 사고로의 전환을 통해 다양한 관점을 수용하고 공동의 결정을 도출하는 데 중요한 역할을 합니다. 이를 위해 공론장은 개방적이고 포괄적인 환경을 제공해야 하며, 고품질의 정보와 명확한 의사소통을 통해 사고 전환을 촉진해야 합니다. 이러한 조건이 충족될 때, 공론장은 더 나은 결정을 내리고, 사회적 신뢰와 결속을 강화하며, 시민사회의 영향력을 증대시킬 수 있습니다.

[제13강] 합의 추구

합의 추구의 개념

공론장은 다수결이 아닌 합의를 추구합니다. 합의 추구 공론장의 특징으로 합의 추구 consensus-building(컨센서스-빌딩)이라고 얘기하는데요. 우리가 컨센서스라는 말 많이 들어 봤잖아요. 근데 왜 거기 뒤에 빌딩이라는 말이 들어가 있을까요?

의사결정 방식의 다양성

의사결정에는 여러 가지 방식이 있습니다. 대표적인 것은 이제 인식론적인 차이라고 말씀을 드렸는데, 합리적인 의사결정을 한다고 흔히들 말합니다. 우리가 뭐 경제에서도 비용과 편익을 잘 계산해서 편익이 최대화될 수 있도록 결정한다고 얘기하잖아요. 그래서 인간은 합리적인 동물이라는 얘기도 하는 것처럼 합리적인 차원에서 결정하는 겁니다. 그런가 하면 합리화와는 관계없이 직관적으로, 어떤 일에 직면했을 때 특히 위급할 때는 직관적으로 결정하는 경우도 있고, 또 이전 경험에 기반해서 결정하는 방식도 있습니다. 이런 것은 인식론적인 차이에 따른 의사결정이라 말씀을 드릴 수가 있습니다.

의사결정 주체에 따른 구분

그다음에 누가 주로 의사결정을 하느냐에 따라서도 나눌 수 있습니다. 어떤 경우에는 리더가 결단하죠. 그런가 하면 조직이나 이사회가 그런 차원에서 관계 기관이든 기구에서 결정하는 방식도 있고요. 또 전문가가 의견을 내서 그 전문가 의견에 따라서 하는 경우도 많이 있습니다. 특히 과학적인 문제라든가 이런 경우에는 전문가 의견이 굉장히 많이 반영됩니다. 그런가 하면 지금 우리가 공론장에 관한 공부를 하고 있는데요. 공론장의 주인은 주민이나 시민이죠. 이런 것처럼 주민이나 시민이 주요 의사결정자인 경우도 있습니다.

다수결과 합의의 비교

그런가 하면 의사결정 방식도 다양합니다. 그 중 대표적인 것이 다수결과 합의입니다. 다수결은 그 뜻 자체가 의미하는 것처럼, 집단 가운데 의견이 나뉠 때 수를 많이 차지한 쪽의 의견에 따르는 것을 다수결이라고 합니다.

반면 합의라고 하는 것은 의견을 서로 합해서 합해진 의견으로 결정한다는 것입니다. 다수결에 의한 의사결정은 가장 많은 표를 받은 선택지가 결정되는 것이고, 효율성과 명확성이 장점입니다. 누가 이기고 지는 것도 명확합니다. 단점은 소수 의견을 무시하거나 또는 분열이 발생할 가능성이 있다는 것입니다. 그런가 하면 합의는 모든 참여자의 지지를 얻는 결정을 도출하는 것입니다. 그래서 포괄성과 결정 의지를 향상할 수 있고 단결과 협력을 높일 수 있는 장점이 있는 반면에, 시간이 지연되거나 결정이 지연될 가능성도 있습니다.

다수결과 합의의 철학적 검토

다수결이냐 합의냐고 하는 것을 조금 철학적인 차원에서도 검토할 수 있습니다.

첫 번째, 우리가 자유민주주의 개인주의 이런 얘기할 때, 자유민주주의자들이나 개인주의자는 다수결과 합의 중에서 어떤 것을 선호할까요? 합의는 많은 사람의 공통점을 도출해내는 것이라서, 개체성보다는 공동체 협력과 통일을 중요시하는 공동체주의자들이 선호하는 방법입니다.

두 번째, 결정에 있어서 효율성 대 공정성이라고 하는 측면을 살펴보면, 당연히 다수결을 선호하는 사람들이 효율성을 추구할 것입니다. 왜냐하면, 다수결이라는 것은 생각의 전환이나 또 협력이라는 이런 부분을 별로 중요시하지 않기 때문에, 있는 그대로에서 결정하면 됩니다. 상당히 효율적인 방법이라고 볼 수 있습니다.

반면에 합의를 중요하게 여기는 경우는 사람들의 다양한 의견이 다수에 의해서 휘둘리지 않도록, 모든 사람의 의견을 존중하고 충분히 반영될 수 있어야 한다는 관점을 갖고 있습니다. 그래서 공정성을 굉장히 중요하게 여깁니다.

세 번째로는 의사소통의 역할에 있어서 굉장히 다릅니다. 다수결의 경우에는, 의사소통이 그렇게 크게 의미가 없는 경우도 있습니다.

반면 합의에는 의사소통의 역할이 대단히 중요합니다. 그래서 공론장에서는 대체로 다수결보다는 합의라고 하는 방법을 선택하게 되는 것이고, 공론장에서는 의사소통이 특별히 중요한 의미가 있게 되는 것입니다.

합의의 동태적 과정

합의가 도대체 무엇을 의미하는지를 조금 깊이 살펴보도록 하겠습니다. 조율과 타협을 통해서 당사자가 해당 결정이나 방향을 지지하게 되는 과정을 통해, 생각이 합쳐지는 부분을 형성해내는 것을 합의라고 얘기를 할 수 있습니다. 실제로 합의는 상태라기보다는 과정이라고 봐야 합니다. 굉장히 다이나믹한 과정이라고 볼 수가 있죠. 실제로 합의라고 하는 것은 한 번에 이루어지는 경우는 별로 없고, 작은 합의들이 모여서 큰 합의가 이루어지는 것이고, 그것은 굉장히 동태적인 과정입니다. 그래서 합의 추구라고 합니다. 그냥 '컨센서스(consensus)'가 아니라 '컨센서스 빌딩(consensus-building)'인 합의를 형성하는 과정이라고 하는 것이죠. 그래서 다양한 이해관계자들 간의 공통된 의견이나 결정에 도달하는 과정입니다.

합의의 차원별 특징

그리고 합의의 차원에 따라서도 그 주요점들이 조금씩 차이가 있을 수밖에 없습니다. 정치적 차원에서는 공통된 목표나 정책에 도달하기 위한 과정을 주로 합의라고 얘기를 한다면, 사회적인 차원에서는 사고 이해나 존중을 바탕으로 한 합의형성이 강조됩니다. 사회적인 차원에서는 우리 삶의 영역을 생각하면 되는데요. 상호이해와 존중을 굉장히 중시 여기는 방향으로 합의가 이루어지게 됩니다. 경제적인 차원에서는 어떨까요? 경제적인 차원에서는 협력과 경쟁의 규칙이라는 자원 배분에 관한 내용을 결정하게 됩니다. 이렇게 합의가 어떤 차원에서 이루어지느냐에 따라서, 중요하게 여기는 포인트가 조금씩 차이가 있다고 하는 점을 이해하시면 되겠습니다.

합의 추구의 필연성

본질적인 질문으로 들어가 봅시다. 여러분, 공론장은 합의를 추구하는 곳인가요? 아니면 공론장을 운영하다 보면 합의가 저절로 만들어지는 것인가요? 공론장에서는 반드시 합의를 추구해야 하는 건가요? 조금 헷갈리는 질문이죠? 공론장에서 합의 추구는 단순히 결정을 내리는 과정을 넘어서 민주적인 가치실현, 사회적인 단결 증진, 지속가능하고 포괄적인 결정을 위한 필수적인 접근 방식이기도 합니다.

그러니까 공론장에서 합의를 추구하는 것은 그냥 다수결로 할 것이냐, 합의 방식으로 할 것이냐 중에서 합의라고 하는 것을 단순히 이렇게 도구적으로 활용하는 것이 아닙니다. 공론장의 목적을 스스로 추구하다 보면 합의 방식으로 진행될 수밖에 없는 일종의 필연성 같은 것이 존재한다는 의미입니다.

합의의 과정과 결과

공론장에는 굉장히 다양한 삶의 영역에서 다양한 사람들이 참여합니다. 서로 생각의 차이 이해관계 차이가 있는 다양한 사람들이 모인 공론장에서는, 그 사람들 간의 이성적인 토론을 통해서 상호이해를 증진하는 과정이 발생하게 됩니다. 그러면서 깊이 있는 논의와 이견에 관한 담론들이 이루어지면서, 다양한 내용에 대한 타당성 검토가 이루어지게 됩니다. 이러한 과정에서 논의의 질이 굉장히 깊어지게 됩니다. 우리가 이전 시간에 배운 것처럼 숙의적 전환이 일어날 수 있을 정도로 논의가 상당히 심도 있게 이루어질 수 있게 됩니다. 그러면서 상대에 대한 이해도 높아짐과 동시에 자기 생각도 원래 자신이 갖고 있었던 생각보다 훨씬 더 확장되는 거죠. 그래서 원래 다 개별적으로 있었던 생각들이 충분한 정보와 토론과 담론을 통해서 생각이 이렇게 확장하면서, 공유할 수 있는 영역들이 점점 커지게 됩니다. 물론 논의를 심화시키면서 공통부분도 발견됨과 동시에 이전에는 모호했던 차이도 명확해집니다. 사람들이 가진 생각 가운데 공통분모가 무엇인지 또 차이가 무엇인지가 선명해진다고 볼 수 있습니다. 그러면서 차이에 대해서는 인정하고 존중하지만, 이렇게 형성되는 공통점에 대해서는 합의가 이루어질 가능성도 만들어집니다. 그러면서 사회적인 결속과 단결력이 생기며 이 과정을 통해서 내용이 결정되는 것이, 다수결에 의해 소수가 배제되는 방식보다 훨씬 더 민주적인 가치를 높이는 방법입니다.

합의가 어려운 조건들

모든 공론장에서 합의가 이루어지는 것은 아니라는 사실을 우리는 경험적으로 잘 알고 있습니다. 그래서 합의가 이루어지기가 비교적 쉬운 조건과 합의가 이루어지기 어려운 조건을 구분해 볼 수 있습니다. 물론 이게 절대적인 것은 아닙니다.

왜냐하면, 공론장에 참여하는 사람들의 태도나 마음가짐도 합의 가능성에 지대한 영향을 미칠 수 있으므로, 이것은 크게 몇 가지 특징만을 대변하는 것으로 이해를 하시면 됩니다. 합의가 가능한 조건의 대표적인 것은 공통적인 가치를 인식하고 갖고 있을 때, 개방적인 대화가 이루어질 때, 유연성과 타협하려고 하는 자세가 있을 때입니다. 또 절차적인 공정성이 확보될 때, 정서적인 공감대가 유지될 때 합의 가능성이 훨씬 더 커지겠죠.

그런가 하면 합의가 어려운 조건들도 존재합니다. 근원적인 가치관의 차이가 존재하는 경우인데, 대표적으로 종교적인 문제라든가 이런 도덕적인 불일치가 존재하는 경우에 합의 가능성이 훨씬 더 낮아집니다. 그런가 하면 정보 비대칭성이 존재하는 경우, 불평등한 권력 구조가 있는 경우에는 힘이 한쪽으로 작용하기 때문에 지배나 억압은 존재할 수 있어도, 진정한 의미에서 합의 가능성은 훨씬 더 낮아집니다.

왜냐하면, 우리가 합의라고 할 때는 그 공론장에 참여한 사람들이 원칙적으로 자유롭고 평등하고 모든 사람에게 동일하게 말할 기회가 주어져야 하므로, 이런 정보 비대칭이나 불평등한 권력 관계 하에서는 제대로 된 합의가 이루어지기 어렵기 때문입니다. 그런가 하면 외부 권력이 개입되는 경우 역시 합의 가능성은 그만큼 낮아집니다.

합의 추구의 위험성과 비판

그다음에 조금 더 본질적으로, 공론장에서 합의를 추구하는 것이 좋기만 한 것이냐 또는 공론장에서 너무 이렇게 합의를 이렇게 강제하다 보면 이게 오히려 부작용이 생길 수 있다고 하는 우려가 있을 수가 있습니다. 이 합의 추구라고 하는 것이 사실은 다양성과 차이를 오히려 무력화시킬 수 있습니다. 다양성과 차이라고 하는 것이 대단히 중요할 뿐만 아니라 그 자체가 실천적인 의미를 가지고 있습니다. 그런 상황에서 정해진 시간과 공간 속에서 합의를 너무 강제하다 보면, 오히려 역효과가 날 가능성이 충분히 있습니다. 그래서 여러 철학자들은 합의 추구에 대해서 다양한 우려와 심지어는 합의 추구를 하면 안 된다는 입장까지 다양한 비판들이 이루어져 왔습니다. 이 내용을 우리가 정확하게 이해 할 때, 이 합의 추구라고 하는 것이 대단히 자연스럽게 만들어져야지, 몰려가듯이 하면 훨씬 더 많은 것을 잃을 가능성이 있습니다. 또 합의 추구만이 능사는 아니라는 더욱 더 포괄적인 시각을 갖는 것이 필요합니다.

합의 추구의 중요성

공론장에서 합의 추구는 민주적 의사결정의 핵심적인 요소라고 볼 수 있습니다. 그렇지만 다양한 학자들은 합의의 장점과 함께 잠재적인 위험성도 경고하고 있습니다. 대표적으로는 아래 있는 내용인데 간단하게 말씀드리겠습니다.

존 스튜어드 밀은 자유에 대한 대표적인 철학자입니다. 합의에 대한 강조가 개인적인 특성과 권리를 오히려 이렇게 동질화시킬 가능성이 있다고 보는 겁니다. 그래서 사고의 동질화에 대해서 굉장히 우려했고요. 랜시 프레이저는 인정의 철학자라고 얘기를 하죠. 합의 추구가 소수 의견을 억압할 가능성이 있다 이렇게 얘기를 했고요. 또 미셸 푸코 같은 사람은 토론과 합의를 얘기하지만, 사실은 토론에 있어서 역량의 차이가 크게 날 수가 있고, 또 지적인 부분에 차이가 날 수가 있으므로 사실은 엘리트주의의 위험성이 항상 도사리고 있습니다. 쉽게 말해서 말발 센 사람이 오히려 합의를 이끌어갈 수가 있다고 하는 위험성에 관해서 얘기하고 있습니다. 위르겐 하버마스 같은 경우에는 합의에 대한 기본적인 동의를 하면서도 시간과 자원으로 인한 제약을 받을 수 있다는 현실적인 우려를 얘기했습니다. 샹탈 무페 같은 경우에는 실제로 그 합의에 대한 부담 내지는 강요가 실제로 존재하는 의미 있는 긴장과 갈등을, 오히려 없는 것처럼 위장하는 효과가 발생할 수 있다고 하는 것입니다.

우리가 이렇게 실제로 위에 드러난 부분만을 가지고 무엇인가 된 것처럼 합의가 이루어지는 경우가 많습니다. 그렇지만 실제로 빙산 밑에 있는 훨씬 더 큰 문제들은 해결되지 않은 채로 피상적인 합의만 이루어지는 경우가 있습니다. 그래서 오히려 건강한 민주주의 사회에서는 이 대립과 갈등, 적대하는 것을 드러내는 것이 훨씬 더 의미 있고 중요하다고 하는 얘기를 하기도 합니다. 결론적으로 합의 추구는 중요하지만, 다양성 소수 의견 또 신속한 결정의 필요성 등등이 합의라고 하는 것이 가진 위험성 이런 것에 대해서도 충분히 고려하면서 논의를 진행할 필요가 있습니다. 특히 무엇보다도 많은 철학자가 우려한 것처럼 그 다양성과 차이 자체가 가진 또는 사회적 긴장과 대립 자체가 가진 의미를 그냥 없애는 방식으로 합의가 이루어져서 안 된다는 것입니다. 그 다양성과 차이가 가진 긴장과 대립 역시도 나름대로 의미가 있다고 하는 점을 유념하면서 이 합의에 관한 생각을 다듬어가야 하지 않을까 합니다.

[제14강] 비공식적 권위

오늘은 공론장의 특징 가운데 비공식적 권위에 대해서 공부하겠습니다. 비공식적 권위라면 공식적 권위라는 게 있다는 의미입니다. 공식적 권위는 뭐고 비공식적 권위는 뭘까요? 공론장은 비공식적임에도 불구하고, 공론장에서 논의와 그 결과에 대해 권위가 생긴다면, 그 권위는 어디서 나오는 것인가 하는 겁니다. 권위라는 것은 공식적인 권위에서 일반적으로 발생하는데, 공론장은 공론장의 성격과 관련해서 비공식적인 모임이라고 말씀드렸잖아요. 그렇다면 비공식적인 모임인 공론장에서 권위가 발생할 수 있을까요? 만약 권위가 발생할 수 있다면, 공론장에서 발생하는 그 권위는 어디서 오는 걸까요? 어떻게 보면 굉장히 심각한 질문이라고 볼 수 있습니다. 그것에 대해서 같이 알아보도록 하겠습니다.

권위와 권력의 차이

첫 번째로 권위가 무엇인지에 대해서 공부를 해 봐야 하겠죠. 권위를 '오소리티(authority)'라고 얘기하잖아요. 핵심적으로는 사회적 또는 전문적인 능력을 의미하고, 그 능력에 기반해서 합법성이 부여되거나 사회적인 인정이 이루어지게 되는 겁니다. 예를 들어, 유명한 작가나 학자는 전문성에서 권위를 얻습니다. 또 일정한 직책에 있는 사람에게도 권위를 부여합니다. 이는 법적, 합법적인 근거에 의해서 권위를 부여하는 것이죠. 이렇게 보통 사회적인 권위는 합법성이나 그 사람의 영역에 관한 사회적인 인정을 통해서 형성됩니다. 권위의 또 다른 특징은 자발적으로 그 권위에 순응하는 것입니다.

반면에 권력은 권위와 비슷한 면도 있지만 다른 점도 있습니다. 권위는 자발적 순응에 의한 것이라면, 권력은 영향을 미친다는 점에서는 권위와 일맥상통하지만 강제할 수 있다는 점이 다릅니다. 관계의 비대칭성이 존재할 수 있고, 권력은 사회적 또는 전문적인 능력 안에서도 형성될 수 있습니다. 국가와 국가 사이에서도 권력 관계는 발생할 수 있죠. 따라서 권력은 권위보다 폭이 훨씬 넓은 개념입니다.

권위의 근거와 정당성

권위와 권력의 차이에 대해서 간단하게 정리해 보겠습니다. 그 근거와 정당성 관련해서 권위는 사회적, 전문적 인정에 근거한다고 볼 수 있고, 권력은 강제 또는 영향력의 능력에 초점이 있습니다. 순응의 성격에 있어서 권위는 자발적이고 정당성에 기초하는 반면, 권력은 외부적인 강제나 필요에 의해 발생합니다. 관계의 구조적인 면에서 권위는 사회적이고 조직적인 구조 내에서 인정되는 반면, 권력은 다양하고 유동적인 관계와 상황에서 발생할 수 있습니다.

권위의 원천

본격적으로 권위가 어디서 생기는지 살펴보겠습니다. 첫 번째는 일반적인 권위가 어디서 생기는지, 두 번째는 일반적인 권위와 다른 공론장에서의 권위는 어디서 생기는지 살펴보겠습니다. 일반적인 권위는 직위와 역할에서 생기며, 조직적인 계층구조 내에서 발생합니다. 선생님은 선생님으로서, 대통령은 대통령으로서의 권위를 갖고 합법적인 권위가 주어집니다. 전문 지식과 경험, 법적, 도덕적 근거에 의해서도 권위가 생깁니다. 전통사회에서는 촌장이나 노인에게 권위를 부여했습니다. 사회적 인정이나 합의에 따라서도 권위가 형성됩니다.

반면에 공론장에서의 권위 원천은 매우 다릅니다. 공론장에서 권위는 개인에게 부여되는 것이 아니라 공론장 자체에서 발생하는 권위입니다. 이는 크게 네 가지로 나눌 수 있습니다. 첫 번째는 이성적인 설득력입니다. 논리적이고 설득력 있는 대화를 통해 권위가 형성됩니다. 두 번째는 정보의 질과 접근성입니다. 좋은 정보를 바탕으로 논의가 이루어질 때 권위가 발생합니다. 세 번째는 도덕적 진정성입니다. 일관된 행동과 진실성에 의해서 권위가 생깁니다. 마지막으로는 참여와 포괄성입니다. 다양한 사람들이 충분히 모여서 논의하는 과정에서 권위가 발생합니다. 공론장에서 권위는 논의 공간이 원만하게 구성되어, 좋은 내용이 도덕적으로 문제가 없는 형태로 형성되는 과정에서 발생합니다.

공론장의 권위 형성

공론장은 어떻게 구성하고 운영하느냐에 따라 권위가 있는 공론장이 될 수도 있고, 그렇지 못한 공론장이 될 수도 있습니다. 일반적인 권위와 공론장에서의 권위의 차이를 살펴보면, 권위의 원천이 다릅니다. 일반적인 권위는 외적인 측면에서, 예를 들어 직위나 능력, 사회적, 법적, 제도적인 차원에서 부여된 것이죠. 반면 공론장은 내부적으로 형성된다는 점에서 원천이 다릅니다. 형성과정도 차이가 있습니다. 일반적인 권위는 직위나 전문성을 기반으로 하지만, 공론장에서의 권위는 대화와 합의 과정에서 형성됩니다. 공론장에서의 권위는 지속적인 재평가 대상이 됩니다. 공론장을 잘 운영하다가 제대로 진행되지 않으면 그 권위를 상실하게 됩니다. 따라서 공론장에서의 권위는 역동적이며, 한번 주어지고 마는 것이 아닙니다.

공론장의 권위 요인

공론장에서 권위를 부여하는 요인들을 몇 가지 살펴보겠습니다. 첫 번째는 합리성과 공정성입니다. 합리적이고 공정한 토론을 통해 의견을 도출하고, 근거와 논리에 기반해 의견이 형성될 때 사회적인 권위를 갖게 됩니다. 두 번째는 포괄성과 다양성입니다. 다양한 사회 구성원이 참여해 의견을 반영하고, 논의 결과가 높은 사회적 수용성을 가질 때 권위를 획득하게 됩니다. 세 번째는 결과가 공적 이익에 부합할 때입니다. 공공선에 기여하는 결정을 할수록 논의 결과에 대한 공론장의 권위는 커집니다. 투명성과 참여자의 책임감이 높을수록, 논의에 대한 신뢰가 높을수록 공론장의 권위는 더욱 커집니다. 마지막으로 지속적인 대화와 비판적 검토입니다. 공론장에서의 논의는 한번 형성되고 마는 것이 아니라, 끊임없는 성찰과 심화된 논의를 통해 공론장의 권위를 계속 높여갑니다.

결론

결론적으로, 공론장은 사회적 권위를 형성하는 중요한 기반입니다. 공론장에서의 권위는 합리성, 공적 이익, 투명성, 지속적인 대화를 통해 형성됩니다. 공론장에서의 권위는 한번 형성되면 계속 유지되는 것이 아니라, 상황에 따라 가변적입니다. 사람들로부터 공론장이 신뢰를 받는 만큼, 사회는 공론장에 권위를 부여합니다. 공론장이 비공식적인 조직임에도 불구하고 권위를 갖게 된다면, 그 권위는 공론장을 어떻게 구성하고 운영하느냐에 따라 발생하고 유지됩니다.

[제15강] 숙의민주주의 실현 공간

　오늘은 공론장의 특징 마지막 시간이라고 볼 수 있는데요, 공론장의 목적에 관한 것입니다. 숙의민주주의 실현에 관해 얘기하겠습니다. 공론장과 민주주의, 특히 공론장과 숙의민주주의와의 관계를 혼동해서 쓰기도 하죠. 그런데 실제로 공론장과 숙의민주주의는 어떤 관계가 있을까요? 이 관계를 살펴보기 위해서는 공론장과 숙의민주주의 사이의 여러 내용을 꼼꼼히 검토해봐야 합니다. 그 내용이 뭐냐면, 민주주의 핵심 가치라고 할 수 있는 인권, 주권, 주민주권 혹은 시민주권, 그리고 법치와 공론장이 어떤 관계를 맺고 있는지를 하나하나 살펴야 공론장과 숙의민주주의의 관계를 정확하게 이해할 수 있습니다.

　첫 번째로, 공론장과 숙의민주주의 관계를 살펴보려면, 다시 한 번 공론장의 역할과 숙의민주주의의 핵심적인 내용을 되돌아봐야 합니다. 공론장은 사회 구성원이 자유롭게 의견을 교환하면서 공통 관심사를 토론하는 공간임과 동시에, 다양한 관점과 정보를 공유하면서 공적 의견을 형성하고 그 의견을 기반으로 정치적인 영향력을 형성하는 공간입니다. 숙의민주주의에 대해서도 조금 공부를 했습니다. 합리적인 토론과 광범위한 합의 도출을 통해 의사결정을 하는 과정을 굉장히 중요시하는 민주주의 제도 중 하나라고 말씀드렸잖아요. 민주주의를 대의민주주의, 참여민주주의, 숙의민주주의로 나눈다고 하면, 숙의민주주의는 토론과 합의 도출을 굉장히 중요시하는 민주주의제도라고 말씀드렸습니다. 참여의 실현과 공공의 이익을 최우선으로 하는 의사결정 구조로 되어 있고, 숙의민주주의가 잘 작동하기 위해서는 자유로운 의사 표현과 숙의를 통한 폭넓은 합의 도출이 대단히 중요하다고 했습니다.

　이렇게 보면 공론장을 통해서 숙의민주주의가 만들어진다는 느낌이 듭니다. 왜냐하면, 공론장에서도 의사소통과 토론을 대단히 중시하고,

숙의민주주의의 핵심적인 내용도 토론과 합의 도출이기 때문입니다. 공론장과 숙의민주주의는 긴밀한 상호작용을 하게 됩니다. 공론장은 숙의민주주의 실천의 기반이 될 수 있습니다. 즉, 숙의민주주의는 공론장에 기반하고 있습니다. 투명하고 개방된 토론을 통해 시민 의견을 정치에 반영할 기회를 제공하는 시스템이 바로 숙의민주주의입니다.

공론장과 민주적 정당성

공론장에서 숙의민주주의가 제대로 작동하기 위해서는 공론장과 민주적인 정당성이라는 문제를 살펴봐야 합니다. 민주적인 정당성은 의사결정 과정이 투명하고 공정하여 사회 구성원들로부터 인정받는 것을 의미합니다. 투명성, 참여, 합의, 공공의 이익을 기준으로 법이나 제도가 특별한 정치인이나 권력자가 아닌 주민이나 시민들에 의해 상향적으로 만들어질 때 민주적인 정당성이 있다고 합니다. 공론장을 제대로 운영할 때 민주적인 정당성이 확보됩니다. 이 숙의민주주의 틀 내에서 법과 제도와 정책이 민주적인 정당성을 확보할 수 있게 됩니다. 공론장이 있음으로써 민주적인 정당성이 강화되고, 참여와 투명성이 높아지며, 포괄적인 합의와 소수 의견이 존중되고, 정책의 질이 향상됩니다. 공론장에서 충분한 논의를 통해 누구나 참여할 수 있는 공간을 형성함으로써 민주적인 정당성이 높아집니다.

공론장과 의사소통 권력

공론장과 숙의민주주에서 의사소통 권력의 개념을 꼭 이해해야 하는 부분입니다. 공론장에서 형성된 의견이 법과 제도로 만들어지기 위해서는 의사소통 권력이 필요합니다. 의사소통 권력은 합의와 이해를 기반으로 사회적, 정치적인 변화를 이끌어내는 권력으로, 강제나 전통적인 권위가 아닌 공론장에서 의사소통 과정에서 생성되는 권력입니다. 공론장에서 만들어진 의사소통 권력이 정치적으로 반영되는 것입니다. 공론장에서 형성된 의견이 의사소통 권력을 통해 정치적 결정 과정에 반영되면서 민주적 정당성이 확보됩니다. 기존 권력 구조에 도전하며 사회 변화를 촉진하고, 민주주의를 심화시키는 역할을 합니다. 민주주의는 끊임없이 시민들의 의견이 국가의 법이나 제도를 통해 반영되고 조정되는 동적인 과정입니다. 공론장을 통해 내용이 심화되고 반영되면서 민주주의가 심화됩니다.

민주주의의 핵심 가치와 공론장

민주주의의 핵심 가치는 인권과 주권입니다. 민주주의는 사람들의 삶의 요구, 정치적 요구, 사회적 요구가 잘 반영되는 체제입니다. 이러한 요구들을 인권이라고 합니다. 주권은 의사결정의 주체에 관한 것입니다. 법치는 법에 의한 통치를 의미하며, 법은 시민들이 만든 약속입니다. 공론장은 이러한 인권과 주권, 법치와 밀접한 관계를 맺고 있습니다.

인권과 공론장

공론장은 인권 실현의 필수적인 공간입니다. 삶의 주체들이 모여 자신들의 문제와 요구를 논의하기 시작하는 공간이 공론장입니다. 모든 이의 의견이 표현되고, 정보 접근이 가능하며, 평등한 참여가 보장되는 공간입니다. 공론장은 다양한 목소리가 개방적이고 포괄적으로 형성되는 공간입니다. 그래서 공론장은 인권을 위한 공간이라고 할 수 있습니다.

주권과 공론장

주민주권은 시민이 정치적 결정 과정에 직접 또는 대표를 통해 참여하는 권리와 능력을 의미합니다. 공론장은 자유로운 의견 교환과 토론이 이루어지는 개방적이고 포괄적인 공간입니다. 정보 교환과 논의를 동해 공동의 문제 해결을 모색하는 장소이며, 주민주권이 실제로 이루어지는 공간입니다. 아테네의 아크로폴리스, 근대 부르주아 공론장, 살롱이나 커피하우스 등에서 논의가 이루어졌던 공간들이 공론장의 예입니다. 공론장은 공중의 문제를 다루는 장소로, 주민주권, 시민주권이 실현되는 공간입니다.

법치와 공론장

법은 그 사회에 강제성 있는 약속입니다. 법은 시민에 의한 약속이며, 시민들이 만드는 것입니다. 법은 공론장에서 형성된 합의와 의사소통 권력을 기반으로 정당성을 갖습니다. 공론장에서 형성된 의견이 법으로 제정될 때, 법적인 정당성을 확보하게 됩니다. 공론장과 법치는 밀접한 상호작용을 하며, 공론장을 통해 법이 만들어지고, 그 법에 따라 공론장이 보호받습니다. 법의 정당성은 공론장에서의 의사소통과 합의에 의존합니다. 공론장에서 나온 의견을 기반으로 법이 제정되어 사회 구성원의 자유와 평등이 보장되고, 사회적 갈등이 해결됩니다.

결론

공론장은 민주주의 국가에서 법과 제도를 형성하는 기반입니다. 공론장을 통한 토론과 합의를 통해 법과 제도가 만들어지는 과정을 중시하는 것이 숙의민주주의입니다. 조금 복잡하지만, 공론장을 통해 법과 제도가 밀접한 관계를 맺고 있음을 이해할 수 있습니다.

chapter *3*

공론장과 권력

[제16강] 왜, 국가는 시민을 두려워하지 않는가?

앞으로 일곱 번에 걸쳐서 공론장과 권력 감수성이라는 주제로 공부하 겠습니다. 공론장도 이제 막 이해했는데, 권력 감수성 하면 이게 무슨 뜻 인지, 권력은 느낌이 오는데 거기에 감수성까지 들어가니까 너무 어렵게 느껴질 것 같습니다. 그러나 강의를 따라오면 충분히 여러분들이 이해 할 수 있을 것입니다. 20년 넘게 갈등 현장을 누비면서 고민해온 주제이 기도 하고, 우리가 현실에서 무엇을 어떤 근거로 실천할 것인가라는 관 점에서 만든 강의입니다. 이론적인 면에서 다소 엉성하거나 무리가 있을 수 있다는 점을 이해해 주시고, 이러한 문제의식을 통해 권력에 관한 논 의가 사회적으로 확산되기를 기대합니다.

일곱 번 강의의 얼개는 다음과 같습니다. 우선 왜 국가는 시민을 두려 워하지 않는가하는 것입니다. 정치가 우리 공동체의 현안과 우리의 미 래와 관련해 진정성 있게 문제를 해결하려고 노력한다고 생각하는 분들 은 많지 않을 것입니다. 왜 우리가 대표자로 구성한 정치권력이 그렇게 시민의 삶에 무관심할까요? 거기에는 이유가 있을 것입니다. 그런 다음, 권력 감수성이 무엇이고, 권력 감수성이 왜 필요한지 공부합니다. 권력 감수성을 이해하기 위해 먼저 권력이 무엇인지 공부를 해야 합니다. 권 력에 관한 고전적 의미와 현대적인 의미까지 살펴보면서, 권력이 수직적 이고 위계적인 것만이 아니라는 것을 깨닫게 될 것입니다. 권력을 주제 로 공부하면서 삶의 영역에서 만들어지는 의사소통 권력에 대해 집중적 으로 살펴볼 것입니다. 마지막으로 실천적인 관점에서 국가와 시민사회 간에 권력 관계를 어떻게 재구성해야 하는지, 어떻게 상호주관적인 관계 로 전환할 것인지에 대해 공부하겠습니다.

정치권력이 시민을 두려워하지 않는 이유

사람마다 관점에 차이가 있겠지만, 대체로 정치권력이 시민의 삶과 우리 공동체가 직면한 공적 과제에 무관심하다는 것이 많은 사람의 의견일 것입니다. 시민 삶은 안중에 없는 정치권력. 많은 분이 현재의 정치권력이 시민 삶과 국가나 공동체가 안고 있는 현재의 문제와 미래의 과제에 대해 진지하지 않다고 생각합니다. 정치권력을 시민과 공동체의 삶을 개선하기 위해서가 아니라 정치권력 자체를 유지하기 위해 쓰고 있습니다. 시민의 절박한 과제는 언제나 후순위로 밀립니다. 예를 들면 교육 개혁, 연금 개혁, 인구절벽 문제, 자살률, 출생률 등의 문제는 오랫동안 제기되어 왔지만, 개선될 기미가 별로 보이지 않습니다. 정치권력에게 시민의 삶은 정치의 목적이 아니라 정치권력 유지를 위한 정치적 수사나 수단으로 활용되고 있다고밖에 말씀드릴 수 없습니다.

이렇게 정치권력이 시민을 두려워하지 않는 이유는 무엇일까요? 정치인의 도덕성 문제일까요? 정치인의 인격 문제일까요? 좋은 사람을 뽑으면 시민을 두려워하는 정치가 될까요? 정치권력이 시민을 위해 움직이지 않는 것은 시민이 두렵지 않기 때문입니다.

제도적으로나 현실적으로 시민들이 자신들을 통제할 수 없다고 확신하기 때문에 그렇습니다. 정말로 시민이 두렵다면, 시민들이 자신들을 통제할 수 있다고 확신한다면, 이렇게 자신들의 정치권력 장치만을 위해 시민들의 삶을 방치하지는 않을 것입니다. 결국 정치권력을 통제할 만한 시민 권력이 없기 때문이고, 시민사회가 그들을 통제할 힘이 없기 때문입니다.

정치권력에 대한 통제력의 근원

정치권력에 대한 통제력의 근원은 어디에 있을까요? 4년에 한 번씩 하는 선거만으로 통제력이 발생할까요? 4년에 한 번씩 치르는 선거가 물론 어느 정도는 그 기간에 국민의 선택을 받기 위해 노력하게 하지만, 근원적으로는 정치권력이 시민보다는 권력 내부의 역학 관계에 의해 결정 되다고 판단하기 때문에 정치인들이 크게 긴장하지 않습니다. 다시 말하면, 정치권력 스스로 시민은 어쩔 수 없이 현재 드러난 권력 가운데 하나를 선택할 수밖에 없다고 믿고 있고, 그게 현실이 그런 믿음을 잘 설명하고 있기 때문입니다.

개별적 민원이나 집단행동만으로는 권력에 대한 통제력이 발생하지 않습니다. 사실 개별적인 집단행동은 시민의 파워를 보여주는 것보다는 오히려 행정이나 국가권력을 확대하고 강화하는 빌미로 활용되는 경우가 많습니다. 결국 시민이 자율성을 가지고 스스로 할 수 있는 역할과 권한을 늘려갈 때, 정치권력에 대한 통제력은 커지고, 시민을 두려워하게 될 것입니다. 시민이 만든 내용이 시민에게 동의를 얻을 때, 정치권을 설득할 수 있을 때, 내용적·절차적 정당성과 타당성을 사회적으로 획득할 때, 정치권력에 대한 통제력이 생겨날 것입니다. 한마디로 시민이 자율성을 가지고 시민 내부의 동의 수준을 높여갈 때, 내용적·절차적 정당성과 타당성을 갖출 때 정치권력에 대한 통제력은 커집니다.

통제력을 갖지 못하는 이유

우리가 통제력을 갖지 못하는 이유는 어디에 있을까요? 이 문제는 우리가 지나온 과거에 대한 성찰을 통해 얻어낼 수밖에 없습니다. 장기간에 걸친 국가에 의한 주민의 개별적 통치가 이어졌습니다. 국가가 모든 시민과 국민을 개별적으로 통치하는 과정에서, 시민사회의 자율적인 역량이 거의 상실된 상태입니다. 우리는 공적 문제의 해결을 대부분 행정에 의탁해 놓은 상태입니다. 내 삶과 우리 마을, 우리 주변과 밀접한 관련이 있는 문제라 하더라도 의사결정 권한은 대부분 행정이나 국가에 위탁해 놓은 상태입니다. 국가가 유일한 공적 의사결정 주체이고, 주민이나 시민은 그 의사결정을 따르는 수용체로 오랫동안 살아왔습니다. 강력한 국가 이념을 통해, 국가에 좋은 것이 개인에게도 좋다는 관념이 우리 내부에 깊게 뿌리내렸습니다. 국가와 국민 간의 수직적 관계는 촘촘하게 형성되어 있지만, 주민과 주민, 시민과 시민 간의 수평적 연대와 협력의 경험은 매우 미약합니다.

이제 생각을 바꿔야 합니다. 해방과 전쟁, 산업화 과정을 통해 강력한 국가주의가 형성되었고, 시민사회의 자율성은 실종되었습니다. 전통사회의 마을 단위 자율성조차 해방 이후 국가 체제에 완전히 흡수되어 행정 조직에 의해 규율되는 사회로 변모했습니다. 1987년 이후 국가와 별도의 자본과 시민사회가 형성되었고, 시민사회의 역할이 계속 증대되었습니다. 이제는 누구든지 시민사회의 중요성을 무시할 수 없습니다. 그러나 여전히 우리의 인식은 국가 중심적이고, 국가와 시민사회가 미분화된 상태로 유지되고 있습니다. 현실은 국가와 시민사회가 별개의 단위로 구성되어 운영되지만, 우리의 생각은 여전히 국가 중심적이고 국가 의존적인 태도에서 벗어나지 못하고 있습니다. 모든 공적 과제를 국가에 맡기고, 그들이 움직이지 않으면 아무 일도 이뤄지지 않는 상태가 되어 버렸습니다.

헌법 1조 2항에 '모든 권력은 국민으로부터 나온다'고 되어 있지만, 주민이나 시민은 여전히 통치 대상으로 살아갑니다. 주권재민(主權在民)이라는 말을 자연스럽게 쓰고 관념적으로 수용하지만, 실제 태도나 행동은 여전히 국가 의존적입니다. 국가와 시민사회 간에는 관계에 대한 성찰이 필요합니다. 그럴 때만 시민사회가 국가로부터 자율성을 획득할 수 있게 될 것입니다.

[제17강] 권력 감수성 없는 시민

다소 생소하게 들리는 권력 감수성의 개념이 무엇인지, 특징을 살펴보고, 우리에게 권력 감수성이 필요한 이유를 설명하겠습니다. 먼저, 2024년 노벨 경제학상 수상자인 대런 애쓰모글루와 제임스 A. 로빈슨이 저술한 『좁은 회랑』의 논리에 기반하여, 국가와 시민사회를 권력 관계로 이해하는 것이 왜 중요한지 설명하겠습니다. 그런 다음, 이를 우리 현실에 적용해볼 것입니다. 즉 우리의 경우, 비약적인 경제 성장, 민주화 운동과 시민운동에도 불구하고, 아직 시민이 자유롭고 행복하지 못한 이유가 권력에 대한 감수성 부족 때문이라고 지적할 것입니다.

결국, 『좁은 회랑』 저자들의 말처럼, 국가와 시민사회가 상호주관적인 차원에서 견제와 균형을 이루기 위해서는, 국가와 시민사회 관계를 권력의 관점에서 관찰하고 해석할 수 있어야 합니다. 권력 감수성을 갖는 것이 끝이 아닙니다. 권력 관계 변화를 위해서는 약한 '시민사회 권력'을 어떻게 강화할 것인지를 고민하고 실천해야 합니다. 이런 고민과 실천 한가운데 '공론장을 통한 의사소통 권력 형성'이란 해법이 자리하고 있습니다.

개념

권력 감수성은 권력 관계에 대한 이해와 그에 대응하는 민감성, 즉 권력에 대한 민감성을 말합니다. 영어 Sensitivity가 민감성, 감수성을 뜻하잖아요. 권력 감수성은 권력 관계를 인식하고 이해하며, 이에 적절히 반응할 수 있는 민감성을 의미합니다. 이는 개인, 집단, 조직, 또는 국가 간의 권력 역학을 분석하고, 이를 바탕으로 적절한 대응 전략을 세우는 능력입니다. 권력 감수성은 권력의 분포, 행사, 그리고 그 영향에 대해 깊이 이해하고, 이를 통해 상호작용의 방식을 결정하는 데 중요한 역할을 합니다.

특징

첫째, 권력 감수성은 권력 관계를 명확하게 인식하는 능력입니다. 이는 권력이 어떻게 분포되고 행사되는지, 그리고 그 영향이 어떻게 나타나는지를 이해하는 것을 말합니다. 예를 들어, 조직 내에서의 권력 구조나 사회적 집단 간의 권력 차이를 명확히 파악하는 것이 중요합니다.

둘째, 권력 관계의 변화를 민감하게 감지하고, 이에 적절히 반응할 수 있는 능력을 의미합니다. 이는 권력 관계가 변화할 때, 이를 신속하게 인지하고, 이에 따라 행동을 조정하는 능력을 말합니다. 예를 들어, 새로운 정책 변화나 리더십 변동에 따른 권력 변화를 감지하고 대응하는 것이 필요합니다.

셋째, 권력의 작동 방식과 그 결과를 비판적으로 평가할 수 있는 능력을 요구합니다. 이는 권력 관계의 불평등이나 부당성을 인식하고, 이를 개선하기 위한 비판적 사고와 행동을 말합니다. 예를 들어, 특정 권력 구조가 어떤 그룹에 불이익을 주는지 분석하고, 이를 개선하는 방향을 모색하는 것이 중요합니다.

넷째, 상호주관적 관계를 형성하는 데 중요한 역할을 합니다. 이는 지배와 종속의 관계가 아닌, 상호 존중과 이해를 바탕으로 한 평등한 관계를 형성하는 것을 목표로 합니다. 예를 들어, 협력적인 조직 문화를 조성하고, 모두의 의견이 존중되는 환경을 만드는 것이 중요합니다.

다섯째, 권력 감수성은 권력 관계에 대한 전략적 대응을 가능하게 합니다. 이는 권력의 균형을 맞추고, 필요한 경우 권력을 재분배하는 등의 전략을 통해 보다 공정하고 평등한 관계를 구축하는 데 도움이 됩니다. 예를 들어, 다양한 목소리를 반영하기 위한 정책을 도입하거나, 권력 남용을 방지하기 위한 규제를 강화하는 것이 포함됩니다.

여섯째, 권력 감수성은 추상적인 개념에 머무르지 않고, 실제 상황에서 구체적으로 적용될 수 있어야 합니다. 이는 일상적인 삶의 현장, 예를들어 학교, 직장, 지역 사회 등에서 권력 관계를 이해하고, 이를 바탕으로 보다 나은 상호작용을 만들어가는 데 사용됩니다. 예를 들어, 학교에서는 교사와 학생 간의 권력 관계를 이해하고, 이를 개선하기 위한 교육방법을 적용하는 것이 중요합니다.

결론적으로, 권력 감수성은 권력 관계를 이해하고 이에 적절히 대응하는 능력으로, 이는 사회적 상호작용에서 공정성과 평등을 증진하는 데중요한 역할을 합니다. 이를 통해 권력의 불평등과 부당성을 개선하고, 보다 건강한 사회적 관계를 구축할 수 있습니다.

자유로운 시민과 번영하는 국가

권력 감수성을 공부하면서 제일 먼저 생각해 봐야 할 것은 국가와 시민사회가 어떤 관계일 때 그 나라가 번영하고, 그 시민이 자유로운지에대한 원형질 같은 것을 생각해 볼 필요가 있습니다. 즉 국가권력과 시민권력이 어떤 상태에 있을 때 국가가 번영하고, 시민이 자유로운지 원론적인 측면에서 고민해 보자는 것입니다. 이는 "좁은 회랑"을 쓴 대런 애쓰모글루와 제임스 A. 로빈슨의 연구에 기반하고 있습니다. 좁은 회랑은역사적 과정과 현재 존재하는 국가들을 연구하여 국가권력과 시민권력의관계가 어떤 상태일 때 국가도 번영하고 시민도 자유로워지는지를 밝혀낸 책입니다. 이 내용을 살펴보면, 어느 한쪽이 압도하는 경우, 즉 국가권력이나 시민권력 중 한쪽이 상대를 압도하는 경우에 좋지 않다는 것입니다. 국가가 압도적인 힘을 가지면 전체주의나 독재가 되기 쉽고, 시민권력이 압도적으로 우위를 가지면 무질서와 혼돈에 빠지기 쉽다는 것입니다. 따라서 국가와 시민 사이에 상호 견제와 힘의 균형이 이루어질 때, 국가도 번영하고 국민도 자유를 누리게 된다고 합니다. 수많은 사례 연구를 통해, 국가권력이 강할 때 일정한 정도의 발전을 이루지만, 국가권력이 시민권력을 압도하면 지속가능성은 오히려 낮아진다는 사실도 밝혔습니다.

우리나라의 경우 60~70년대에 국가권력이 굉장히 강력했고, 시민권력보다 우위에 있으면서 산업화를 이끌어냈습니다. 지금 우리나라의 경우 인적, 물적 자원에서는 시민사회가 국가를 압도하고 있습니다. 그런데 놀랍게도 권력은 국가권력이 시민권력을 압도하는 상황입니다. 역설적인 상황이죠. 국가권력은 기득권화되고 체계화되어 있으며, 여전히 시민사회를 일방적으로 통치하고 있습니다. 그러면 시민사회의 불만이 당연히 고조되지요. 결국, 권력의 균형, 감시, 참여, 상호 존중에 기반한 상호주관적 관계를 요구하는 상황이 되었습니다.

요약하자면, 우리나라의 경우 국가권력이 시민사회 권력을 압도하고 있지만, 인적, 물적 자원의 총량에서는 시민사회가 국가를 압도하는 역설적인 모순 관계가 존재하고 있습니다. 그 결과로 국가권력은 기득권화되고, 시민사회의 불만은 고조되는 상황이 전개되고 있습니다.

권력에 대한 우리의 관점

한국사회를 권력의 관점에서 몇 가지 키워드를 가지고 분석해 보겠습니다. 우리는 1960년대 경제개발 5개년 계획 등에서 부국강병(富國強兵)의 길에 나섰습니다. 국가가 부유해지고, 군사적으로 강해지면 행복할 것이라는 강력한 믿음을 가졌습니다. 국가는 주도하고 국민은 노동자로 동원되어 산업화와 경제 발전을 추구했습니다. 그 결과, 지금은 세계 12위 경제 대국이며, 세계 62위의 국방력을 갖춘 나라가 되었습니다. 세계 여러 나라가 한국 무기를 앞다투어 수입하려고 경쟁을 벌이고, 방위산업이 대표적인 수출 산업으로 자리매김하고 있습니다. 꿈에 그리던 부국강병이 현실이 되었습니다.

우리나라는 부국강병뿐만 아니라 민주화와 시민운동을 오랫동안 전개해 왔습니다. 70~80년대 민주화 운동이 장기간에 걸쳐 이루어졌고, 권위주의 국가 체제에 저항했습니다. 1987년 6월 항쟁을 통해 직선제 헌법 개정을 이루어내고, 절차적 민주화가 이루어졌습니다. 민주국가가 시작된 것입니다. 민주화 운동을 했던 많은 활동가가 87년 6월 항쟁 이후 정치권으로 가기도 하고, 진보 운동과 시민운동으로 분화되었습니다. 87년 6월 항쟁 이후에는 민주화 과정이 진행되면서 여야 정권교체가 이루어졌습니다. 시민운동은 대부분 학생운동 세력이나 진보적인 지식인 그룹들이 중심이 되었습니다. 이제는 정권 타도가 아니라 합법적인 선거를 통해 진보 정권을 만드는 것이 최대 과제가 되었습니다.

시민운동은 진보 정권을 수립하는 것을 중요한 과제로 삼고, 다양한 권리, 여성의 권리, 인권, 소수자의 권리, 사회적 약자에 대한 권리 등을 제기했습니다. 이러한 운동을 통해 우리나라는 아시아 최고 수준의 민주주의 국가가 되었습니다. 그러나 민주화에도 불구하고, 시민의 삶은 왜 행복하지 않은가 하는 의문이 생깁니다. 왜 시민운동 시민단체는 많은 일을 했음에도 불구하고 불신의 대상이 되었을까요? 왜 그 많던 시민과 협치는 물거품처럼 사라졌을까요?

첫째 원인은 국가주의의 한계입니다. 국가주의는 모든 가치 판단과 활동의 중심을 국가에 두는 것을 말합니다. 국가주의, 국가 중심적인 사고가 산업화와 민주화 이후에도 지속되었습니다. 87년 민주화 이후 권위주의 체제 청산과 새로운 시민사회 건설이라는 두 가지 과제가 있었습니다. 그러나 당시 시민운동은 국가주의에 기반한 활동가들로 이루어져 정책 중심으로 활동이 전개되었고, 시민사회 건설에 대한 활동은 미미했습니다. 결과적으로 시민운동은 정책 아젠다를 국가를 통해 실현하려는 데 열중하면서, 정작 시민이 주체가 되는 시민사회를 형성하는 일에는 상대적으로 소홀했습니다.

둘째 원인은 국가에 포획된 거버넌스입니다. 민관협치에서는 민과 관이 상호주관적인 관계를 형성해야 합니다. 그러나 실제로는 지원사업 중심으로 이루어져 행정에 의존하게 되었습니다. 지원사업 중심의 활동이 주민과의 접촉보다는 행정과의 관계를 중시하게 되면서, 시민이나 주민의 역량 강화에는 크게 기여하지 못했습니다. 결국, 민관협치가 활성화되었지만, 시민사회의 자율성 강화에는 별로 기여하지 못했습니다.

결국, 국가와 시민사회가 상대를 견제할 만한 영향력을 갖춰야 건강한 관계가 형성됩니다. 우리나라는 자원의 총량에서는 시민사회가 국가를 압도하지만, 권력 측면에서는 국가가 여전히 시민사회를 압도하고 있습니다. 그 이유는 다양한 운동에도 불구하고 시민사회의 역량을 강화하는 데 실패했기 때문입니다. 앞으로 우리는 주권재민에 맞는 의식을 갖추고, 시민 스스로 자율성과 역할을 형성하는 방법을 고민해야 합니다.

[제18강] 국가-시민사회 관계 재정립과 권력 감수성

오늘은 지난 시간에 이어서, 국가와 시민사회가 정상적인 관계를 유지하기 위해서는 지금과 같은 국가 중심적, 국가주의적 가치와 태도에서 벗어나, 국가와 시민사회 관계에 대한 인식의 전환이 필요하고, 권력 감수성을 길러야 한다는 점을 공부할 것입니다. 그리고 이러한 권력 감수성은 시민사회가 공론장을 통해 자기 내용과 의지를 형성하고, 이를 실현해가는 과정에서 국가와 시민사회 간의 마주침, 충돌을 통해 형성되는 것임을 강조할 것입니다.

권력 감수성 없는 시민사회

먼저, 시민사회라는 실체에 대해 살펴보겠습니다. 1987년 이후로 우리는 시민운동, 시민단체라는 말을 많이 사용했습니다. 그리고 실제로 자원의 규모 면에서도 이제는 시민사회의 자원이 국가를 압도하는 상황이 되었습니다. 그러나 여전히 우리의 인식은 국가의 보호 아래 있다고 볼 수 있습니다. 비유하자면 아이가 성인이 되었음에도 부모에게 의존하는 것과 비슷한 상태입니다. 독립적인 실체로서의 시민사회를 체감하지 못하고 있습니다.

우리가 시민단체, 시민운동, 시민이라는 말은 많이 사용했지만, 실제로 우리 삶의 영역에서 시민들이 권력을 갖게 되었나요? 시민들의 자율성이 그만큼 확보되어 있나요? 저는 그렇지 않다고 생각합니다. 말의 홍수는 있었지만 실제로 국가권력을 견제할 수 있는 만큼의 시민권력은 형성되지 않았다고 봅니다. 우리는 여전히 국가나 행정과 시민사회가 어떻게 관계를 맺어야 할지에 대한 사고가 제대로 형성되지 않았습니다.

주종(主從) 관계, 종속과 지배 관계가 아니라 상호주관적인 관계가 형성되기 위해서는 두 개의 개별적인 실체가 존재해야 합니다. 우리는 국가라는 실체처럼 시민사회라는 실체감을 동시에 느끼고 있나요? 제가 볼 때는 국가는 여전히 우리 삶을 돌봐야 하는 유일한 주체로 남아 있고, 우리가 하는 저항이나 민원, 집단행동, 협치는 상호주관적인 관계라기보다는 국가라는 하나의 실체, 하나의 주체를 '향한' 행동들만 있었습니다. 지배와 종속 관계라고까지는 말할 수 없지만, 적어도 국가에 포획된 활동을 해온 것이라고 볼 수 있습니다.

관계 재정립의 필요성

우리 삶을 행복하지 못하게 하는 핵심적인 원인은 국가와 시민사회 간 권력 관계에 있다고 봅니다. 왜 우리는 국가를 '향한' 생각은 해도, 국가와 '함께'라는 생각, 권력에 기반한 생각을 하지 못했을까요? 저는 그 이유를 우리가 아직 일본 강점기와 그 이후에 이루어진 강력한 국가 이데올로기에서 벗어나지 못하기 때문이라고 봅니다. 따라서 보호의 대상에서 상호주관적인 관계로 전면적으로 전환해야 하는 시점에 와 있습니다. 국가와 시민사회 간 관계의 재정립이 필요합니다.

국가와 시민사회는 근원적으로 존재론적으로 다른 것입니다. 국가는 하나의 체제이고, 시민사회는 삶의 영역입니다. 서구의 경우 시민사회가 먼저 만들어지고, 그 기반 위에 국가가 만들어졌다면, 우리는 해방 이후 국가가 먼저 만들어지고, 1987년 이후에 시민사회가 만들어지기 시작했습니다. 국가와 시민사회는 별개의 원리에 의해 구성되고 운영되는 분리된 주체입니다. 국가와 시민사회의 관계에 대한 인식의 전환이 필요합니다.

국가와 시민사회 간의 관계를 재정립하기 위해서는 권력에 대한 감수성이 꼭 필요합니다. 왜 우리는 국가에 포획된 삶에도 불구하고 이를 감지하지 못했을까요? 권력에 대한 감수성이 없었기 때문입니다. 권력 감수성은 관계의 본질이 권력임을 깨닫는 것에서 시작합니다. 권력 관계를 읽을 줄 아는 능력과 권력 관계의 구조를 파악할 수 있는 능력이 필요합니다. 권력 관계를 인식하며, 권력에 대한 반응과 전략을 이해해야 합니다. 권력과 권력 관계를 제대로 인식하고, 이를 보다 바람직한 방향으로 가기 위해 무엇을 해야 할지 생각할 수 있는 능력이 필요합니다. 이로써 우리는 권력 감수성의 개념과 내용을 이해하고, 이를 통해 국가와 시민 사회 간의 건강한 관계를 재정립할 수 있습니다.

공론장과 권력 감수성

공론장은 법과 제도를 형성 과정에서 중요한 역할을 합니다. 권력 감수성이 높은 시민들은 공론장에서 논의된 내용을 바탕으로 정책에 영향을 미칠 수 있으며, 이는 권력 관계의 재정립으로 이어질 수 있습니다. 이를 통해 국가와 시민사회 간의 관계를 보다 대등하고 상호주관적인 방향으로 재구성할 수 있습니다.

공론장은 권력의 미시적 구조를 드러내는 공간

공론장에서 이루어지는 대화와 토론은 권력 관계를 드러내는 중요한 장치입니다. 어떤 의견이 주류로 받아들여지고, 어떤 의견이 소외되는지를 통해 권력의 존재를 인식하게 됩니다. 공론장에서 특정 그룹의 의견이 반복적으로 무시되거나 배제된다면, 이는 그 그룹이 권력 구조 내에서 주변화 되고 있음을 나타냅니다.

공론장은 권력 감수성을 기르는 교육 공간

공론장 참여를 통해 개인은 자신의 의견이 어떻게 받아들여지고, 다른 사람의 의견과 어떻게 충돌하는지를 경험하며 비판적 사고 능력을 키웁니다. 공론장에서 다양한 배경을 가진 사람들이 모여 논의할 때, 개인은 자신의 권력 위치를 자각하고 이를 비판적으로 인식하는 능력을 키우게 됩니다.

권력 감수성은 공론장의 민주적 기능 강화에 기여

권력 감수성을 지닌 참여자들은 공론장을 더 포용적이고 평등한 공간으로 만드는 데 기여합니다. 이는 다양한 목소리가 공론장에 반영될 수 있도록 돕습니다. 권력 감수성이 높은 참여자들은 소외된 그룹의 목소리를 적극적으로 반영하고, 그들의 참여를 촉진하는 역할을 합니다. 또한, 권력 감수성을 가진 사람들은 공론장의 절차적 공정성을 확보하기 위해 노력합니다. 이는 모든 참여자가 동등하게 발언할 기회를 얻도록 하는 것을 포함합니다. 토론 규칙을 설정하고 이를 준수하며, 발언 시간을 공평하게 분배하는 등의 방법으로 공론장의 공정성을 유지합니다.

국가와 시민사회 간 권력 관계 재구성에 기여

권력 감수성을 통해 공론장에서 형성된 의견이 정책에 반영되는 과정에서 권력 관계가 재구성됩니다. 권력 감수성은 공론장에서 어떤 의제가 중요한지, 어떤 문제가 우선시되어야 하는지를 결정하는 과정에서 중요한 역할을 합니다. 권력 감수성을 지닌 참여자들은 다양한 사회적 문제를 공론장의 의제로 설정하며, 이를 통해 정책 형성에 영향을 미칩니다. 공론장에서 논의된 내용이 법과 제도로 이어질 때, 권력 감수성은 법과 제도가 형평성 있고, 다양한 이해관계를 반영할 수 있도록 합니다. 참여예산제 같은 제도는 시민의 권력 감수성을 반영하여 정책 결정 과정에 시민의 의견을 적극적으로 반영하는 대표적인 예입니다.

공론장과 권력 감수성의 상호작용은 민주주의의 심화와 질적 향상에 필수적입니다. 공론장은 권력 관계를 인식하고 이를 비판적으로 검토할 수 있는 공간을 제공하며, 권력 감수성은 공론장이 더 민주적이고 포용적인 기능을 수행하도록 돕습니다. 이러한 상호작용을 통해 시민들은 권력 관계를 재구성하고, 국가와 시민사회 간의 건강한 관계를 구축하는 데 중요한 역할을 합니다.

[제19강] 권력의 의미

국가와 시민사회가 상호주관적인 관계를 맺기 위해서는 국가주의 이데올로기를 극복하고 권력 감수성을 가져야 하며, 공론장은 권력 감수성을 키우는 학교라는 말도 했습니다. 그런데, 권력 감수성이 필요하다고 하면서도 정작 권력이 무엇인지에 대해서는 말하지 않았습니다. 권력이라는 말은 많이 쓰지만, 정작 권력이 무엇인지 정의하기는 쉽지 않은 일입니다. 권력을 다루는 대표적인 학문이 정치학이라고 하는데, 정치학에서도 권력에 대한 명확한 정의를 내리기 어렵다고 합니다. 그런데 우리가 '권력' 자체에 대해 공부를 해야 하는 것은 아니고요, 권력에 대해 공부하는 속뜻은 공론장에서 말하는 의사소통 권력을 보다 정확하게 이해하기 위해서입니다. 공론장을 통해 형성되는 의사소통 권력에 대해서 앞에서 살펴보았지만, 의사소통 권력도 하나의 권력 현상이라고 한다면, 의사소통 권력이 다른 권력과 어떤 차이가 있는지를 살펴보는 것이 그 의미를 이해하는 데 도움이 될 것입니다.

그래서 오늘은 권력의 일반적인 의미와 현대 사회에서 말하는 권력의 개념을 살펴보도록 하겠고, 다음 강의에서 의사소통 권력에 대해 심도 있게 공부하도록 하겠습니다.

권력의 일반적 의미

권력에 관한 가장 포괄적이고 가장 광의의 뜻은 상대에 대해 영향력을 미치는 것을 말합니다. 굉장히 모호한 얘기죠. 어쨌든 권력이라는 것은 다른 개인이든 집단이든 기관이든 상대에게 영향력을 행사하는 것을 의미합니다. 그래서 명령을 내리거나, 어떤 의사결정을 하거나, 의견 형성을 하는 등등을 통해 이런 권력이 표출되는 것이죠.

현대적 의미의 권력을 파악하기 위해 근대적인 의미의 권력을 먼저 간단하게 살펴보고, 그것이 현대에 와서 어떤 의미가 되었는지를 살펴보는 것이 좋겠습니다. 그래서 우리가 잘 알고 있는 몇몇 인물들의 이야기를 나눠 보도록 하겠습니다.

근대적 의미의 권력

첫 번째는 마키아벨리입니다. 마키아벨리는 《군주론》을 쓴 사람이고, 근대 정치철학의 아버지라고 불립니다. 그는 권력을 정치적 안정과 국가의 이익 달성을 위한 수단으로 보았습니다. 군주가 그 권력을 잘 사용함으로써 국가 정치도 안정시키고 국가의 이익을 도모하는 수단으로 삼는 것을 권장하였습니다. 마키아벨리는 목적을 위한 수단을 정당화하는 실용적인 접근을 했습니다. 그래서 마키아벨리즘이라고 불리죠. 군주는 때때로 잔혹해야 한다는 얘기도 합니다. 그래서 마키아벨리즘 하면 이미지가 안 좋은 경우도 많지만, 많은 정치철학자는 마키아벨리가 실제로 군주만을 위한 권력을 얘기한 것이 아니라고 말합니다. 마키아벨리는 군주와 인민 간의 권력 균형, 인민의 권력에 관한 부분에 대해서도 《군주론》에 언급했다고 하는 사람들도 많습니다.

두 번째는 토머스 홉스입니다. 《리바이어던》을 쓴 사람으로, 서양에서는 사회계약론의 원조라고 할 수 있죠. 홉스는 권력을 사회 계약의 결과로 보았습니다. 자연 상태는 만인의 투쟁 상태인데, 안전과 질서를 위해 사람들이 절대 권력에게 권력을 양도했다고 주장했습니다. 그 이전에는 권력이라는 것은 신이 줬다고 얘기했지만, 홉스는 사람들이 권력을 양도함으로써 권력이 형성된다고 주장한 사람으로 알려져 있습니다.

세 번째는 존 로크입니다. 존 로크는 정부 권력은 국민의 동의에 기반해야 하며, 정부의 목적은 개인의 자유와 재산을 보호하는 것이라고 했습니다. 존 로크 역시 대표적인 사회계약론자임에도 불구하고, 홉스와 다르게 정부의 목적이 개인의 자유와 재산을 보호해야 한다는 내용을 추가한 것이 차이입니다. 그리고 그 권리가 침해될 때는 국민은 저항권을 갖는다고 했습니다. 저항할 권리를 갖는다는 것이 존 로크의 사회계약론의 큰 특징이라고 할 수 있습니다.

네 번째로는 칼 막스입니다. 칼 막스는 권력을 경제적 관점에서 해석하고, 모든 권력 관계는 사회적 생산 방식과 연결되어 있다고 보았습니다. 그래서 생산 수단을 소유한 계급이 노동 계급을 지배한다고 보았습니다. 생산관계의 차이로 인해 권력 관계가 발생하며, 자본주의 사회에서는 생산 수단을 소유한 자본가가 노동 계급을 지배하는 권력 관계가 형성된다고 보았습니다.

현대적 의미의 권력을 공부하기 위해서, 권력의 현대적 의미에 관해 연구한 수많은 사람 중 꼭 필요한 두 사람을 먼저 소개할 필요가 있습니다.

푸코의 권력 이론

첫 번째는 미셸 푸코입니다. 푸코는 권력을 지배나 억압의 도구가 아니라, 지식이나 진리, 주체성 형성과 관련이 있다고 보았습니다. 권력을 누가 소유하고 있는 것이라고 보지 않았다는 점이 특징입니다. 우리는 권력하면 대통령이나 왕이 권력을 가진 것처럼 생각하지만, 푸코는 권력을 누가 소유하는 것이 아니라 네트워크 효과로 보았습니다. 즉, 왕이 권력을 갖는 것은 그 왕이라는 존재가 권력이라는 속성을 내장하고 있는 것이 아니라, 왕과 신하 그리고 여러 가지 자원들이 만들어져 있는 네트워크의 한 노드에 놓여 있는 것이라고 보는 것입니다. 누가 가더라도 그 네트워크 속에 있으면 그만한 영향력을 행사할 수 있게 된다는 것입니다. 네트워크 효과로 본 것이죠. 그래서 권력을 사회 전반에 걸쳐 분산된 힘의 관계로 이해했습니다.

푸코는 권력 관계를 상대에게 미치는 영향력으로 보았습니다. 한 집안에서도 그렇고 한 동네에서도 그렇고, 다양한 네트워크가 형성되고 있으며, 네트워크와 네트워크 사이에는 다양한 정보와 지식이 흘러 다니며,

다양한 영향력이 행사됩니다. 한 집안에서도 보면 아이들과 부부, 또 이웃과의 관계 등이 네트워크를 형성하고 있다고 볼 수 있습니다. 그리고 그 네트워크의 라인에 따라 영향력의 색깔과 정도는 다 다릅니다. 나라는 존재는 그런 다양한 네트워크 속에 존재하는 것이죠. 다른 사람 역시 마찬가지입니다. 그래서 권력은 사회 전반에 걸쳐 있는 다양한 힘 관계로 형성된다고 본 것입니다. 또한, 권력은 억압 기구라기보다는 사회적 실천과 지식을 생산하는 과정으로 보았습니다. 푸코의 권력 이론의 핵심은 권력을 지배나 억압의 도구나 소유나 개체에 속한 것이 아니라, 네트워크를 중심으로 설정했습니다. 네트워크에 의해 각각 받거나 주는 영향력의 정도에 따라, 권력의 효과가 발생한다고 이해했습니다.

특히 푸코는 미시 권력이라는 말을 많이 사용했습니다. 이것은 권력을 국가나 체제 같은 거대한 차원에서뿐만 아니라, 일상에서의 권력 작용이 항상 일어난다고 보았습니다. 삶의 영역에서 권력은 지식과 밀접한 관련이 있다고 파악했습니다. 권력이 지식을 생산하기도 하고 지식이 권력을 창출하기도 하는 것처럼, 권력과 지식은 상호 긴밀한 상호작용을 미치는 것으로 보았습니다. 우리가 다른 사람을 지식으로 설득하게 되면서 자기 영향력을 훨씬 더 강화할 수 있듯이, 지식과 권력은 상호 밀접한 관계가 있다고 이해했습니다.

푸코는 삶의 영역에서 개인에게 미치는 규율 결정력을 강조했습니다. 전통적인 의미에서 형벌을 내리거나 신체의 위해를 가하거나 하는 눈에 보이는 권력뿐만 아니라, 학교에서 교복을 입고 머리를 짧게 깎고, 일정한 시간에 등하교하는 모든 질서 체계 속에서도 권력이 작동한다고 본 것입니다. 또한 생명 정치라고 해서 모든 국민이 주민등록번호를 가지고 주소지 이전을 하려면 주민센터에 가서 신고하는 등 국가라는 거대한 네트워크에 연결되어 있다고 보았습니다. 현대인들은 국가에 의해 관리되는 차원을 넘어, 생명을 유지하고 보존하는 권력 작용이 이루어진다고 본 것입니다. 코로나 때에는 사람들이 어디에 있는지를 파악했듯이,

권력은 사람들을 통계로 관리하고 조절하는 역할을 합니다. 인구 통계도 내고 질병 관리도 하고 일정하게 배치하는 등의 인구에 대한 관리 정책 자체가 권력 작용으로 보았습니다. 그래서 권력은 개인을 넘어 사회 전체 생명을 관리하고 규율하는 기능을 수행하고 있다고 보았습니다. 옛날처럼 일방적으로 지배하고 억압하고 고문하는 외형적인 권력의 형태는 이제 존재하지 않습니다. 오히려 생명 정치라는 인구 관리, 건강 관리, 안전 관리 등을 통해 관리하는 체계로서의 권력에 많은 관심을 가졌다고 볼 수 있습니다.

이전의 권력과는 의미가 많이 달라졌습니다. 개인도 스스로 그런 권력에 익숙해진다고 보았습니다. 내면화된다는 것입니다. 코로나 때 사람들이 함부로 다니거나 하는 것을 국가가 통제하지 않더라도 우리 스스로 그렇게 하면 안 된다고 서로 얘기하듯이, 관리 체계나 사회적 규범이라는 생명 정치 규율 권력이 우리 안에 내면화된 것입니다. 코로나 때 국가가 안전을 위해 하는 조치를 적극적으로 따르기도 하고, 국가 관리 체계 속에서 피동적으로 그 내용을 수행하는 것이 아니라, 적극적인 입장에서 그 역할을 자발적으로 수행하는 주체로 바뀌게 되는 것입니다. 이를 주체화 과정이라고 합니다. 직접적인 통제 없이도 사회가 일정한 질서 속에서 돌아갈 수 있게 되었다는 의미입니다. 이런 면에서 푸코는 기존의 권력 개념과 다르게 권력이 한 주체에 있는 것이 아니라 네트워크를 통해 형성되고, 권력은 지식과 밀접한 관계가 있으며, 외적인 억압에 의해 수동적으로 따르는 것이 아니라 내면화되어 스스로 움직이고 자신을 교정하는 주체화 과정을 거친다고 보았습니다. 이 점에서 푸코는 이전의 권력 개념과 다른 견해를 보였다고 말할 수 있습니다.

스테판 루쿠스의 3차원 권력 이론

권력의 현대적 의미 두 번째로 살펴볼 것은 스테판 루쿠스의 3차원 권력이론입니다. 다소 낯선 분들이 많을 텐데요. 스테판 루쿠스는 1970년

대에《파워》라는 책을 써서 센세이션을 일으킨 사람이기도 한데, 2005
년에 개정판을 냈습니다. 이 사람의 3차원 권력 이론은 우리가 권력을
이해하는 데 매우 시사하는 바가 큽니다. 저도 이 사람의 책을 읽으면서
상당히 많은 생각을 하게 되었습니다. 결론부터 말하자면, 권력을 다차
원적으로 이해해야 한다는 것입니다. 이 3차원이라는 것은 1차원, 2차
원, 3차원이라는 말입니다. 이 권력이 어떤 차원에 있는지에 대한 영감
을 주는 이론이라고 볼 수 있습니다. 한번 같이 살펴볼까요?

루쿠스는 많은 사례 연구를 통해 권력 이론을 성립했습니다. 첫 번째
차원은 결정적 권력이라고 합니다. 즉, 의사결정을 하는 힘이 누구에게
있느냐는 것입니다. 한 동네에서 어떤 문제가 있을 때 그 문제와 관련해
서 누가 모여서 어떤 사람들이 결정하고 최종적인 결정을 누가 하는지를
살펴봄으로써 권력의 구조를 파악할 수 있게 되는 것이죠. 예를 들어, 전
통적인 마을에서는 이장이나 회장 등의 기구들이 있습니다. 그 기구들의
수장들이 모여서 의사결정에 참여하게 됩니다. 그러면 우리는 '저 마을
은 대체로 저 사람들이 권력을 갖고 있구나'라고 생각하게 됩니다. 전통
적인 의미의 권력 이해 방식과 동시에 공개적인 의사결정 과정을 파악함
으로써 권력 관계를 알게 되는 것입니다. 이것이 1차원적 권력입니다.

그러나 2차원적 권력은 그보다 훨씬 더 심각한 의미가 있습니다. 이것
은 비결정적 권력입니다. 즉, 특정 이슈가 의제에 올라오지 못하게 하는
권력입니다. 의사결정 과정에서 어떤 것을 결정할 것인지, 결정하지 않
을 것인지를 정할 수 있는 권력입니다. 1차원적 권력이 어떤 사안에 관
해 의사결정이 이루어지고, 그 의사결정에 참여한 사람들 내의 권력 관
계라면, 2차원적 권력은 수없이 많은 문제가 있음에도 불구하고, 어떤
문제가 의제화되어 의사결정에 올라오는가, 어떤 문제들은 배제되는가
하는 것과 관련된 권력입니다. 특히 상당히 많은 사람에게 중요한 문제
임에도 불구하고 의제에 올라오지 않는 문제들이 많습니다. 저는 주민자
치회를 보면서 이것을 굉장히 많이 느낍니다. 자치회에서 올라오는 예산

관련된 것들을 보면, 행정이 좋아할 만한 사업들을 주로 하게 됩니다. 실제로 주민의 삶의 영역에서 심각한 문제들은 대부분 다뤄지지 않습니다. 왜 삶의 영역에서 실제로 심각한 구체적인 문제들은 올라오지 않나요? 바로 거기에 비결정적 권력이 작용하기 때문입니다. 행정이 좋아할 만한, 행정이 전통적으로 해왔던 일의 범위 내에서 주민자치 사업이 결정되는 경우가 대부분입니다. 주민자치회 회장이나 이런 사람들은 그런 관행을 잘 알고 있습니다. 어떤 사업을 신청하면 잘 받아들여지고, 어떤 사업을 신청하면 잘 받아들여지지 않는다는 것이 이미 학습된 경우가 많습니다. 그런 경우가 대표적으로 비결정적 권력이 작용하는 것입니다.

3차원적 권력은 2차원적 권력보다 더 심각합니다. 이것은 이데올로기적 권력입니다. 말 그대로 이데올로기가 작동하는 것입니다. 이는 개인이나 집단의 인식과 욕구를 형성하는 권력입니다. 예를 들면, 사회적 불평등이 존재하는데 그 불평등 속에서 가장 피해를 많이 보는 사람들이 오히려 가장 보수적인 경우가 있습니다. 왜 그럴까요? 가장 사회 불평등에 대해 강력하게 문제를 제기해야 할 사람들이 오히려 현 체제를 옹호하는 경우가 있다는 것입니다. 왜 그런 일이 일어날까요? 지배 이데올로기가 내면화되어 있기 때문입니다. 그 이데올로기를 너무나도 당연한 것으로 받아들이고 있는 것이죠. 자신의 욕망이 무엇인지, 자신의 집단이 어떤 상황에 있는지를 인식하지 못할 정도로 권력이 영향을 미치는 것입니다. 2차원적 권력이 무엇을 의제로 설정할 것인지, 설정하지 않을 것인지를 구분해 통제하는 권력이라면, 3차원적 권력은 한 단계 더 나아가 집단의 의식과 욕구를 형성하는 권력입니다. 매우 무섭죠. 우리가 나치 영화를 보면 당시 수많은 지식인과 학자들이 나치에 적극적으로 협조하는 모습을 많이 보잖아요. 그것은 두려움 때문이 아니라, 대부분 많은 경우 히틀러의 가치를 자기 것으로 내면화한 결과입니다. 이렇게 이데올로기를 만들어내는 권력, 이데올로기를 사람들의 마음속에 심는 권력, 이것이야말로 가장 강력한 권력이라고 볼 수 있습니다.

루쿠스의 3차원 권력 이론의 의미는 무엇일까요? 권력은 단순히 명령하거나 순종하는 것을 넘어 훨씬 더 복잡한 현상입니다. 권력은 정치적으로만 영향을 미치는 것이 아니라 사회적, 문화적 차원에서도 작동합니다. 그래서 평등하고 정의로운 사회를 만들기 위해서는 우리가 안고 있는 권력의 문제가 무엇인지를 매우 다층적으로 살펴볼 필요가 있습니다. 저는 우리가 시민권력이 없는 시민이라고 말하는데요, 우리가 말할 자유가 없거나, 투표할 자유가 없는 것도 아닌데 왜 시민권력이 없는 시민들이라고 할까요? 사회적, 문화적 자유의 차원에서도 생각해 봐야 합니다. 루쿠스의 이론에서 살펴본 것처럼 우리가 해결할 문제가 제대로 논의되고 있는가, 우리의 의식과 요구가 이데올로기적 권력에 의해 이미 포획된 것은 아닌지 깊이 생각해 봐야 합니다. 그런 점에서 루쿠스의 이론은 권력을 폭넓게, 심도 있게 이해하는 데 매우 중요한 시사점을 주는 이론이라고 말씀드릴 수 있습니다. 물론 루쿠스의 이론에도 이런저런 비판이 있습니다. 개인의 자율성을 간과했다거나, 이데올로기를 너무 강조했다는 점이 있지만, 적어도 우리의 현실에서는 루쿠스의 이론이 매우 시사하는 바가 큽니다.

[제20강] 의사소통 권력

오늘은 지난 시간에 이어서 권력에 대한 이해를 공부하겠습니다. 지난 시간에 우리는 권력의 현대적 의미를 공부하면서 푸코와 루쿠스의 이론을 구체적으로 살펴보았습니다. 오늘은 아렌트와 하버마스를 중심으로 의사소통 권력을 주제로 공부하겠습니다. 우리가 공론장의 특징을 공부할 때도 의사소통 권력을 공부했었죠. 오늘은 내용을 조금 더 심화시켜 공부해보겠습니다. 아렌트와 하버마스의 권력 개념을 공부하는 이유는 두 사람이 차이는 있지만, 공론장을 통한 수평적인 권력으로서 의사소통 권력에 대해 말한 대표적인 학자들이기 때문입니다.

아렌트의 권력 개념

우리가 의사소통 권력을 공부하면서 아렌트의 권력을 먼저 공부하는 이유는, 아렌트가 공론장과 행위의 중요성을 심도 있게 얘기한 첫 번째 철학자이기 때문입니다. 아렌트는 삶의 주체들이 함께 모여서 말하고 행하는 속에서 권력이 형성된다고 주장한 첫 번째 철학자입니다. 아렌트 권력의 특징은 권력이 기존의 수직적이고 위계적인 방식으로 형성되는 것이 아니라, 사람들이 공동행동을 하면서 합의를 형성해 가는 과정에서 권력이 형성된다는 대단히 혁신적인 아이디어를 제시한 것입니다. 이 내용은 실제로 하버마스에게도 지대한 영향을 미쳤습니다.

아렌트의 권력 개념에서 중요한 점은 권력이 집단에서 발생한다는 것입니다. 그 집단이 어떤 목적을 추구하면서 대화를 나눌 때, 자신의 이야기를 할 때 내러티브를 통해 상호이해를 기반으로 권력이 형성된다고 주장합니다. 이러한 권력 개념은 기존의 강제력과 폭력과는 다른 의미가 있습니다. 즉, 권력은 억압과 강제가 아니라 합의와 협력의 결과라는 점이 특징적입니다.

아렌트는 권력과 폭력을 구분하여, 기존에 우리가 권력이라고 생각했던 일방적이고 권위적이며 강제와 억압이 존재하는 것을 폭력으로 정의하고, 사람들이 공동행동을 통해 합의해 가는 과정에서 만들어지는 것을 권력으로 새롭게 정의했습니다. 아렌트에 따르면, 권력은 공동행동을 통해 형성되며, 그 권력은 공론장에서 대화와 상호작용을 하는 과정에서 상호이해를 기반으로 형성됩니다. 권력의 원천은 정치적 공간에서 대화를 통해 형성된다는 것입니다.

하버마스의 권력 개념

두 번째로는 하버마스의 권력을 공부하겠습니다. 하버마스는 공론장을 통한 의사소통 권력과 정치권력과의 관계에 대해 대단히 관심이 많았습니다. 의사소통 행위이론과 사실성과 타당성이라는 책에서도 의사소통 권력의 중요성을 반복적으로 강조하고 있습니다. 의사소통 권력은 합리적 대화와 논의를 통해 생성되는 권력입니다. 이는 강제력이 권위에 의존하지 않으며, 상호이해와 합의를 기반으로 권력이 형성된다고 봅니다.

하버마스가 말하는 의사소통 권력의 특징은 다음과 같습니다:

1. 합리적이고 이성적 논의를 통해 합의를 도출하는 과정에서 권력이 형성됨.
2. 사회 구성원 간에 합의를 형성하는 과정에서 권력이 형성됨.
3. 사회 구성원 간에 만들어진 합의를 실현해가는 과정에서 의사소통 권력이 확인됨.
4. 모든 사람이 자유롭게 참여할 수 있고, 참여한 사람들은 평등하게 의견을 표출하는 과정에서 권력이 형성됨.

아렌트와 하버마스의 권력 개념 비교

아렌트의 권력 개념과 하버마스의 권력 개념은 사람들이 함께 모여서 주어진 과제를 가지고 대화하면서 상호이해와 공감을 통해 공통 기반을 만드는 과정에서 권력이 형성된다는 점에서 큰 차이가 없습니다. 아렌트는 공간에 모이고 자신을 드러내는 것에 방점을 두었다면, 하버마스는 합리적인 논의와 담론윤리에 기반한 합의형성 절차를 중시했습니다.

의사소통 권력과 민주주의

하버마스의 권력 개념의 중요한 의미는 의사소통 권력과 민주주의의 관계입니다. 의사소통 권력은 민주적 의사결정의 핵심 요소로, 시민참여와 공개적 논의를 통해 정책 결정과 사회적 변화를 정당화하는 민주적 정당성의 핵심 내용을 구성합니다. 의사소통 권력은 정치권력을 접수하는 것이 아니라, 정치권력과의 만남을 통해 담론 논쟁을 형성하는 권력입니다.

현대 사회에서 의사소통 권력은 특히 인터넷과 소셜 미디어 같은 새로운 공론장을 통해 중요성을 더하고 있습니다. 정보통신 기술의 발전으로 의사소통 양상이 많이 달라진 상황에서, 디지털 세상에서 의사소통 권력을 형성하는 것이 중요한 과제입니다. 하버마스의 의사소통 권력의 의미는 민주주의와 사회적 실천에서 의사소통의 중요성을 강조하고, 모든 시민이 공적 의사결정 과정에 참여하는 것이 중요하다는 것을 강조합니다.

하버마스의 권력 개념은 생활세계 공론장에서 의사소통 권력이 형성된다는 것입니다. 생활세계에서 의사소통 권력이 형성되면 체계에 의해 생활세계가 식민화되는 것을 방지할 수 있습니다. 디지털 미디어 사회에서 의사소통 권력을 강화해 정치권력의 개선 가능성을 증가시키는 것이 중요한 과제로 남아 있습니다.

chapter 4

주민주권과 공론장

[제21강] 주민주권의 개념

지금부터 6회에 걸쳐서 '주민주권과 공론장'이라는 주제로 공부를 하겠습니다. 지난 시간까지 공론장과 권력에 관한 포괄적이고 일반적인 얘기를 했다면, 지금부터는 우리 삶의 영역에서 실제로 어떻게 권력을 형성해 갈 것인가, 또 그 권력을 형성하기 위한 공간으로서의 공론장에 관한 의미를 같이 살펴보는 내용이라고 이해하시면 되겠습니다. 이번 6회에 걸친 강의를 통해 주권과 주민주권이 무엇인지, 또 주민주권 강화를 위한 방향과 과제는 무엇인지 등에 대해 촘촘히 공부하겠습니다.

6회에 걸친 강의의 대강을 간략히 말씀드리겠습니다. 첫 강의에서는 국가주권, 국민주권, 시민주권 중에서 주민주권의 위치와 개념을 공부하겠습니다. 두 번째 시간에는 '시민 없는 시민운동, 주민 없는 민관협치'라는 주제로 공부하고, 세 번째 시간에는 주민주권의 개념을 재정립하는 주제로 공부하겠습니다. 네 번째 시간에는 주민주권과 공론장, 숙의민주주의 간의 관계를 촘촘히 살펴보겠습니다. 다섯 번째와 여섯 번째 시간에는 주민주권 강화를 위해 우리가 버려야 할 것들, 예를 들어 국가주의나 연고주의 등 주민주권을 강화하는 데 걸림돌이 되는 내용을 살펴보고, 마지막 시간에는 주민주권 강화를 위해 나아가야 할 방향과 핵심적인 원칙에 대해 말씀드리겠습니다.

주권의 정의와 종류

우리가 주권(主權)이라는 말을 많이 사용하죠. 이 주권의 가장 포괄적인 의미는 특정한 영토 내에서 최고 권력을 가진 독립적인 권위를 말합니다. 주권을 구성하는 여러 요인이 있는데, 내부적으로는 국가가 자신의 영토 내에서 절대적인 권력을 행사할 수 있는 능력을 포함하고, 외부적으로는 다른 국가로부터 인정받는 것을 말합니다. 국제 사회에서 독립적으로 행사할 수 있는 권리도 포함됩니다. 일제 강점기에는 이러한 외부적인 주권이 없었기 때문에 국가 주권이 없었던 것으로 볼 수 있습니다.

국민주권은 국민이 국가권력의 최종적인 권리자이며, 정부는 국민의 동의에 의해 운영된다는 의미가 있습니다. 이에 대해서는 뒤에 조금 더 세부적으로 설명해 드리겠습니다. 또한, 법적 주권이라는 것도 있습니다. 국가 내에서 법을 제정하고 집행할 최고 권력을 가진 주체로서의 법적 주권을 말합니다. 주권의 가장 큰 의미는 국제적 관계에서나 국내 거버넌스(여기에서 말하는 거버넌스는 국가와 국민 간의 거버넌스를 의미함), 그리고 국민과의 관계를 규정하는 핵심적인 원칙입니다.

국가주권과 국민주권

국가주권(國家主權)과 국민주권(國民主權)은 같은 말일까요? 다른 말일까요? 약간 뉘앙스가 다릅니다. 국가주권은 국가라는 추상체, 국가라는 체제가 갖는 주권을 의미합니다. 외부 영향으로부터 자유로운 최고 국가 권위를 말하고, 국제적으로 자율성과 법적 독립성에 중점을 둡니다. 대한민국이 주권을 가진 국가라고 할 때, 그 대한민국이라는 국가 안에는 영토도 있고 국민도 있으며 주권도 있습니다. 이럴 때 국가주권이라고 얘기합니다. 국가의 자치권과 영토를 보장하며, 이러한 내용이 헌법에 잘 명기돼 있습니다. 국가주권이 국가라는 단위의 자치권과 영토, 그리고 외부로부터의 독립을 강조한다면, 국민주권은 그 땅에 살고 있는 국민과 관련된 주권을 의미합니다. 국가 권위는 국민의 동의로부터 나오며, 이 국가라는 체계를 국민이 구성합니다. 국가가 성립되기 위해서는 그 안에 국민이 존재해야 하며, 국민에 의해 국가가 성립됩니다. 루소 같은 사람은 일반의지에 의해 국민이 권력을 갖게 되고, 그것에 의해 국가가 성립된다고 얘기하죠. 국가를 성립시키는 사람의 총의(總意)라는 의미로 국민주권을 이해하면 되겠습니다. 국가주권이 외부로부터 국가의 독립을 말한다면, 국민주권은 국민의 의지에 따라 국가가 수립되었다는 의미를 포함합니다. 국가 성립의 정당성을 얘기하는 것입니다.

국민주권이 중요한 이유는, 이전에는 국가주권이 국민에게 있지 않았기 때문입니다. 군주나 귀족에게 있었던 경우가 많았죠. 국민이 주권을 가질 이유가 없었던 것입니다. 근대에 이르러 국민 국가가 만들어지는 과정에서 국가가 국민의 총의에 의해 만들어지게 된 것입니다 (혹은 사실 여부와 관계없이 그런 이념을 다수가 수용한 것입니다). 그때 국민이 국가 설립과 국가 체계를 구성할 권리를 갖게 되었기에 국민주권이라는 말을 사용하게 되었습니다.

국민주권과 시민주권의 차이

이제는 국민주권이라는 말도 쓰고, 시민주권(市民主權)이라는 말도 많이 쓰는데 같은 말일까요? 다른 말일까요? 국민주권은 국가의 정통성이 국민의 의지에서 나온다는 것을 의미합니다. 국민주권에서는 국민 전체의 뜻과 의지, 국민의 집합적인 권력 의지가 중요합니다. 서양 근대에서 국가가 사회 계약에 의해 만들어졌다고 하죠. 삶의 주체들이 자신들의 생존과 안전을 위해 국가(군주)를 세우고, 그렇게 세워진 국가에 자신들을 통치할 권한을 주었다고 합니다. 그럴 때 사회 계약의 대상이 되는 것이 국민입니다. 현대적 의미로 말하면, 국민이 선거와 국민 투표를 통해 의지를 모으고, 그에 의해 국가가 구성되고 운영됩니다. 국민주권은 국가의 정당성을 발생시키고, 사회 계약에 기반해 국가를 구성하는 국민의 총의를 의미합니다.

반면 시민주권은 국민주권보다 훨씬 구체적입니다. 개인의 권리와 민주적 과정에 참여하는 것에 초점을 맞추며, 투표 외의 정책 결정과 직접적인 참여를 중시합니다. 개별 시민의 권리 강화와 적극적인 거버넌스 참여를 중시합니다. 시민주권은 일반 의지의 전체 뜻으로서가 아니라 시민 개개인의 민주적 절차와 과정에 참여하는 것이 중요합니다. 시민의 뜻과 의지가 국가에 어떻게 구체적으로 반영되는가가 중요합니다. 국가가 구성되고 운영되기 위해서는 정책도 법률도 필요하고 각종 제도도 필요합니다. 그 구체적인 내용을 형성하는 주체로서 시민을 말합니다. 국가가 국민에 의해 만들어지고, 시민에 의해 운영된다고 할 수 있습니다.

중요한 차이점은 국민주권은 집합적 의지와 정통성을 강조하고, 시민주권은 개인의 권리와 참여 메커니즘을 중시합니다. 국민주권은 광범위한 민주적 거버넌스를 말하며, 시민권에서 말하는 메커니즘은 구체적이고 세부적이며 적극적인 참여를 통해 국가 구성과 운영에 필요한 것에 참여하는 것을 의미합니다. 국가가 구성되고 운영되기 위해 두 가지가 다 필요합니다. 강력한 민주주의를 위해 두 가지 개념이 모두 필요합니다. 국민주권은 정부 정통성의 기반이 되고, 시민주권은 정통성이 개별 시민에 의해 어떻게 표현되고 유지되는가를 말합니다. 국가, 국민, 시민을 모두 얘기하는 이유는 주민, 주민주권이 무엇인지를 이해하기 위해서입니다. 시민과 시민권의 개념을 간단히 살펴보겠습니다.

시민과 시민권의 개념

고대 그리스 아테네에서 시민 개념이 생겼습니다. 아테네에 있는 성인 남자들이 정기적으로 정치적 결정 과정에 참여하면서 시민과 시민권이 발생했습니다. 오랜 잠복기를 거친 다음, 근대 유럽에서 국민 국가가 만들어지면서 사람들의 권리를 확보하기 위해 시민권이라는 것이 형성되었습니다. 프랑스 혁명을 통해 시민은 말할 권리, 재판을 받을 권리, 부당한 세금을 내지 않을 권리 등을 가지게 되었습니다. 인권선언을 통해 국가가 담아야 할 내용을 정리하게 되었습니다. 이 과정이 혁명일 수도 있고, 아닐 수도 있지만, 국가가 담아낼 권리 내용을 구성하는 정치적 주체를 시민이라고 합니다. 지금 프랑스 국가(國歌)로 되어 있는 라-마르세예즈를 보면 계속 '시민'이라는 말이 반복해서 나옵니다. 시민의 현대적 의미는 근대보다 훨씬 확장되었습니다. 정치적 참여 시민권을 통해 개인이 정치적 결정 과정에 참여하고 민주주의 체제의 바탕을 이룹니다. 국민 투표뿐 아니라 각종 거버넌스, 위원회, 다양한 국가기구에 참여합니다. 투표권뿐 아니라 교육 및 보건 서비스, 개인의 삶의 질과 관련된 권리들을 포함합니다.

다양한 민주적 권리들, 소수자 권리나 차별철폐 등 다양한 시민의 삶과 관련된 내용을 포괄합니다. 정치, 사회, 문화적, 민주주의 확장과 관련된 내용이 시민의 권리로 확장되었습니다. 시민은 정치적 참여와 개인 권리 보장이라는 민주주의 핵심 가치를 말하며, 시대와 함께 변화하고 확대되었습니다. 훨씬 더 보편적이고 포괄적이며 다양한 사람들에게 적용됩니다.

주민주권의 정의

주민(住民)은 시민과 어떤 차별성이 있을까요? 주민, 거주한다고 할 때 '주(住)'자를 쓰며, 특정 위치에서 터를 잡고 산다는 의미입니다. 특정 지역이나 국가에 거주하는 사람들, 주소지를 두고 있는 사람들을 말합니다. 해당 지역의 법률이나 사회적 멤버인 경우도 있고, 시민권이 없는 경우도 있습니다. 예를 들어, 외국인 노동자가 우리나라에서 시골에 정주하며 농사를 짓는 경우, 대한민국 시민권이 없어도 주민으로 존재합니다. 주민은 살고 있는 사람들, 거주하고 있는 사람들이라는 의미가 강합니다. 시민은 국가 관계 속에서 자유와 자율의 주체로서 정치적 의미가 강하지만, 주민은 실제로 삶을 살아가고 유지하는 사람들이라는 의미가 강합니다. 일정 지역에 거주하면서 소속감을 느끼고 살아가며, 다양한 법적 사회적 혜택의 대상이 됩니다. 지역 사회 구성원으로서 역할을 합니다. 마을이나 동네라는 의미를 생각하면, 일정 영역 안에 공동체를 구성하면서 살아가는 삶의 주체로서 주민의 의미가 강합니다. 주민주권(住民主權)은 주민이 거주 지역에서 정치적, 사회적, 경제적 결정 과정에 직접 참여하고 영향을 미칠 수 있는 권리와 능력을 말합니다. 지역 사회에서 평등한 참여가 보장되고, 지역 사회 결정 과정에서 주민의 목소리와 이익이 반영되어야 하며, 직면한 문제에 대해 자율적으로 문제 해결을 모색할 수 있어야 합니다. 주민은 삶의 영역에서 자율적인 의사결정을 할 수 있는 존재입니다.

주민주권의 현실

그러나 실제 현실에서는 행정 중심 국가에 살고 있어 주민의 자율성과 주민주권이 행정이나 국가권력에 의해 보장받지 못하고 침해되는 경우가 많습니다. 주민주권이 실제로 우리 사회에 제대로 실현되고 있는지 곰곰이 생각해 봐야 할 점입니다.

[제22강] 시민 없는 시민운동, 주민 없는 민관협치

오늘은 '시민 없는 시민운동, 주민 없는 민관협치'라는 주제로 공부하 겠습니다. 우리가 87년 이후에 있었던 시민운동을 부정적으로 평가할 때, '시민 없는 시민운동'이었다고 평을 하기도 합니다. 또 최근에 이루 어진 다양한 형태의 민관협치를, 주민 없이 중간지원조직 시민 활동가들 이 중심이 된 활동, '주민 없는 민관협치'라고 비판합니다. 저는 지금까 지 해왔던 활동에 대해서 부정하는 의미로서 이런 단어를 쓴 것이 아니 라, 실제로 주민의 삶의 공간에서 주민의 주도성이 제대로 살아났는가 하는 관점에서 지금까지의 활동에 대해서 성찰적으로 검토해 보는 시간 을 갖도록 하겠습니다.

국민의 의미

첫 번째는 우리가 시민, 주민이라고 하는 말을 사용하기 전에 국민이 라는 말을 오랫동안 사용해 왔잖아요. 그럴 때 이 국민이라고 하는 말 속 에 담긴 의미가 뭔지에 대해서 먼저 공부해 보겠습니다. 조선왕조실록 같은 것에도 보면 국민(國民)이라는 말을 쓰기는 했습니다. 조선 시대에 말하는 국민이라고 하는 것은 왕이 돌봐야 할 대상으로서의 의미를 넘어 서지 못합니다. 백성(百姓)이라고 하는 말과 비슷한 의미로 사용되었습 니다. 본격적으로 국민이라는 말이 등장한 것은 서양에서도 근대에 국 민국가가 만들어지면서 국민이라는 말이 사용된 것처럼, 우리 경우에도 1948년 정부가 수립되면서, 국민이라는 말이 본격적으로 사용되기 시작 했습니다.

국가를 이제 수립만 한 것이고, 구체적으로 국가 체제를 구성하고 국 가를 운영해야 하잖아요. 그러면 법과 제도도 필요하고, 그런가 하면 국민을 또 먹여 살리고 또 살기 좋게 만들어야 하므로, 경제개발 등을 통해 부를 축적해야 하는 역할도 해야 하고, 또 우리나라처럼 분단체제 아래에서는 국가를 지켜야 하는 국방의 역할도 국가가 나서서 할 수밖에 없는 상황입니다. 그런 과정에서 국가가 주도적인 역할을 하고 국민이 그 국가가 설정해 놓은 목표와 계획에 따라 그것을 수용하고, 국가가 만들어 놓은 것에 동원되는 시스템을 오랫동안 구축해 왔습니다.

국가는 이제 두 가지를 가지고 국민을 동원했는데, 하나는 국가라는 기구가 가진 강제력, 폭력이라고 얘기할 수 있습니다. 또 하나는 이념적으로 접근하는 것입니다. 국가가 잘 살아야만 국민도 잘살 수 있다, 또 국가 없는 나라에서는 국민도 불행해진다고 하는 국가이데올로기를 만들어, 국민에게 교육을 통해 주입시키는 것입니다. 60대 이상에서는 국민교육헌장 같은 것을 다 기억하고 있습니다. 이렇게 국가가 중심이 되고 국가가 하는 일에 참여하는 의미로서, 계획은 국가가 하고 국민은 그 계획을 받아들이는 수용체로서의 존재적인 의미가 있습니다. 거기에는 개인이나 시민주권이라는 것은 그렇게 중요한 것이 아닙니다. 이렇게 국가의 강제력과 국가이데올로기가 교육과 훈련 등을 통해 깊숙이 내면화되었다고 볼 수 있습니다. 이런 국가이데올로기가 지금도 우리 의식 속에 강력하게 영향을 미치고 있다 이렇게 말씀드릴 수 있습니다.

시민 없는 시민운동

두 번째로는 '시민 없는 시민운동'에 관해서 말씀을 드리려고 합니다. 잘 아시는 것처럼 우리는 1987년 6월 항쟁을 통해 권위주의 체제를 물리쳤습니다. 그리고 이제 대통령 중심제를 비롯해 절차적 민주주의, 정치적 민주주의를 획득했습니다. 민주화의 개막과 함께 이제 막 시작된 시민운동에는 두 가지 과제가 있었다고 볼 수 있습니다. 권위주의 정권을 물리친 다음, 법과 제도 등을 통해서 권위주의적인 법과 제도를 청산하고 민주주의를 어떻게 내실화할 것인가 하는 과제가 첫 번째 과제였습니다. 또 하나는 우리는 민주주의 국가라고 말했지만, 권위주의 체제 하에서 실제로 시민이라는 것은 존재하지 않았습니다. 그래서 시민을 발굴하고, 육성하고 시민주권을 갖도록 하는 역할을 해야 했죠.

시민단체가 만들어지고, 시민운동이 굉장히 활발하게 진행되었습니다. 참여연대, 경실련, 환경운동연합, 여성운동연합 등으로 대표되는 단체들이 많이 만들어졌습니다. 그 단체들을 주도한 사람은 70~80년대 민주화운동을 했던 사람과 소위 말하는 진보적인 지식인들이었습니다. 당시로는 신사회운동이라고 말하는 인권, 환경, 여성, 장애인, 소수자 등 기존에 노동자 중심의 계급운동으로부터 훨씬 더 보편적인 운동으로 폭이 넓어지는 운동을 전개하고, 그것을 법과 제도로 담아내는 운동을 적극적으로 전개했습니다. 또 권위주의 정권하에서 각종 부정부패와 선거의 불공정성 등을 제도적으로 극복하기 위한 노력도 진행되었습니다.

87년 이후에 시민단체와 시민운동이 권위주의 체제를 극복하는 데 매우 중요한 역할을 수행하였고, 당시까지 헌법에 명문화되어 있었던 시민의 기본권을 확보하는 데도 크게 기여했습니다. 우리 사회가 민주주의 국가로 발전하는 데 있어서 굉장히 깊은 영향을 미친 점을 우리는 부정할 수 없습니다. 그런데도 시민운동은, 앞서 말씀드린 권위주의 체제를 청산하고 민주국가로 체제를 변화시키는 정치적인 역할은 대단히 성공적 모범적으로 해냈지만, 실제로 시민을 발굴하고 시민의 영향을 강화하고 시민권력을 형성하는 노력은 상대적으로 대단히 소홀했다고 말씀드릴 수밖에 없습니다.

주민 없는 민관협치

다음으로는 '주민 없는 민관협치'입니다. 이 문제는 시민운동보다 훨씬 더 우리의 현재 삶에 가까이 있는 문제입니다. 지금도 진행 중인 문제라서 다소 논쟁적인 지점들이 있을 거로 생각합니다. 그렇지만 제가 여러 가지 사례를 통해 느낀 점들을 중심적으로 말씀드리겠습니다. 민관협치는 노무현 정권 이후에 굉장히 활성화되기 시작했습니다. IMF와 같은 국가적 위기 극복과 실업이라는 고용 위기가 닥치면서 복지를 확충할 필요성이 생기게 되는데, 정부 주도로는 이런 위기 극복과 복지 확충이 어려움이 있었기 때문에, 민관의 협력적인 노력이 필요하다고 하면서 민관협치가 활성화되기 시작했습니다.

이후 제도들이 마련되면서 민관협치가 활성화되기 시작했는데, 결정적으로 박원순 시장으로 대표되는 진보 지자체장이 선출되면서 행정력과 자원, 재정을 시민사회 역량과 결합하면서 민관협치가 이전과 비교할 수 없을 정도로 활성화되었습니다. 진보 자치단체장이 선출되면서, 행정이 가진 행정력과 기구의 힘, 국가 재원, 지자체 재원, 기존에 활성화되어 왔던 시민사회 역량을 결합해 민관협치 활동이 본격적으로 시작되었습니다. 그러면서 주로 주민 복지 관련된 사업들이 많이 이루어졌습니다. 사회적 협동조합, 마을 만들기, 도시 재생 등 다양한 형태의 사업을 전개하게 되었습니다.

그러나 이런 과정에서 주민 내부에서 자발적으로 주민 활동이 이루어졌다기보다는, 선출된 진보 단체장이 행정력과 공공 재원을 투입함으로써 이루어졌다는 근본적인 한계를 갖고 있습니다. 행정에 대한 의존성이 점점 커지게 되었고, 주로 시민사회에서 역할을 해왔던 사람이 행정에 진입하여 활동을 주도하였습니다. 실제로 주민은 사업의 대상이 되거나 시민단체가 받은 사업을 수행하는 대상으로 머무르게 되었습니다. 중간지원조직이라는 이름으로 다양한 주민 관련 프로그램이 진행되었지만, 대부분 프로그램에서 주민은 참여 대상에 머무르게 되었습니다.

민관협치의 한계

서울시의 예를 보면, 민관협치의 한계가 드러나게 됩니다. 가장 핵심적으로는 하향식 민관협치입니다. 하향식이라는 말에는 방향과 내용이 위에서 이미 결정된다는 의미가 담겨있습니다. 이전에는 사람과 사람,

주민이든 시민이든 관계를 통한 '활동'이 중심이었다면, 어느새 '사업'이 중심이 되었습니다. 뚜렷한 목적을 가지고 그 목적을 달성하기 위해 예산이 배분되고 관리와 평가가 이루어지는 사업이 중심을 이루게 되었습니다. 이후 단체장이 바뀌고 예산 지급이 중단되면서 중간지원조직이 붕괴되고, 결국 사업 자체가 흐지부지되는 일이 발생하게 되었습니다. 주민이 참여한 가운데 활동이 제대로 이루어졌다면, 중간지원조직에 있었던 사람보다 주민이 먼저 나서서 문제 제기하고 저항을 했을 것입니다. 그러나 예산이 끊기고 사업이 중단되는 과정에서도 주민 누구도 강력한 문제를 제기하지 않았다는 것은 놀라운 일입니다. 이는 실제로 민관협치가 주로 행정기관과 중간지원조직, 시민사회 활동가들 중심으로만 이루어지고, 주민은 사업의 대상으로 머물렀기 때문입니다.

과제

국민이라는 말은 국가 구성 요소와 동원 대상이라는 의미를 강하게 갖고 있습니다. 시민운동은 시민의 정치적 권리, 사회적 권리를 주장했지만, 시민은 기본권과 같은 추상성에 기반한 주체로서의 의미가 강했습니다. 국민과 시민이라는 한계를 어떻게 돌파할 것인가, 구성과 역할에서의 한계를 어떻게 돌파할 것인가 하는 과제가 우리에게 남겨져 있습니다. 삶을 구성하는 자율적 주체로서의 주민을 어떻게 발견해 갈 것인가 하는 과제가 우리에게 남겨져 있습니다. 결국, 국가를 구성하는 국민으로서의 의미와 살아가는 사람의 보편적인 권리를 주장하는 시민이라는 의미를 넘어서서, 삶의 구체성을 담아내는 의미로서의 주민을 어떻게 발견해 갈 것인가 하는 과제가 우리 앞에 놓여 있습니다.

[제23강] 주민, 주민주권 개념의 재정립

주민주권과 공론장의 세 번째 주제는 '주민주권 개념의 재정립'입니다. 지난 시간에는 주민주권의 개념에 대해 살펴보았는데요. 왜 이 개념을 다시 정립해야 할까요? 재정립하려는 것은 기존 개념에 문제 혹은 한계가 있다는 뜻이며, 따라서 그것을 다시 바꿔서 정리해야 한다는 의미입니다. 우리가 쓰는 주민, 주민주권 개념에 어떤 문제가 있는 것일까요? 그리고 왜 그것을 새로운 의미로 다시 정립해야 할까요? 오늘은 그것과 관련된 말씀을 드리겠습니다.

기존 주민 개념의 한계

첫 번째는 기존의 주민(住民) 개념의 한계에 대해서 말씀드리겠습니다. 주민이라고 하면 '주(住)'자는 살다, 머물다의 뜻이 있습니다. '민(民)'은 사람을 뜻하고요. 이 주민 개념을 살펴보면 첫 번째는 거주자(居住者)라는 뜻이 있습니다. 그래서 지방자치단체의 구역 안에 주소를 가진 사람이라고 지방자치법에 명시되어 있고요. 또 지방행정서비스를 제공받는 권리의 대상이라는 뜻도 있습니다. 공공시설을 이용할 권리 및 균등한 행정 혜택을 받을 사람이라는 뜻이 있구요. 세 번째로는 지방행정에 참여할 권리의 주체라는 뜻도 있습니다. 자치단체장이나 단체 의원의 선거, 주민투표, 주민소송 등에 참여할 권리를 가진 사람이라는 뜻입니다. 한마디로, 현재 주민 개념은 특정한 행정 구역에서 거주하는 사람으로서 행정의 혜택을 받거나 일정한 권리를 행사하는 주체라는 뜻이 주민 개념의 핵심적인 내용입니다.

그러나 이런 일반적인 주민 개념에는 몇 가지 한계가 있습니다. 첫 번째는 일반적인 의미로서 주민 개념을 살펴보면 장소를 중심으로 개념이

규정되어 있습니다. 지방행정 서비스의 대상이라는 의미와 지방행정 구성의 주체라는 의미로 현재 주민 개념이 사용되고 있습니다. 그런데 현실은 이런 일반적인 개념과는 사뭇 달라지고 있습니다. 지방이나 국가나 세계가 초연결되는 디지털 정보사회가 되었습니다. 우리는 소위 세방화, 즉 세계화와 지방화가 동시에 일어나는 시대, 글로벌-앤-로컬 시대에 살고 있다고 이야기합니다. 그리고 장소가 더 이상 생산의 기반이 되지 못하는 세상에서 살고 있습니다. 물리적인 장소라는 개념은 점점 축소되는 상황이라고 볼 수 있습니다. 따라서 삶의 공간이라는 것이 예전처럼 영토성(領土性)라는 의미보다는 상당히 추상적인 개념이 되었고, 일정하게 정해진 장소를 의미하는 '정소성(定所性)'의미도 약해지고 있습니다. 우리는 주민이면서 국민이기도 하고 세계 시민이기도 한 시대에 살고 있습니다. 이런 점에서 보면 주민이라는 것이 현재 일반적인 의미와 현실 사이에 괴리가 존재한다고 볼 수밖에 없습니다.

주민 개념의 재정립 필요성

기존 주민 개념에는 다음과 같은 한계가 있습니다. 생활세계 주체라는 의미가 약하거나 없습니다. 행정의 대상, 더 적극적으로 말하면 행정에 의한 관리 대상이라는 의미가 훨씬 더 강합니다. 자기 삶을 스스로 만들어가는, 즉 구성적 주체라는 의미는 없습니다. 주민으로서 권리 행사를 하기 어렵고, 몇 가지 주어진 권리 외에는 행사하지 못하는 제한적인 존재로 되어 있습니다. 기존 주민 개념은 통치의 대상이고 자율적이고 자기 통치라는 정치적 의미는 매우 약합니다. 현실에 맞지 않는 의미를 담고 있습니다. 따라서 주민 개념의 재정립이 필요합니다. 주민 개념을 현실에 맞게, 현실적 요구에 맞게 재정립할 필요가 있습니다. 이것은 두 가지 핵심 사항을 포함합니다. 하나는 삶을 구성하는 자주적인 주체로서 주민의 의미를 재정립할 필요가 있습니다. 두 번째는 자율적이고 자기 통치의 정치적 주체로 의미를 재정립할 필요가 있습니다.

주민주권 개념의 재정립

주민 개념이 달라지면 주민주권 개념도 달라질 수밖에 없습니다. 기존 주민주권 개념에는 다음과 같은 한계가 있습니다. 행정법에서 말하는 주민주권, 주민에 의한 자기결정권은 대단히 형식적입니다. 일정한 법적 자격을 갖춰야 하며, 그 법적 요건은 주민투표나 주민소환처럼 실제로 행사하기 어려운 조건을 제시합니다. 일상을 담아낼 수 있는 집단적 권력으로서의 의미는 존재하지 않습니다.

현실에 맞는 주민주권 개념을 재정립할 필요성이 있습니다. 첫 번째는 영토를 넘어선 생활의 주체라는 의미를 포함해야 합니다. 생활세계, 삶의 주인이면서 자율적 문제 해결과 의사결정권자라는 의미가 중요합니다. 다른 말로 표현하면, 자기 삶의 공론장의 주인이라는 의미를 포함해야 합니다. 두 번째는 공간 초월적인 주권자라는 의미를 담아야 합니다. 지금 지역에 가면 외국인 노동자나 결혼 이민자들을 만날 수 있습니다. 우리나라에도 외국인, 북한이탈주민이 많아지면서 인구 구성이 다양화되었습니다. 그 사람은 거주자로서 주민이지만, 기존 영토라는 공간의 제한성을 이미 벗어난 것입니다. 예를 들어 제가 서울시 은평구 불광동에 살고 있지만, 제가 관계하는 사람은 우리 마을이나 동네를 넘어서 타 도시뿐 아니라 외국인들과도 인터넷을 통해 특별한 주제를 논의하고 결정할 수 있습니다. 어떻게 보면 세계 시민으로 해야 할 역할을 동시에 하고 있으며, 국내 다른 지역 사람과 커뮤니티를 구성해 역할을 하기도 합니다. 현대적인 의미의 주권자는 영토나 영역에 얽매이지 않습니다. 네트워크를 통해 공간을 이미 초월하고, 공간적 한계를 극복한 상태입니다. 해결해야 할 과제와 문제를 중심으로 협력하고 연대하는 의미로 확대되어야 합니다.

국민주권, 시민주권, 주민주권

주민주권 개념을 재정립해야 할 필요성은 국민주권과 시민주권의 한계를 극복해야 할 필요성과도 관련이 있습니다. 국민주권의 한계는 집합적 개념으로서의 추상성입니다. 국민주권은 집합적 내용이고 국가와 연동된 개념입니다. 근대 국가가 만들어질 때는 막강한 힘으로 작용했지만, 이미 국가가 완성된 상태에서는 추상적인 개념으로 변했습니다. 국민주권에는 삶의 구체성, 개별성, 특수성의 의미가 약합니다. 시민주권 역시 마찬가지입니다. 시민은 국가를 향한 계약과 권리의 주체입니다. 근대 사회에서 국가 구성원으로서 정치적, 사회적 권리를 획득하는 역할을 했습니다. 그런데도 법적, 제도적 권리를 주로 의미함으로써 삶의 현장성, 구체성, 자기 통치성을 충분히 담아내기에는 제한적이었습니다. 주민주권은 국민주권의 추상성과 시민주권의 보편성의 한계를 보완할 수 있는 개념입니다.

주민주권의 재정립 방향

주민주권 개념을 어떻게 재정립할 것인가? 주민을 생활세계의 자율적 주체로 재정립해야 합니다. 행정이나 정치권력의 대상이 아니라 활동적 세계와 생활의 주체로 보아야 합니다. 생활세계는 역사와 인간관계, 양육과 교육이 이루어지는 역사 문화의 공간입니다. 주민의 삶의 공간은 역사와 사회, 문화가 어우러진 공간이며, 삶의 안정성, 지속성, 관계성이 중시되는 공간입니다. 다양성과 차이가 기반이 되는 삶의 공간입니다. 주민의 삶의 공간은 돈이나 권력에 의한 공간이 아니라, 의사소통의 합리성이 이루어지는 상호이해와 공감의 공간입니다. 주민 개념을 행정의 관리 대상, 통치 대상의 의미로부터 생활세계의 자율적 주체로 재정립해야 합니다.

결론

주민주권 개념은 주민이 자기 결정권을 구성하고 행사할 권리로 재정립해야 합니다. 주민은 삶의 주체로서 자기 결정권을 가진 사람입니다. 자신의 문제를 공동으로 논의하고 판단하고 결정하는 주권적 주체입니다. 스스로 공론장을 만들고 주민의 뜻과 의지를 자율적으로 형성하는 존재이며, 자신들의 요구와 결정 사항을 국가와 행정을 통해 관철하기 위해 영향력을 형성하는 주체입니다. 사안에 따라 타 지역 혹은 국경을 넘어서 자율적으로 연대하고 협력하는 주체입니다. 주민주권은 주민이 자신들의 문제를 스스로 결정하고 그 결정된 내용을 국가와 행정을 통해 관철해 가는 권리를 갖는 주체로 재정립해야 합니다.

[제24강] 주민주권과 숙의민주주의

주민주권과 공론장 네 번째는 주민공론장과 숙의(熟議)민주주의입니다. 지난 시간에 주민주권을 자율적인 의사결정 주체로 재정립했습니다. 숙의민주주의에 대해서도 이전에 공부한 적이 있는데, 숙의민주주의는 포용력 있는 참여를 바탕으로 깊이 있는 토론을 통해 합의를 도출하는 민주적인 방식을 포괄한다고 정리한 바 있습니다. 이번 시간에는 주민이 사는 삶의 터전에서 자신들의 문제를 결정하는 과정에서, 숙의민주주의가 어떻게 관계를 맺고 결합하는지에 대해 공부해보도록 하겠습니다.

생활세계 특징

주민주권과 숙의민주주의를 공부하기 위해 가장 먼저 살펴봐야 할 것은 우리의 삶의 터전, 즉 생활세계의 특징입니다. 생활세계는 주민의 일상적인 삶이 이뤄지고 경험이 누적되는 공간입니다. 그곳에는 개인들의 일상 문화, 역사, 사회적 상호작용이 사회적 맥락에서 이루어지는 생활영역이 포함됩니다. 생활세계는 우리 삶의 공간임과 동시에 역사와 사람 간의 관계, 그리고 일정한 생활양식, 즉 문화가 존재하는 공간으로 개념 정의할 수 있습니다.

이 생활세계는 여러 가지 특징들이 있습니다. 그 가운데 몇 가지 대표적인 특징을 살펴보도록 하겠습니다. 첫 번째, 일상성의 존재입니다. 즉, 일상의 경험과 상호작용이 일어나는 공간이라는 뜻입니다. 둘째, 문화적 맥락이 존재합니다. 우리는 그냥 저절로 주어진 존재가 아니라, 문화적인 배경과 전통 속에서 영향을 받고 자란 존재들입니다. 셋째, 사회적인 상호작용이 일어납니다. 사람은 혼자 사는 존재가 아니죠. 관계를 통해 공동체를 형성하고, 삶을 살아가는 존재들 사이에 사회적 상호작용이 일어납니다. 넷째, 경험의 주관성이 존재하는 삶의 공간입니다. 개인마다 독특하고 다양한 관점이 존재합니다. 경험의 주관성이라는 것은 삶을 살아가는 주체들이 각자의 역사와 상황 속에서 살아간다는 뜻입니다. 다섯째, 변화를 위한 공간입니다. 이는 끊임없이 변화하는 사람과의 관계성, 시대적인 조건에 따라 변화하는 공간입니다. 예를 들면 우리가 사는 동네나 마을도 일정한 패턴이 고정된 상태로 유지되는 것이 아니라, 끊임없이 구성과 내용이 변화하며, 시대와 상황에 따라 역동적인 환경이 새롭게 만들어집니다. 마지막으로, 생활세계는 의사소통 행위가 이루어지는 공간입니다. 생활세계는 의사소통을 통해 관계를 맺고, 상호이해와 공감이 이루어지며, 의사결정이 이루어지는 공간이라는 특징을 갖고 있습니다.

주민공론장의 특징

이런 생활세계에서 주민에 의해 공론장이 만들어지게 되는 것입니다. 주민공론장은 국가나 의회, 시민사회에서 만든 공론장과는 다르게 몇 가지 특징을 가지고 있습니다. 그 몇 가지 특징에 대해 알아보겠습니다.

첫째, 주민공론장은 일상생활과의 연결성이 있습니다. 상호작용과 공동체적인 유대가 자연스럽게 형성되고, 지역 상황에 적합한 내용으로 공론장이 만들어집니다. 즉, 일상적인 주제로 주민공론장을 만들어간다는 의미로 이해하시면 됩니다.

둘째, 주민공론장은 특별한 형식 없이도 만들 수 있는 공간입니다. 국가나 체계가 만든 공론장은 형식적이고 공식적인 반면, 주민이 만든 공론장은 비공식적이고 비형식적인 공론장입니다. 누구든지 쉽게 접근할 수 있는 공간이며, 참여 장벽이 낮고 일상적인 용어를 사용하며 소속감과 폭넓은 참여가 이루어질 수 있는 공간입니다.

셋째, 주민공론장은 의사소통 행위가 이루어지는 공간입니다. 상호이해와 합의 도출을 위한 대화가 이루어지며, 전략적인 목표보다는 상호이해와 협력을 중시하는 공간입니다.

넷째, 주민공론장은 지역의 독특한 문화와 공동체적인 특징을 공유하는 공간입니다. 주민의 삶의 터전에서 이루어지기 때문에 참여자들이 일정한 경험을 공유하고 관습이 존재하는 공간입니다. 지역마다 독특한 공동체적인 특징과 문화를 반영하는 공론장입니다.

다섯째, 주민공론장은 개인과 집단 정체성을 통합하는 공간입니다. 개인들이 함께 모여 논의하며 집단 정체성이 형성되고, 공동의 경험과 운명을 공유하는 공동체 일원으로서 참여하면서 연대감과 책임감을 키우고 나누는 공간입니다. 주민공론장은 개인을 단위로 하지만, 그것이 단순한 개인이 아니라 연대감과 공동 책임감을 형성하는 집단적인 정체성을 형성하는 주체로서 역할을 합니다.

마지막으로, 주민공론장은 사회통합과 결속을 촉진하는 공간입니다. 대화와 협력을 통해 사회적인 유대감과 소속감을 강화하고, 사회적 통합과 결속에 기여하는 공간입니다. 주민공론장의 최종적인 목적은 상호이해와 공감을 통해 문제를 해결하고, 동시에 사회 통합력을 높이게 됩니다.

주민공론장과 숙의민주주의 관계

주민공론장에는 다른 방식보다 숙의적 토론방식, 즉 숙의민주주의가 지향하는 숙의적 토론방식이 적절한 이유를 살펴보겠습니다. 여기서 말하는 숙의적(熟議的) 토론방식은 참여자들이 깊이 있는 논의를 통해 합의하는 과정을 의미합니다. 따라서 숙의적 토론방식은 숙의민주주의적인 방식이라고 이해하셔도 무방합니다. 어떤 문제를 해결하는 데는 다양한 방식이 있습니다. 그런데 주민공론장에서 논의를 통해 문제를 해결하는 가장 적합한 방식이 숙의적 토론방식인 이유는 무엇일까요? 그 내용을 살펴보면 다음과 같습니다.

첫째, 의사소통의 합리성입니다. 숙의적 토론방식은 이성적인 논의가 가능하며, 이해와 합의에 도달하는 의사소통의 합리성이 작동할 수 있다는 것을 대전제로 합니다.

둘째, 포용성과 다양성을 증진하는 공간입니다. 다양한 목소리가 포함될 수 있고, 공동체 내에 다양성을 반영하는 의사결정 과정이 보장되는 공간입니다. 주민공론장은 삶의 영역이고 관계를 중시하는 공간이기 때문에 배제되는 사람이 없어야 합니다. 이 삶의 공간은 오히려 다양성과 차이가 존재하는 공간으로, 그 다양성을 포용하는 공간일 수밖에 없습니다.

셋째, 상호이해와 공감을 기반으로 합의가 가능한 공간입니다. 다양한 관점을 통합하고 합의에 도달하기 위해 노력하며, 사회적 결속력을 강화하기 위한 공간입니다. 주민공론장은 삶의 영역에서 이루어지기 때문에 주민의 의사를 확인하고 상호이해와 공감을 기반으로 공통점을 찾아 문제를 해결하고 합의하는 것이 매우 중요합니다. 삶의 공간에서 사회적 결속력은 대단히 중요하기 때문입니다.

마지막으로, 주민공론장은 민주주의를 학습하는 사회적 학습 공간입니다. 개인과 공동체가 함께 사회적 학습을 통해 삶의 질을 향상시키고 민주주의를 학습하는 공간입니다.

주민공론장과 주민권력

주민공론장과 주민권력은 어떤 관계가 있을까요? 주민공론장이 주민권력 형성 공간이라는 의미가 무엇일까요? 우리는 생활세계에서 살고 있으며, 그 생활세계에서 주민공론장이 자발적으로 만들어지게 됩니다. 주민공론장에서 숙의적 방식의 논의를 통해 토론이 진행되고 합의가 이뤄지고, 이를 제도적으로 실현하는 과정에서 의사소통 권력이 형성됩니다. 즉, 주민공론장은 단순한 논의 공간이 아니라, 상호이해와 공감, 합의의 과정을 통해 주민권력이 형성되는 공간입니다. 주민공론장이란 공간에서 논의를 통해 결과적으로 얻어지는 것은 주민권력입니다.

주민공론장이 중요한 이유는 숙의민주주의를 실천하는 공간임과 동시에 주민 참여를 촉진하는 공간이기 때문입니다. 주민공론장은 숙의적 토론방식을 통해 의사소통 권력을 형성하는 곳인데, 이는 다른 말로 주민권력이 형성되는 과정을 의미합니다. 따라서 주민공론장은 숙의적 토론방식을 통해 주민권력을 형성하는 공간이라고 정리할 수 있습니다. 결론적으로, 주민공론장은 주민권력을 형성하는 핵심적인 공간입니다.

[제25강] 주민주권과 민관협치에 대한 성찰

이번 시간에는 주민주권 강화와 민관협치에 대한 성찰을 말씀드리겠습니다. 주민주권 강화를 위해서는 주민주권을 어떻게 강화할 것인가에 대한 문제를 고민해야 합니다. 그 방법 중 하나로 민관협치를 생각해 볼 수 있습니다. 그러나 지금까지 진행된 민관협치와 같은 방식인지에 대해서는 다시 생각해 볼 필요가 있습니다. 주민주권 강화를 위해 필요한 민관협치는 어떤 것인지 공부해보겠습니다. 민관협치에 관한 내용은 매우 방대하지만, 오늘은 주민주권 강화의 차원에서 지금까지 이루어진 민관협치를 간략하게 되돌아보고, 앞으로 민관협치가 가야 할 방향에 대해 함께 고민하는 시간을 갖도록 하겠습니다.

민관협치에 대한 관점

첫 번째로, 주민주권의 핵심적인 내용은 세 가지입니다. 첫째, 자율성입니다. 주민주권은 자신의 문제를 스스로 결정하고 해결할 수 있는 자율성이 있어야 합니다. 이 자율성에는 외부로부터 스스로를 지키는 의미와 내부적으로 스스로 질서를 세울 수 있는 자율성이 포함됩니다. 둘째, 수평적이고 호혜적인 관계입니다. 국가나 행정과 수평적이고 협력적이며 생산적인 관계를 유지하는 관점에서 주민주권을 생각해 볼 수 있습니다. 셋째, 민관협치가 종국적으로 주민주권에 기여할 수 있어야 합니다. 민관협치는 외압으로부터 자율적으로 결정되고, 대등한 입장에서 논의와 합의를 통해 결정되어야 합니다.

현재 상태의 평가

이런 관점에서 봤을 때 현 상태를 평가하면 첫 번째는 양적 확대입니다. 길게는 2000년대 초반부터 다양한 형태의 민관협치가 진행돼왔습니다. 지금은 양적으로도 많이 확대되었고, 분야와 형태도 굉장히 다양해졌습니다. 두 번째는 대부분의 민관협치 민관협력이라고 하는 것이 행정의 요구와 재원에 의해서 이루어졌고, 사업 방식의 범위나 내용도 주로 행정의 요구와 요청에 따라서 이루어졌습니다. 세 번째는 주민 참여가 역설적으로 대단히 미약했다는 것입니다. 일부 단체나 활동가 중심으로 민관협치가 이루어지면서 주민과 행정 간의 협치라기보다는 중간지원조직을 비롯해서 시민단체든 주민단체든 단체와 행정을 중심으로 사업이 진행되었습니다. 여기서 중요한 것은 '사업'이라고 하는 것입니다. 네 번째는 불안정한 기반입니다. 박원순 시장 후에 또 오세훈 시장이 들어선 이후에 민관협치와 관련된 조례나 재원 등이 해체되거나 감소하였습니다. 또 다른 지역이나 지방에서도 유사한 사례들이 빈번하게 일어나고 있습니다. 민관협치 존속 여부가 행정의 손에 달려 있습니다. 다섯 번째는 일방주의입니다. 여전히 자율성은 낮고 수평적인 관계는 이루어지지 않고 있습니다. 마지막으로는 민관협치가 주민주권 강화에 기여했다고 보기 어렵다는 점입니다. 민관협치로 시작된 사업이 종료되면, 이와 관련한 주민활동도 끝나게 됩니다. 주민 스스로 이뤄지는 후속 활동은 오히려 예외적입니다. 역설적이게도 민관협치 사업이 종료된 이후, 사업을 행정 조직도 가져오는 경우는 점점 많아지고 있습니다. 중간지원조직이 사라지고, 행정이 직접 주민 관련 사업을 운영하는 소위 '직영' 방식이 확대되고 있습니다. 주민주권 강화가 아니라, 행정권력 강화에 기여한 셈입니다.

주민주권 강화를 위한 출발점

주민주권 강화를 위해서 그럼 우리는 어디서부터 출발해야 할까요? 첫 번째로 권력 관계에 대한 민감성으로부터 출발해야 합니다. 주민이면 국가나 행정이 정한 것에 그냥 참여하고, 따르면 되는 관계가 아니라, 주민과 행정, 주민과 국가라고 하는 것은 기본적인 운영 원리가 다르고 서로가 서로에 대해서 영향을 미치는 권력 관계라는 점을 깨쳐야 합니다. 주민과 국가·행정은 권력 관계에 있는 별도의 개별적 존재하고 하는 것을 자각하는 것이 모든 것의 출발입니다. 이런 점을 자각하게 될 때, 여태까지 우리가 지니고 있었던 국가 의존적인 태도가 어떤 것이었는지 상세하게 알게 됩니다. 그리고 또 그것을 극복하는 방안을 고민하게 됩니다. 이런 국가 의존적이거나 국가 중심적인 사고방식에서 벗어나지 못하는 한, 자율성을 지닌 주민주권이라고 하는 것은 형성 자체가 매우 어려운 것 아니겠습니까!

이제 현재까지 진행된 민관협치에 대한 성찰이 필요합니다. 지금까지 민관협치가 정말로 주민주권의 관점에서 잘된 것인지, 지금까지의 활동이 누구를 위한 것이고 무엇을 위한 것이었는지 하는 것에 대해서 되돌아보고 검토해 볼 수 있을 것입니다. 그런 이후 우리가 주민주권 강화를 위해서 어떤 태도를 취하고 또 어떤 방향으로 어떤 목적을 갖고 갈 것인지에 대한 방향을 정하게 되고, 개선 과제를 발견하게 될 것입니다.

주민 역량 강화와 행정과의 관계

주민이 국가나 행정과 호혜적 관계를 맺기 위해서는, 민관협치가 주민주권 강화에 기여하기 위해서는 주민 역량이 커져야 합니다. 주민 역량을 어떻게 키워갈 수 있을까요? 또 국가나 행정과는 어떻게 관계를 맺어가는 것이 주민주권 강화에 기여할 수 있을까요?

첫 번째는 무엇보다도 수평적인 관계를 형성하는 것입니다. 내부적으로 능력을 강화하기 위해서는 가장 중요한 것이 서로에 대한 존중이고 수평적 관계를 활성화시키는 거라고 봅니다. 동네나 마을 내부에는 나이나 성별, 직업 또는 빈부나 여러 가지 점에서 차이가 존재합니다. 그런데 그것이 차별이 되면 안 되잖아요. 결국은 인격적으로 동등함이라고 하는 것을 전제로 할 때만 같은 발언력을 가지고 실제적인 논의에 참여할 수 있습니다. 위계가 강한 사회 혹은 마을일수록 수평적인 논의는 어렵습니다. 많은 사람이 참여할 수 있는 생산적인 논의는 그만큼 어려워집니다. 이런 위계나 권위는 차별을 둔다는 점에서 결정적 문제가 되는 것이죠.

두 번째는 지금까지 말씀드린 것처럼 주민공론장을 활성화해야 됩니다. 그래서 주민공론장을 통해서 상호이해와 공감대를 형성하고, 공동의 목표와 의지를 형성해내는 것이 중요합니다. 개별적으로 그냥 있는 상태에서 이렇게 힘이 형성되는 건 아니잖아요. 그리고 행정 의존성을 탈피해야하는데, 많은 경우에 행정 의존적으로 되는 중요한 원인이 무엇입니까? 행정에서 사업을 제시하면서 거기다가 돈을 붙여 주잖아요. 그래서 그 돈에 관심이 생겨 가지고 개별적으로 그 사업에 결합하는 경우가 굉장히 많습니다. 더구나 행정이 대부분의 사업을 이렇게 경쟁을 붙여서 사람의 욕구를 증폭시킵니다. 자율성을 확보하기 위해서는, 행정 의존적인 행태에서 멀어져야 되는데, 그중에 핵심적인 과제 중에 하나가 재정적인 자립성을 확보하는 것이라고 볼 수 있습니다. 행정부 의존성을 줄이기 위해서는 관계의 자율성이 대단히 중요한데, 그 관계의 자율성이 전제되기 위해서는 재정적인 자립성이 대단히 중요합니다. 스스로의 재원으로 할 수 있는 일들이 생기는 만큼 자율성이 확보됩니다.

마지막으로는 독자적인 문제 해결 역량을 강화해야 됩니다. 행정의 지원 없이도 스스로 문제 해결 역량을 높여가는 것이죠. 행정이 볼 때 가장 두려운 존재가 어떤 존재인 줄 알아요? 자신들의 도움이 별로 필요 없이 주민 스스로 자신들의 일을 처리하는 것을 행정은 가장 두려워합니다. 왜 그럴까요? 자신들의 존재 가치를 내세울 수가 없잖아요. 결국은 행정은 더 좋은 일, 더 의미 있는 일을 하지 않으면 존재 가치가 없어지는 것입니다. 주민이 자율적인 문제 해결 역량이 생길 때 행정이 훨씬 더 행정 서비스가 고도화될 수 있고, 주민은 존중받을 수 있게 되는 것입니다. 우리가 인간관계에서도 자율적인 인간을 굉장히 두려워하거나 존경하게 되잖아요. 마찬가지 원리입니다.

행정과의 관계 맺기

또한 행정과의 관계 맺기를 고민해야 됩니다. 행정이 장을 만들어주고 예산을 배정해 주고 또 사업의 범위를 정해 준 다음에 사람한테 신청하세요라고 합니다. 행정이 정해준 범위 내에서 신청을 하고 그중에 누구는 되고 누구는 되지 않고 이러면서 또 서로간의 또 관계도 악화되기도 합니다. 결국 그 사업을 매개로 해서 행정과 주민이 관계를 맺게 되잖아요. 그럴 때 그 주민도 실제로 마을을 대표하는 것이 아니라, 몇몇 주민과 관련된 사업을 진행하는 것이 현재 현실입니다. 그런데 여러분 우리가 자율적인 관점 주민주권의 관점에서 보면 행정과 우리는 굉장히 다양한 차원으로 다양한 방식으로 관계 맺기를 할 수 있습니다. 행정의 요구를 우리는 주민주권의 원칙에 볼 때 거부할 수도 있고, 무시할 수도 있습니다. 그런가 하면 그 취지가 주민의 삶에 긍정적인 영향을 미치고 주민주권 향상에 도움이 되는 내용을 제안한다면 수용할 수 있는 것이죠. 때에 따라서는 어떤 사안이나 정책과 관련해서 행정과 경쟁할 수도 있는 것입니다. 소각장 문제를 어떻게 처리할 것인지 행정이 갖고 있는 입장과 주민의 입장은 다를 수 있잖아요. 그러면 정책 방향을 놓고 경쟁하고 대립할 수 있는 것입니다.

그런가 하면 어떤 경우에는 행정과 주민이 서로 상황을 공유하면서 서로 기여할 바를 논의를 통해서 타협할 수도 있는 것이죠. 타협이라 하는 것은 일정한 재원을 어떤 방식으로 나눌 것인지에 대해서 합의하는 것입니다. 그래서 행정은 행정의 일을 하면서 또 주민은 주민의 일을 하고 어디까지 어떤 범위로 할 것인지에 대해서 같이 합의를 하면 됩니다. 그런가 하면 우리가 늘 쓰는 협력이라고 하는 방식도 있습니다. 협력은 사실은 목적에 같이 동의해야 되고 그리고 그 목적을 달성하기 위한 재원과 수단을 어떻게 할 것인지에 대해서 내용적인 합의가 이루어져야만 하는 것입니다. 그리고 이런 협력이 가능하기 위해서는 상호 신뢰와 믿음이 뒷받침될 때 가능합니다. 그런데 우리는 행정과의 관계에서 이런 다양한 선택지를 한 번도 생각해 본 적이 없습니다. 왜냐하면 선택권이 우리한테 있다고 한 번도 생각해 본 적이 없기 때문입니다. 그런데 주민이 주권의식을 갖고 있다면 행정과 어떤 방식으로 관계 맺을 것인가라고 하는 것은 다양한 선택지가 있을 수 있는 것이죠. 그리고 상황에 따라서 조건에 따라서 선택적인 관계를 맺어갈 수가 있게 되는 것입니다. 결국 선택의 폭과 범위는 주민 역량에 의존하는 것이죠. 역량이 커갈수록 자신이 스스로 할 수 있는 일이 많아질수록, 행정과 어떤 방식으로 관계할 것인가라고 하는 것도 훨씬 더 다양해질 수가 있습니다.

행정과 어떤 관계를 맺을 것인지에 대한 선택의 가장 궁극적인 기준은 무엇일까요? 그것은 행정에게 좋은 것이 아니라, 주민 역량 확보에 도움을 주는 선택을 해야 된다는 것입니다. 행정과 관계를 맺는 몇 사람만이 혜택을 보고 끝나면, 그것은 민관협력이라고 말할 수 없습니다. 만약에 거기다 주민이라고 하는 이름을 붙여 민관협력이라고 하는 말을 쓰려고 한다면, 그 민관협력을 통해서 주민은 무엇을 얻어야 하지 않을까요? 그것은 주민의 역량이 커지고 주민주권이 강화되는 것을 궁극적인 목적으로 하게 됩니다. 따라서 행정과 관계 맺기를 할 때, 그 관계의 방식이라든가 관계의 범위나 내용을 평가하는 기준이 뭐가 될 것인가를 생각해보아야 합니다. 이게 주민한테 도움이 되는가 하는 관점에 서 있어야 한다는 의미입니다. 결론적으로 현재의 민관협력은 주민권력 강화에 기하지 못했다고 평가합니다.

[제26강] 공론장의 조건과 우리의 현실

1. 공론장의 조건

지금부터 다섯 차례는 공론장을 위한 조건과 과제라는 주제를 다루겠습니다. 오늘은 공론장의 조건과 우리 현실에 대해 생각해보겠습니다. 지금까지 공론장이 뭔지 공론장이 어떤 역할을 하는지에 대해서 공부를 많이 했습니다. 그런데 이제 그런 측면에서 우리 현실은 어떤지 좀 꼼꼼하게 살펴보도록 하겠습니다. 지금은 공론장을 만들기에 좋은 조건인가요? 그렇지 않은 조건인가요? 공론장이 제대로 만들어지기 위해서 필요한 기본적인 조건에 대해서 같이 공부를 하고, 그런 조건의 측면에서 우리 현실은 어떤지 이렇게 이야기를 이어나가도록 하겠습니다.

첫 번째 공론장의 조건에는 최소한 다음 여섯 가지가 필요합니다. 첫 번째는 분명한 목적이 있어야 합니다. 두 번째는 자발적인 참여가 이루어져야 됩니다. 세 번째는 다양한 사람이 참여할 수 있고 또 배제되는 사람이 없도록 포용력이 있어야 합니다. 네 번째는 공론장에 필요한 정보와 자료가 풍부하게 제공돼야 하고, 누구든지 쉽게 접근할 수 있어야 합니다. 다섯 번째는 충분한 논의 기회가 보장돼야 합니다. 여섯 번째는 그렇게 해서 나온 공론장의 결과가 존중받아야 됩니다.

목적성

하나 하나 살펴보겠습니다. 첫 번째 분명한 목적성입니다. 무엇을 하려고 공론장을 여는지 목적이 분명해야겠죠. 그리고 그 공론장의 목적을 몇몇 사람만 아는 것이 아니라, 참여하려는 일반인들이 공론장을 왜 열려고 하는지 잘 알고 있어야 합니다. 구체적인 주제가 무엇인지 알지 못한다 하더라도, 공론장을 열게 되는 동기 목적은 잘 알고 있어야 합니다.

자발적 참여

두 번째는 어떻게 보면 가장 중요한 내용이라고 볼 수 있습니다. 자발적인 참여가 이루어져야 합니다. 자발적인 참여가 이루어지기 위해서는 해당 사항과 관련해서 문제를 해결하려고 하는 사람의 자발적인 의지가 있어야 합니다. 정부가 공론화를 한다고 할 때, 무작위 추출을 하였습니다. 그것은 기계적인 평등의 기회는 줄 수 있어도, 실제로 공론장이 의미 있게 구성되고 운영되는 데는 대단히 한계가 있습니다. 자발적인 참여자들이 함께할 때 논의에서 타당성 즉 사실성 규범성 진정성이 있는 논의가 가능할 것입니다. 그리고 자발적인 참여자들이 진지한 토론을 통해서 뜻과 의지를 만드는 과정에서 의사소통 권력이라고 하는 것이 형성될 수 있습니다.

포용력

세 번째는 포용력입니다. 공론장은 원래 독일어로 웨펜들리 카이트(Öffentlichkeit)라고 합니다. 포용력이란 배제되는 사람이 없어야 한다는 뜻과 더불어 소수자에 대한 특별한 배려가 필요하다는 의미까지 담고 있습니다. 다양성과 차이가 존중될 뿐만 아니라, 공론장에서 다양성과 차이는 인식의 폭을 넓히고 논의의 깊이를 더하는 공론장의 에너지 같은 것입니다. 그래서 다양성과 차이가 대단히 중요합니다.

정보의 풍부함과 접근 가능성

네 번째는 정보의 풍부함과 접근 가능성이죠. 우리가 평상시 일상적인 생활을 하던 사람이 공론장에 오게 되면 무엇을 논의하는지 대충은 알지만, 그 논의가 의미 있게 진행되기 위해서는 많은 정보가 필요하고 판단할 수 있는 자료들이 필요합니다. 이런 정보와 자료가 충분히 제공될 때, 우리의 인식이 확장되고 사고가 전환될 가능성이 생깁니다. 이런 정보는 어느 한쪽으로 편중돼 있으면 안 됩니다. 정부나 기관이 공론화라고 하는 것을 할 때, 흔히 겪는 어려움 중의 하나가 자료에 대한 접근성입니다. 예를 들면, 소각장과 관련된 자료를 제공한다고 할 때 그 소각장이 만들어짐으로써 어떤 의미가 있는지 편익이 있는지 하는 것도 중요한 자료지만, 그 소각장으로 인해서 발생할 수 있는 여러 가지 우려나 부정적인 측면에 대한 자료도 함께 제공해야 합니다.

그리고 무엇보다도 정보 격차가 발생하지 않도록 해야 합니다. 공론장에는 연세가 많으신 분들도 참여하고, 또 젊은 사람도 참여할 수 있습니다. 이들 간에는 여러 가지 인식의 차이나 경험의 차이가 존재할 수 있습니다. 이런 인식이나 경험의 차이로 인해 정보 전달에 애로가 발생하지 않도록, 정보를 이해하기 쉽게 제공하는 것이 대단히 중요합니다. 얼마 전에 실제로 공론장에서 환경 영향평가서를 제공한다고 하면서, 환경영향평가서 천 페이지가 되는 것을 이렇게 돌리는 것을 본 적이 있습니다. 그런 것은 정보라고 볼 수가 없습니다. 그 천 페이지 환경 평가서를 누가 읽겠어요? 핵심적인 내용만을 읽기 쉽도록 제공하는 것이 너무나 당연합니다. 그리고 특히 지금처럼 SNS든지 디지털 정보가 중요한 세상에서는 연령에 따라서 디지털에 대한 해독력 해석력이 다릅니다. 이런 부분을 어떻게 보완할 것인지 고민해야 합니다. 그래서 대게는 SNS뿐만 아니라 우리가 기존의 오프 방식을 병용해서 사용해야 합니다.

충분한 논의 기회 보장

다섯 번째는 충분한 논의 기회를 보장해야 합니다. 동등한 발언 기회가 보장돼야 하고 균형 있고 공정한 진행이 이루어져야 합니다. 이게 말은 쉽지만 실제로 대단한 준비와 역량이 필요합니다. 그리고 무엇보다도 적극적인 발언과 논쟁 기회가 보장돼야 합니다. 어떤 사람은 공론장을 하면서 그냥 쟁점 없이 논쟁 없이 지나가는 것이 좋은 공론장이라고 이해하는 사람도 있습니다. 그러나 이견이 있음에도 불구하고 표출되지 않으면, 그 논의는 사람에게 절대로 만족감을 주지 못합니다. 그리고 그 결과에 침묵할 수 있어도 승복하지는 않습니다. 그러한 경우 나중에 다시 문제가 도드라질 가능성이 굉장히 큽니다. 그래서 때로는 적극적인 발언과 쟁점에 대한 치열한 논쟁을 펼치면서, 이견이 최대한 해결될 수 있도록 적극적인 논의 공간을 만드는 것이 대단히 중요합니다. 그리고 행정의 시간표에 끌려가지 않도록 해야 합니다. 우리가 워낙 행정중심 국가에 살다 보니까, 모든 논의 시간이라든가 기간이나 이것을 행정에 맞추는 경향이 굉장히 있습니다. 심지어는 회의 시간까지 그렇게 하잖아요. 우리 생활세계 일상의 삶 세계는 행정의 시간과는 다릅니다. 예를 들면 우리가 모이는 시간은 저녁에 직장 갔다 와서 저녁에 모이는 것이 훨씬 좋고요. 모임 장소나 논의 기간도 마찬가지입니다. 일상을 살아가는 사람은 행정처럼 1년을 단위로 마을 활동을 진행하는 것이 아닙니다. 그런 측면에서 행정의 시간표보다는 주민의 시간표에 맞춰서 논의하는 것이 대단히 중요합니다.

논의 결과의 존중

마지막으로 논의 결과를 존중해야 합니다. 논의 결과에 대한 존중은 두 가지 차원인데 하나는 논의에 참여한 사람이 다소 이견이 있다 하더라도 합의된 내용을 인정해야 합니다. 합의되지 않은 것은 합의되지 않은 상태로 남겨 놓으면 됩니다. 또 하나는 공공기관은 주민이 논의한 결과를 존중해야 한다는 것입니다. 최대한 존중해서 그것이 현실화할 수 있도록 적극적으로 협력해야 합니다.

2. 우리의 현실

공론장의 조건의 측면에서 볼 때, 우리 현실은 어떤지 살펴보도록 하겠습니다. 저는 우리 현실을 아래와 같이 세 가지 측면에서 말씀드리겠습니다. 첫 번째는 행정의 주민에 대한 불신, 두 번째는 주민의 행정 의존적인 태도, 세 번째는 경험 부족과 약한 자신감입니다. 다소 부정적인 측면을 부각하는 측면도 없지 않지만, 우리가 공론장을 잘하기 위해서는 향후에 노력해야 할 과제다 이렇게 적극적으로 인식하시면 좋겠습니다.

행정의 주민에 대한 불신

첫 번째 행정의 공적 사안에 대한 배타적 태도입니다. 공적 사안을 행정이 독점적으로 처리하는 관행이 오랫동안 지속되었습니다. 마을에 함께 해결해야 할 과제는 공적 과제인가요, 사적 과제인가요? 공(公)의 의미가 공무원이 하는 일이라는 뜻이 아닙니다. 국가가 하는 일이라고 하는 뜻이 아니에요. 공이라고 하는 것은 내 사(私)적인 문제가 아닌 한, 우리 다수의 문제는 전부 공이 될 수 있습니다. 마을 일은 공인 것이죠. 마을 회의도 공적입니다. 행정이라도 사적으로 행동하는 것은 사인 것이죠. 행정이 하면 공적이고, 주민이 하면 사적이라고 하는 것은 국가이데올로기가 우리한테 심어준 것입니다. 공무원이 하는 것은 공적이고 주민이 하는 것은 사적이라는 생각과 판단은 정말 코미디 같은 얘기입니다. 여러 사람과 관련된 공동의 관심사인 것은 공적이고, 개인의 생활과 관련된 것들은 전부 사적입니다. 그런 점에서 공적 사안은 행정이 해야 한다고 하는 관념은 굉장히 낡은 사고방식입니다. 우리가 행정을 뭐라고 하나요? 퍼블릭 서비스라고 하잖아요. 우리말로 공복이라 하잖아요. 공적인 업무를 도와주는 사람이라고 하는 뜻입니다. 서비스라고 하는 것이 도움을 준다고 하는 것이잖아요. 그런데 우리는 도움이라고 공복이라 써놓고, 관리하고 통제하려고 하는 경향이 아직도 강합니다. 물론 상당히 개선된 면도 있지만, 전반적으로 볼 때는 행정이 공적 업무를 배타적으로 독점하려고 하는 태도는 아직도 뿌리 깊게 남아 있습니다.

두 번째는 주민에 대한 신뢰가 별로 없다는 것입니다. 공무원이나 행정 관료 중에는 아직도 이런 사고방식을 가진 사람이 있습니다. 놀랍게도 주민은 사익에만 관심이 있는 사람이고, 주민에게 공적인 업무를 맡기면 결국 일이 어려워질 거라고 하는 생각, 또 주민 스스로 좋은 의견을 형성하기 어려울 거라고 하는 생각 등을 행정은 아직도 많이 갖고 있습니다. 그래서 자신들이 공적 업무를 담당해야 한다, 담당할 수밖에 없다고 하는 잘못된 관념을 갖고 있습니다. 잘못됐을 뿐만 아니라 비현실적인 경우가 아직도 있습니다. 그러면서 주민을 행정업무 보조자로 보면서, 행정의 핵심적인 내용이나 결정은 자신들이 하는 것이고, 주민은 그 행정 업무를 보조하는 보조 업무자 정도로 인식하는 경우입니다. 이런 것이 공론장 형성을 어렵게 하는 대표적인 요인이라고 볼 수 있습니다.

세 번째로는 촘촘한 행정 전달 체계와 관변단체입니다. 마을 동 단위까지 체계적으로 관리되는 행정 시스템이죠. 오히려 조선 시대나 이전 전통사회에서는 마을이나 동네나 이런 부분에는 나름대로 자율성이 있었습니다. 그런데 지금은 읍면동 단위까지 전부 통장 반장 등을 통한 관리체계가 우리 생활 아주 깊숙이 구석구석까지 다 연결돼 있습니다. 통·반장 등이 주민에게 행정 업무 전달자 역할도 하고, 주민이 제기하는 민원을 행정에 또 전달하는 채널 역할도 하는 것이죠. 어떻게 보면 우리는 이런 점에서 여전히 행정 중심 국가 그러니까 국가라고 하는 일의 핵심에 국민이나 주민이 있는 것이 아니라, 행정 체계가 먼저 떠오르는 행정 중심 국가에 살고 있습니다. 그러다 보니 통반장이나 이장 같은 분들은 어떤 내용을 행정이 좋아하는지 잘 알고 있습니다. 그래서 주민의 의사를 행정에 전달하는 경우나 행정의 내용을 주민에게 전달하는 경우, 행정 코드에 맞추어서 내용을 전달하게 되는 것이죠. 어떤 지역이건 다양한 관변 조직들이 있습니다. 예산을 받는 관변 조직들이 자원봉사 활동 봉사 활동을 주로 하지만, 행정체계 안에서 주로 행정에 도움을 주는 활동에 치중합니다. 주민의 자발적인 활동을 돕고 행정에 그것을 집단으로 전달하는 역할보다는, 행정이 요구하는 일을 수행하는 정도의 보조적 역할에 머무르고 있는 것이 현실입니다.

주민의 행정의존적 태도

주민의 행정 의존적인 인식과 태도에 관해서 말씀드리겠습니다. 첫째 주민 역시 공무원들과 비슷하게 공적 사안은 행정의 몫이라고 생각합니다. 그래서 우리가 월급 주는 것 아니냐고 생각하는 분들도 계십니다. 공적 업무는 행정이 하는 것이고, 주민은 먹고살기도 힘든데 생계유지만 전념하면 되는 것이라고 하는 의식도 굉장히 널리 퍼져 있습니다. 그리고 주민이 해야 할 거는 4년에 한 번씩 또는 공직 선거 과정에 참여하는 정도만 하면 된다고 하는 의식을 아직도 많은 주민이 갖고 있습니다.

그러면 4년에 한 번씩 투표하면 모든 행정이 주민이 원하는 대로 되어 가는 건가요? 그리고 정말로 4년에 한 번씩만 선거를 통해서 사람을 바꿔 가면 우리 삶이 더 좋아지던가요? 그렇지 않습니다. 행정과의 관계, 국가와의 관계는 일상적으로 이루어져야 합니다. 4년에 한 번씩 투표하는 것만으로는 안 됩니다. 일상적으로 행정과 협력하고 또 행정을 통제하고 견제할 수 있는 또 주민이 원하는 정책을 제안할 수 있는 일상적인 방법들이 존재해야만 됩니다.

주민의 행정 의존적인 태도 두 번째는 주민이 공적 문제 해결에 무관심하다는 것입니다. 그게 평상시에 모든 것을 행정에 맡기고, 불편함이 생길 때 그때야 행정이나 의회에 개별 민원이나 이해관계자들이 집단행동을 하게 됩니다. 그러면서 공공기관에 불편을 해소하고 또는 피해에 대한 보상을 요구하는 정도의 행동을 하는 것이죠. 그러니까 우리는 아직도 공적 문제에 결합하는 과정이 평상시에는 무관심하다가, 예를 들면 소각장이 들어온다, 어떤 혐오시설이 들어온다 등, 사안이 자신의 이해와 직접 연결된다고 판단할 때에야 비로소 공적 문제 해결에 관심을 갖게 되는 경우가 많습니다. 그리고 방법도 대부분은 개별적인 민원이나 집단행동이라고 하는 차원에서 이뤄집니다.

경험 부족과 약한 자신감

세 번째는 토론을 통한 문제 해결 경험이 부족하고 우리가 토론을 통해서 의견을 잘 형성해서 문제를 해결할 수 있을 것인가에 대한 자신감이 부족합니다. 토론을 통해 문제 해결을 어떻게 하는 것인지 제대로 배우고 실천한 경험이 너무 적습니다. 자발적 토론을 통해 집단적인 의지를 형성 해본 사람이 많지 않습니다. 심지어 우리 문제를 스스로 모여서 논의하는 것을 어색하게 생각하는 경향까지도 있습니다. 행정에서 시킨 것도 아닌데 우리 스스로 이렇게 모여서 논의를 하면 되나 내지는 논의 한다면 뭘 하자고 하는 생각까지 하게 되는 것이죠. 어떻게 생각하면 황당하기 그지없는 생각입니다. 우리 삶의 문제를 스스로 모여서 논의하는 것이 뭔가 좀 어색하고 이상하게 느껴진다고 하는 것이 참 이상한 일 아닙니까? 그런가 하면 토론이 잘 될 것이라고 하는 믿음이 별로 없습니다. 자발적인 토론 경험이 없고 또 이성적인 토론과 조정이나 중재 경험이 별로 없다 보니까, 서로 모이면 입장 드러내고 싸움만 하다 끝나는 그런 경험밖에 없거든요. 그렇게 하다 보면 서로 간의 관계만 악화되는 거 아닌가 하는 우려를 먼저 합니다. 이런 모든 것들이 우리가 스스로 공론장을 만들기 어렵게 하는 현실적인 상황들이라 볼 수 있습니다.

마지막으로는 그렇게 해서 어렵게 해서 같이 모여서 논의를 해서 내용이 나온다고 한들, 거기서 만들어진 의견을 행정이 수용할 것이라는 믿음이 없습니다. 주민이 토론을 통해서 의견을 형성하더라도 행정 입장과 다르면 수용되지 않을 거로 생각하고요. 결국 행정 없이는 아무것도 이루어지지 않을 거라고 확신하는 사람이 많습니다.

3. 현장 경험을 통해 얻은 새로운 가능성

몇 가지 질문을 드려보겠습니다. 공무원만이 공적 사안을 다룰 수 있는 것인가요? 주민은 관리 대상으로만 머물러 있기 원하는 것인가요? 주민은 실제로 사적 이익에만 빠져 있는 건가요? 주민은 좋은 내용을 형성할 준비가 되어 있지 않은 건가요? 마지막으로 주민은 좋은 공론장을 만들 역량이 부족한가요? 어떻게 생각하시나요?

지난 20년 동안 수없이 많은 전국의 공론장을 만들고 또 해결하는 경험들을 통해서 몇 가지 확실하게 확인할 수 있었던 것들이 있습니다. 우리 주민의 잠재력은 충분합니다. 여러 차원에서 그리고 뛰어난 학습 능력과 판단 역량을 이미 갖고 있습니다. 그리고 공익과 사익을 구분하고, 균형을 유지할 줄 아는 뛰어난 균형 감각을 이미 갖고 있습니다. 그런가 하면 타인에 대한 배려와 공동체에 대한 관심도 대단히 높은 편입니다. 제가 이렇게 얘기하는 게 주민을 이렇게 띄워주려고 과장해서 하는 말 같나요? 아닙니다. 제가 현장 경험을 통해서 끊임없이 반복적으로 확인하는 것들입니다.

요약해 보겠습니다. 우리 주민은 자신의 능력을 드러낼 기회가 없었을 뿐입니다. 따라서 충분한 기회와 공정한 과정이 제공된다면, 우리 주민이 뛰어난 결과를 만들어낼 수 있는 충분한 잠재력을 갖고 있습니다. 또한 주민은 자신의 삶에 영향을 미치는 공적 과제에 참여할 권리와 의무를 갖고 있습니다. 그런 주체라고 하는 의식을 갖는 것이 모든 것의 시작입니다. 행정이 대신 결정하고 주민을 조력자로 여길 것이 아니라, 공론장이 잘 운영될 수 있도록, 행정은 본연의 도우미 역할을 해야 합니다. 제가 나중에 의정부 소각장 관련된 시민공론장 사례를 말씀드릴 건데요. 거기서는 주민이 주도하고 행정이 철두철미하게 그 주민 주도의 공론장이 이루어질 수 있도록 여러 가지 편의를 제공하는 역할을 했습니다. 이렇게 할 수 있는데, 왜 불가능하다고 생각하나요? 주민은 삶의 주체임과 동시에 주권의 주체이기 때문에 공론장을 통해서 적극적으로 문제 해결에 참여해야 합니다.

chapter 5

좋은 공론장을 위한 과제

[제27강] 사회와 국가의 관계 변화

공론장을 위한 조건과 과제 중 사회와 국가 관계의 변화에 대해 공부하겠습니다. 우리가 좋은 공론장을 만들기 위해서, 우리가 지금 어떤 현실에 처해 있는지에 대해서 지난 시간에 공부했습니다. 이번 시간에는 우리가 산업사회로부터 디지털 정부 사회 또는 생성형 AI 시대 또 어떤 분들은 4차 산업혁명 시대 복잡한 말들을 쓰면서 이 어마어마한 변화를 얘기하고 있습니다. 근데 분명 것은 산업사회가 저물고 새로운 시대로 전환되고 있다고 하는 것은 확실한 것 같습니다. 그리고 그 속도가 굉장히 빠르죠. 그런데 그런 시대 전환이라고 하는 것은 그냥 몇몇 그 기술만 바뀌는 게 아니라, 국가와 시민사회 또 심지어는 사람 간의 관계조차도 다 바꾸는 놀라운 힘을 갖고 있습니다. 우리가 농업 사회에서 산업혁명을 거치면서 모든 사회 구조라든가 인간관 세계관 이런 것이 전부 바뀐 것처럼, 우리는 어떤 면에서 보면 지금 변화의 한 가운데 있다고 볼 수 있습니다. 지금의 놀라운 변화가 시민사회와 국가를 어떻게 변화시키고 있는지를 정확하게 잘 포착해야만 우리 시대에 맞는 활동을 제대로 해낼 수 있고, 또 공론장도 우리 시대에 맞게 제대로 만들 수 있게 될 것입니다. 그런 점에서 상황은 놀랍게 변화됨에도 불구하고, 여전히 예전 낡은 사고에 갇혀 있는 부분은 없는가 하는 점을 살펴보려고 합니다.

산업사회의 종말과 정보사회의 도래

무엇보다 사회가 전체적으로 빠르게 변하고 있다는 것입니다. 그 첫 번째가 산업사회가 이제 끝나고 있다는 것입니다. 부의 생산 방식이 근원적으로 변화하고 있습니다. 산업사회에서는 노동력이 부의 원천이었다면, 디지털 정보사회에서는 기술과 정보가 부의 원천인 시대가 됐습니다. 지금은 세계에 내로라하는 대기업들에 제조업이나 GM 등 자동차 회사가 아니라, 소위 빅5 마이크로소프트, 애플, 엔비디아 등 전부 디지털 정보와 관련된 회사들입니다. 산업사회에서는 고용을 통해 수입을 얻었던 반면에, 이제는 사람이 그렇게 많이 필요하지 않은 사회가 되었습니다. 실업이 아주 일반화되고 그에 따라서 삶의 위기 생존의 위기에 직면하는 경우가 굉장히 많아졌습니다. 그러면서 이제 고용 기회라고 하는 것이 전보다 훨씬 더 좁아졌습니다. 요즘음 대학생들이 학교를 졸업하고 갈 곳이 없는 경우가 굉장히 많다고 하잖아요. 그럴수록 경쟁은 가속화될 것입니다. 작은 일자리를 가지고 경쟁을 해야 하므로, 스트레스도 그만큼 커지게 될 것입니다.

그런가 하면 산업혁명 이후에 한 200년 정도 시간이 흘렀는데, 산업 사회란 물질을 대량으로 생산하는 사회잖아요. 그러면서 환경오염, 기후 위기 이렇게 다양한 부작용을 지금 낳고 있습니다. 이에 따라 우리 일상이 빠르게 변화하고 있습니다. 전통적으로 대가족으로 살다가 산업사회에는 소위 말하는 핵가족 시대에 살았잖아요. 그런데 지금은 우리나라 국민의 35% 이상 혼자 삽니다. 어떤 사람은 이것을 핵가족을 넘어 핵-개인의 시대다 이렇게 표현하기도 합니다. 그런가 하면 한 개인이 일정한 정체성을 갖고 있었습니다. 노동자는 노동자로서의 정체성을 갖고 있었다면, 이제는 개인 안에 다양한 구성적 주체(여기서 말하는 구성적 주체라고 하는 것은 다면적인 정체성을 갖고 살아간다는 의미), 다면적인 정체성을 가지고 살아간다는 것입니다. 이전처럼 아침에 9시에 출근해서 6시에 퇴근하는 일정한 패턴을 가지고 살아가는 것이 아니라, 여러가지 복합적인 컬러들로 구성돼 있어서, 필요에 따라서 빨간색이 나오기도 하고 노란색이 나오기도 하고 검정색이 나오기도 하는 이런 구성적 주체로 살아간다고 하는 것입니다.

개인화

그런가 하면 개인화된 사회가 되면서, 개인이 삶의 모든 결정과 책임을 스스로 지게 됩니다. 어떤 사람은 이것이 훨씬 더 자유로워졌다고 얘기를 하지만, 또 어떤 사람은 그 부담이 훨씬 더 무거워졌다고 표현하기도 합니다. 이와 더불어 이전에는 대가족을 통해서 그 안에서 삶이 이어지고, 일이라고 하는 것도 이루어졌어요. 그런가 하면 핵가족은 핵가족 안에서 서로 친밀성이 형성되었습니다. 그런데 이제는 혼자서 자기 결정을 하고 살아가야 해서, 이런 돌봄이 굉장히 어렵게 되었습니다. 삶에 대한 불안과 위기의식이 점점 고조되는 상황이라고 볼 수 있습니다. 그리고 다양성과 정보 중심의 사회가 되면서 삶과 생존 방식이 다원화되고 다양화되고 복잡화됐습니다. 삶의 양태들이 다 제각각입니다. 일반화할 수가 없습니다. 어떤 이념이나 어떤 하나의 가치로 사람을 묶어낼 수가 없습니다. 지금 진보 보수 이렇게 사람을 둘로 묶어낼 수 있나요? 열 명이 모이면 열 명의 색깔이 다 제각각입니다. 기존의 산업사회가 노동과 자본이라는 것을 중심축으로 형성된 이념에 기반하여 만들어지고, 이념을 실현하기 위한 조직이 만들어지고 또 조직이 효과적으로 운영되기 위해서 위계를 만들고 질서를 만들었습니다. 그런데 이제 지금은 이렇게 변화된 사회, 디지털 정보사회 4차 산업혁명 사회에서는 더 이상 이렇게 단일한 이념이나 조직이나 위계를 가지고는 설명할 수 없게 됐습니다.

네트워크 중심

오히려 그것보다는 매 순간 우리가 마주치는 사건 사안이 훨씬 더 중요해졌고, 사람의 만남이라고 하는 것도 안정적이고 고정적인 만남보다는 그때그때 상황과 조건에 맞는 사람이 네트워크를 하면서 만나게 됩니다. 그 네트워크는 언제든지 변화될 수 있고, 그런가 하면 기존처럼 위계적인 사회가 아니라, 수평적인 관계로 바뀌고 있습니다. SNS에서는 누가 사장님이고 누가 돈이 많은지 누가 지식이 많은지 그게 별로 중요하지 않습니다. 이렇게 사회적인 놀라운 변화를 지금 우리가 경험하고 있는 겁니다. 그래서 지식과 정보 다양성과 차이가 중심인 사회로 빠르게 전환하면서, 우리가 그 변화를 온몸으로 지금 겪고 있는 것이죠.

국가 역할과 기능의 변화

이렇게 사회적인 변화만 일어나는 것이 아니라, 국가라고 하는 것, 우리가 늘 그렇게 존재하리라 생각했던 국가라고 하는 것도 굉장히 빠른 속도로 변하고 있습니다. 산업사회에서는 국가의 기능이 분명했습니다. 국가라고 하는 것이 경제 발전을 촉진하고 사회 질서를 유지하고 부국강병을 통해 국민을 보다 더 행복하게 만드는 것을 국가의 미션, 국가의 역할로 인식하고 있었습니다.

지금도 역시 똑같은가요? 디지털 그 정보사회가 되면서 국가의 기능이 굉장히 많이 바뀌고 있습니다. 물론 국가의 기능이 변화된 계기가 디지털 사회로의 변화만 있는 것은 아닙니다. 국가라고 하는 것은 계속해서 그 기능이 변화되었습니다. 큰 변화는 소위 말하는 신자유주의, 세계화, 지구화 과정을 통해서 국가 안에 있었던 자본이라고 하는 것이 지구화되고 금융화되는 과정에서 자본의 자율성은 높아졌지만, 국가의 자율성은 상대적으로 약화되고 있습니다. 지금은 그 위에 디지털 정보사회라고 하는 충격이 국가에도 가해지는 상황이라고 볼 수 있습니다. 그래서 요즘에 국가 혹은 정부가 하는 일들을 한번 잘 살펴보세요. 옛날처럼 큰 공장 짓고 그다음에 국민 교육시키고 노동력을 확보하고 이런 일을 하는 것이 아닙니다. 지금 국가는 어마어마한 디지털 경쟁 사회에서 어떻게 하면은 첨단 기술을 확보할 것이냐, 확보하도록 지원할 것이냐, 이런 것을 위해 많이 노력합니다. 국가가 국가 예산을 들여 첨단 기술을 확보하기 위해 경제전쟁에 직접 뛰어들기도 합니다. 여기에 이 놀라운 변화 속에서 국민이 뒤떨어지지 않고 생존할 수 있도록 어떻게 돌볼 것이냐가 굉장히 중요한 과제가 되어 버렸습니다. 급격한 사회적인 변동에 따른 충격을 완화하는 방안, 놀라운 변화과정 속에서 도태되는 사람을 돌볼 방안, 새로운 시대에 맞는 사람을 교육하고 인력을 개발할 방안 등이 과제입니다.

그리고 데이터로 인해서 사생활 침해, 특히 생성형 AI가 나오면서 인간 윤리에 관한 문제 등등도 발생하게 되잖아요. 이런 것을 어떻게 또 법과 제도로 규제할 것이냐. 또 디지털 리터러시로 소외된 많은 사람을 어떻게 정책 과정에 포용할 것이냐, 이런 새로운 과제의 직면해 있다고 볼수 있습니다. 결국 산업사회에서 디지털 정보사회로 사회가 전반적으로 변화하면서, 국가의 기능과 역할도 빠른 속도로 변해가고 있습니다. 이변화에 제대로 적응을 하느냐 못 하느냐가 국가와 사회의 운명을 결정한다고 얘기해도 과언이 아닐 정도입니다.

사회와 국가 간의 관계 변화

사회와 국가 간의 관계도 빠른 속도로 변해가고 있습니다. 이전에는 국가가 절대적인 우위에서 사회를 조직하고 활용하며, 국가의 안정을 위해서 사람을 동원하는 방식이 핵심이었다면, 이제는 더 이상 그럴 수 없게 되었습니다. 국가 역량 자체가 상대화됐습니다. 이전에는 시민사회 역량에 비해 국가 역량이 압도적 있었다면, 지금은 완전히 역전되었습니다. 우리가 겪고 있는 변화와 위기를 국가 혼자만으로 해결할 수 없습니다. 또 시민사회 독자적으로 해결할 수도 없습니다. 그래서 국가와 시민사회 간의 협력이 필수적입니다. 예를 들어 기후위기 문제를 국가 혼자 해결할 수 있을까요? 국가 혼자서 인구절벽을 해결할 수 있나요? 어느 것 하나도 국가 단독으로는 해결할 수 없습니다. 시민사회 단독으로만 해결할 수도 없습니다. 따라서 이렇게 직면한 위기에 대처하기 위해서는 국가와 시민사회가 서로 힘과 지혜를 합치는 것은 너무나도 당연하죠.

그런데 협력이 제대로 이루어지기 위해서는 이전까지 우리가 갖고 있었던 국가 중심적 사고에서 벗어나야 합니다. 국가와 시민사회가 수평적인 파트너십으로 전환해야 하는 거죠. 협력이라고 하는 cooperation(코오퍼레이션), 주체와 주체 간에 맺는 긍정적인 관계를 협력이라고 합니다. 둘 이상의 주체가 상호작용을 해야 협력이 가능해지고 시너지 효과도 발생할 수 있습니다. 그런 점에서 세상은 이미 변했음에도 불구하고, 굉장히 오랫동안 유지돼왔던 국가 중심적인 사고로부터, 국가도 시민사회도 완전히 탈출하지 못한 불일치와 모순이 존재하는 상황입니다.

시민사회 자율성 회복이 필요한 이유

따라서 우리가 직면한 굉장히 중요한 과제도 이 시민사회 자율성을 어떻게 살려낼 것이냐, 어떻게 주체와 대상 관계로부터 주체와 주체의 관계로 전환할 것이냐, 그리고 그 관계 맺기도 수직적인 관계로부터 어떻게 하면 수평적인 파트너십 관계로 전환할 것인가 하는 문제에 직면해 있습니다. 그래서 국가주의에 기반한 온갖 제도와 습속으로부터 어떻게 전환할 것인가 하는 문제를 살펴볼 필요가 있습니다. 이와 함께 우리 삶의 영역에서도 마찬가지입니다. 우리 삶의 영역에서도 기존의 산업사회가 갖고 있었던 이념과 조직과 위계에 기반한 삶의 패턴으로부터 개인화된 인간관계로의 전환이 필요한 시점인데, 아직도 이전과 같은 산업사회 방식을 가지고 문제를 해결하려고 하면 문제가 잘 해결이 되지 않겠죠. 그런 상황을 우리가 잘 이해할 필요가 있습니다.

정리를 해보면 전통적 가치와 권위는 이제 더 이상 통하지 않습니다. 수직적 관계에서 수평적 관계로 전환이 필요합니다. 그리고 집단 중심에서 개인 중심으로 사회가 이미 바뀌고 있습니다. 동일성과 통합성 중시에서 다양성과 차이를 중시하는 사회로 이미 전환되었습니다. 이념과 가치 중시에서 변화하는 환경에 어떻게 적응할 것인가 하는 것이 굉장히 중요한 사회로 전환이 됐습니다. 그러다 보니까 이전에는 갈등이라고 하는 것이 안정적인 질서를 위태롭게 하는 것으로 굉장히 부정적으로 인식했다면, 지금은 다양성과 차이가 존재하는 사회에서는 갈등은 불가피한 측면이 있다는 것으로 인식이 변화하고 있습니다. 그런 갈등을 어떻게 생산적인 에너지로 활용하고 전환할 것인가 하는 것이 중시되는 사회로 변해가고 있습니다.

이런 면에서, 우리는 이전에 갖고 있었던 사고와 관행에 대해서 하나씩 검토해 볼 필요가 있습니다. 변화가 필요한 사고와 관행에 대해서 몇 가지 살펴보면, 우리 삶 속에 들어와 있는 여러 가지 습관과 풍속 중에는 무의식적으로 계속되는 패턴들이 있단 말이에요. 그리고 그 각각은 이전에 어떤 시점에선가 필요했기 때문에 생겼던 것이죠. 예를 들면 사회적인 위계라는 것도 그것이 필요했기 때문에 생겼겠죠. 조직 중심의 사고라고 하는 것도 지금은 낡은 것이 됐지만, 이전에는 산업사회에서 생산력을 고도화하기 위해서 효율성을 증가시키기 위해서 꼭 필요한 것이었단 말이에요. 그런데 이제 시대가 바뀌면서 그것이 낡은 것이 돼가고 있습니다. 따라서 시대가 바뀌고 과제가 달라지면, 우리의 사고와 관행도 바꿔 가야 합니다.

[제28강] 변화가 필요한 사고와 관행

오늘은 이 빠른 변화 속에서 변화가 필요한 사고와 관행이 무엇인지에 대해서 꼼꼼하게 살펴보겠습니다. 우리 삶 속에는 여러 가지 습관과 풍속들을 존재하죠. 그리고 우리는 의식하지 못하면서 무의식적으로 반복하는 고정된 패턴들이 있습니다. 그리고 이 각각의 사고와 관행이라고 하는 것은 어느 시점에선가 필요해서 생긴 것이죠. 그런데 시대가 바뀌고 과제가 달라지면 지속하기 어려워집니다. 그것이 비합리적인 방식이고 낡은 방식이 되어 버립니다. 시대가 바뀌었음에도 우리의 사고나 관행은 그런 과학 기술이나 물질적인 것처럼 빠르게 변화하지 않습니다. 간극이 존재하게 되는 거죠. 그런 측면에서 이번 시간에는 이 변화된 상황에서, 더좋은 공론장을 만들기 위해서, 우리가 꼭 검토해야 할 관념과 태도들에는 어떤 것이 있는지를 살펴보겠습니다.

엘리트주의적 사고

첫 번째는 엘리트주의적인 사고입니다. 엘리트라고 하는 것은 'election'이라는 어원에서 알 수 있듯이, 선택된 사람이라는 뜻이 있습니다. 엘리트주의라고 하는 것의 개념을 살펴보면 소수 엘리트가 대중보다 우월한 능력이나 지식을 갖고 있다는 신념에 근거합니다. 뛰어난 사람이 있다는 거죠. 또 천부적이든 길러졌든 간에 엘리트 개인이나 집단이 전문성을 바탕으로 사회적인 리더십을 담당하는 것이 훨씬 더 좋다는 입장을 갖고 있습니다. 우리의 경우에는 전통사회 선비 의식하고 유사성이 있습니다. 그러면서 이 엘리트주의는 실천이나 현실에 대한 검증보다는 엘리트들이 공유하고 있는 추상적인 관념, 예를 들면 조선시대 같으면 주자학적 세계관 등을 자신들의 어떤 증표로 갖고 있습니다. 한문을 읽고 쓰는 문해력과 예법 같은 것들을 중심으로 이 엘리트 집단을 유지해 왔습니다.

그런데 지금 변화된 이 시대에서 볼 때, 어떤 한계가 느껴집니다. 일단, 대중의 의사결정 참여를 제한하고 있습니다. 그리고 소수 엘리트의 이익을 우선하게 됩니다. 또한 이 엘리트주의는 그 엘리트가 중심이 되는 사회가 계속 유지되기를 바라기 때문에, 혁신과 변화에 오히려 굉장히 저항적입니다. 그리고 엘리트들끼리 주로 관계를 맺기 때문에, 부패와 권력 남용의 위험이 늘 존재합니다. 그리고 사회 변화에 저항하려고 하는 것뿐만 아니라, 유연성이 상당히 낮을 수밖에 없습니다. 우리가 이런 엘리트주의가 고착화된 집단을 기득권 집단이다 이렇게 표현하기도 합니다. 이걸 극복해야 되겠죠.

모든 사람이 모든 능력과 모든 영향력에서 동일한 것은 아닙니다. 미술을 잘하는 사람이 있고, 음악의 천재들이 있고, 그리고 조직을 잘하는 사람이 있는 것처럼 말입니다. 뛰어난 사람의 전문성을 인정하고 존중하는 것은 굉장히 중요합니다. 지금처럼 초 기술시대에는 과학과 기술 분야에서 뛰어난 사람의 역할이 굉장히 중요해졌습니다. 국가의 부와 운명을 좌우하기도 한다는 말입니다. 이제는 엘리트들의 역할이 달라져야 합니다. 이게 무슨 얘기냐면 기존 사회는 엘리트가 모든 것을 결정할 수 있는 권한을 독점하는 사회였습니다. 조선시대 때 양반이나 귀족이라고 하는 것이 정치뿐만 아니라 사회 문화적인 것까지 독점하고 있었잖아요. 지금 엘리트의 역할은 이렇게 민주주의 사회에서 자유롭고 평등한 관계를 기반으로 하는 이런 대중 민주주의 사회에서는 엘리트의 역할은 사람이 더 좋은 결정을 하는데 기여하는 쪽으로 바뀌어야 합니다. 기존의 엘리트가 지배적인 위치였다면, 지금은 대중들이 더 좋은 결정을 할 수 있도록 도와주는 역할로 전환해야 합니다. 공론장에서의 역할도 달라져야 합니다. 일상을 살아가는 사람이 좋은 결정을 할 수 있도록 좋은 정보를 제공하는 조력자 역할을 담당해야 합니다.

국가 의존적 태도와 관행

두 번째는 국가 의존적인 태도와 관행입니다. 국가 의존적이라고 하는 말의 의미는 개인이나 공동체가 자신의 문제를 스스로 해결하기보다는 정부가 개입하거나 정부의 자원에 의존하거나 이렇게 국가라고 하는 것에 의존해서 해결하려고 하는 상태를 국가 의존적이라고 표현합니다. 이런 국가 의존적인 태도나 관행은 책임감과 공동체에 대한 참여를 감소시키는 것으로 연결이 되겠죠.

이런 국가 의존적인 태도와 관행이 나타나는 원인을 살펴보면, 무엇보다 전통적이라는 점입니다. 유교와 전통적인 국가 개념. 왕이 곧 국가인 그런 시대였지요. 그런가 하면 우리 현대사에서 보는 바와 같이, 국가가 모든 것을 주도해서 이끌어가는 국가 주도의 발전 모델이 중요한 역할을 했습니다. 모든 자원을 국가가 동원해서 국가의 계획과 의도에 의해서 운영하는 그런 시대가 있었습니다. 그리고 빈약한 자치 경험 같은 것도 굉장히 중요한 원인이겠죠. 그리고 지난 시간에 살펴본 것처럼 촘촘한 관료 체계와 조직들이 우리 삶의 구석구석까지 들어와 있습니다. 또 국가 중심적인 복지 정책입니다. 우리는 기존에 마을이나 동네에서 우리 스스로를 돌보던 이런 공동체적인 삶의 형태가 대부분 다 파괴됐고, 그것을 국가가 복지라는 이름으로 대체해 왔습니다. 그러면서 이제 국가 의존성이 훨씬 더 심화됐습니다.

그리고 마지막으로 국가 중심적인 이데올로기를 오랫동안 교육을 받으면서, 이 이데올로기가 내면화된 측면들도 부정할 수 없습니다. 이런 국가 의존적인 태도와 관행으로 인해서 나타나는 현상을 몇 가지를 살펴보면, 첫 번째가 낮은 자발성이죠. 정책 의존성과 정책의 획일성을 통해 국가가 의도하는 바대로 하면 된다고 생각하니까, 다양성이 사라질수록 국가 지방 주민이 위계화됩니다. 국가가 최상위에 있고 그다음에는 지방 정부 그리고 주민으로 이렇게 위계가 자연스럽게 만들어집니다. 창의적인 시도 같은 것은 일어나기 어렵게 되겠죠. 그리고 이 국가 의존적인 상황에서 나타나는 대표적인 특징 가운데 또 다른 하나는 중앙 로비와 연줄에 의존하는 경향에 굉장히 커졌다는 것입니다. 이는 비리와 부패의 원인이 되기도 합니다. 이런 국가 의존적인 태도와 관행은 우리 시대에 어울리지 않습니다.

이를 극복하기 위해서는 삶의 영역으로부터 자발적인 공론장이 활성화되어야 합니다. 공론장을 통해 자율적인 문제 해결 경험을 쌓아가면서, 우리 스스로 할 수 있는 일들을 찾아가는 것이 중요합니다.

생활에 깊이 파고든 있는 권위주의

세 번째는 국가주의와 연동돼 있으면서 우리 생활과 훨씬 더 밀착돼있는 권위주의적인 사고와 태도입니다. 권위적이라고 하는 것이 무슨 뜻일까요? 이게 권위주의라고 하는 것은 중앙집권적인 권력이나 권위를 강조하는 이념이나 체계를 본래 의미합니다. 학술적으로는 소수의 지배 집단이 다수의 사람에게 권력을 행사하는 것, 권위와 권력을 통해서 사람을 통치하는 방식을 권위주의라고 합니다. 현실에서는 권위주의라는 말과 독재라는 말은 거의 유사한 뜻으로 사용합니다.

권위주의 사회에서는 개인의 자유와 의견 표현이 제한될 수밖에 없으며, 이러한 권위주의적 국가 체제가 계속될수록 우리의 사회 조직 문화에 영향을 미칩니다. 하버마스의 용어를 빌리자면, '생활 세계, 즉 삶의 영역이 식민화'됩니다

어떤 주민자치회 총회에 가 보니, 주민공론장이라고 플래카드를 걸어놓고, 처음 30분 이상을 지역 단체장들 인사하는데 시간을 다 보냈습니다. 거기에 참여한 주민이 서로 논의하고 무엇을 해야 할 것인지 진지하게 탐색하는 과정은 10분도 되지 않았습니다. 대부분 요식 행위로 채웠습니다. 아직도 그렇습니다. 권위주의 문화의 유산이라고 볼 수 있습니다.

이 권위주의 문화에서는 힘을 굉장히 강조하기 때문에 사회적인 약자에 대해서 갑질이 심하게 일어납니다. 우리가 '땅콩회양사건' 같은 예도

권위주의 문화의 유산이라고 볼 수 있습니다. 이런 갑질 같은 것과 공론장과의 관계를 좀 살펴보겠습니다. 공론장은 자유롭고 평등한 사람의 자발적인 모임이라고 누차 말씀드렸잖아요. 그런데 권위주의적인 태도가 몸에 밴 사람은 공론장에 참여해서도 지시하는 말투를 사용하거나 아니면 발언을 독점합니다. 자기는 특별하다고 생각을 하는 거죠. 그리고 스스로 함께 논의해서 세운 운영규정 같은 것을 쉽게 무시합니다. 나이나 성별이나 지역이나 빈부에 따라서 사람을 차별하는 행동을 하기도 합니다. 그리고 권위주의라는 것은 권위를 가진 사람 내부 거래를 통해 대부분 유지하기 때문에, 비밀주의가 굉장히 성행합니다. 투명하지 않은 경우가 많죠. 그리고 나와 다른 사람의 생각이 다르다고 하는 것을 인정하려고 하지 않습니다. 자기 생각에 대한 확신이 너무 강한 거죠. 이렇게 권위주의라고 하는 것은 우리 문화 속에 알게 모르게 굉장히 뿌리 깊게 자리잡혀 있습니다.

연고주의

다음은 연고주의 태도와 사고입니다. 여기서 말하는 연고주의는 Cronyism(크로니즘)이라는 것이고, 뜻은 어떤 지역, 혈연 학맥 등에 기반해서 사안을 판단하고 일을 처리한다고 하는 의미입니다. 개념을 살펴보면 개인적 관계나 신분에 근거해서 자리나 혜택을 주는 관행입니다. 공정한 대우나 기준 대신에 개인적인 신분이나 우호적 관계를 중시합니다. 이런 것은 우리 사회에 상당히 아직도 편재한 현상이라고 볼 수 있습니다. 연고를 중심으로 패거리 문화를 이루게 되고 공정한 문제 해결을 어렵게 하겠죠. 근데 이런 연고주의라고 하는 것은 굉장히 오랜 뿌리를 갖고 있습니다. 전통사회는 기본적으로 연고에 기반해서 살아왔으니까, 하루아침에 사라지기는 어려울 것입니다. 점점 엷어지고 있지만, 여전히 강력한 힘을 미치면서 공정한 문제 해결을 어렵게 하는 요인으로 남아 있습니다.

공론장과의 관계의 측면에서 보면, 이렇게 익명 사회에서 다양한 사람이 삶을 살아가는 곳에서는 연고는 차별이 됩니다. 연고가 없는 사람은 배제되는 것이 되는 것이니까요. 그리고 공론장 구성의 다양성을 파괴하는 원인이 됩니다. 연고가 있는 사람을 우선 끌어들이다 보면 다른 사람이 참여할 기회가 그만큼 줄어들게 됩니다. 또 연고가 있는 사람일수록 말한 대로 동일성이 강하기 때문에, 생산적인 논의가 어렵게 됩니다. 다양성이 적은 만큼 생산적인 논의는 어렵게 되는 것이고, 그렇게 해서 나온 결과에 대해서는 사회적 수용성이 낮아질 수밖에 없습니다. 연고주의는 다양성과 차이에 기반한 공론장과는 잘 어울리지 않는 것입니다.

집단주의적 사고와 행동

마지막 다섯 번째는 집단주의적인 사고와 행동입니다. 집단주의라는 것은 개인보다 집단의 이익과 가치를 우선시하는 것입니다. 그리고 사람의 개별적인 차이보다는 사회의 조화와 단결을 강조하고 개인의 권리와 욕구보다는 집단의 목표와 복지를 중시합니다. 우리는 가족을 위해서 또는 민족을 위해서 국가를 위해서라고 하는 식의 오랫동안 집단주의 문화 속에서 살아왔고, 우리에게 굉장히 깊이 내면화되어 있습니다. 개인 판단이나 자율성은 상대적으로 중시하지 않습니다. 이런 일들이 너무 비일비재해서 집단주의가 아닌 예를 드는 것이 더 쉬울 정도로 우리는 집단주의 문화 속에 푹 빠져서 살아왔습니다.

앞서 말씀드린 것처럼 우리는 이미 개인이 중심이 되는 사회로 들어섰습니다. 지금은 가족보다 핵 개인의 시대에 살고 있습니다. 그리고 생활 모든 것이 개인을 중심으로 이루어지고 있습니다. 그런데도 이런 집단주의적인 사고의 행동이 우리의 발목을 잡고 있습니다. 개인의 자유와 권리를 제한하기도 하고, 집단 내의 동질성을 강요하면서 개인의 자유를 억압하기도 합니다. 집단의 이름으로 어떤 일을 하면서 개인의 책임은 가려지는 또는 그 집단의 이익에 그냥 얹혀가는 이런 것들, 많이 볼 수 있습니다.

　집단주의 사회에서 생기는 가장 대표적인 문제점이 집단사고(Groupthink)입니다. 분명히 다른 생각을 하고 있지만, 집단 전체가 몰아가는 방향에 동조하지 않을 수 없는 이런 집단사고에 빠지게 되는 것입니다. 집단사고에 빠지게 되면, 어떤 문제가 생겼을 때 다양한 대처가 불가능해지고, 그 집단에 속한 모든 사람이 함께 피해를 보는 황당한 상황이 발생할 수 있습니다. 집단주의 문화가 강한 사회일수록, 혁신과 변화에 대한 저항이 강할 수밖에 없습니다.

　공론장과의 관계를 살펴보면, 개인적인 의견과 판단을 무시하기 쉽습니다. 소수자 의견을 쉽게 무시하고, 합리적 이성에 앞서서 집단 이익을 옹호하는 태도를 취하기 쉽습니다. 집단이기주의라고 하는 말을 쓰잖아요. 그럴 때 이 집단이기주의라고 하는 것은 기본적으로 집단주의에 기반해서 그 집단의 이익만을 추구한다고 하는 뜻을 담고 있는 말입니다. 이견이나 쟁점을 무시합니다. 토론을 중시하지 않습니다. 토론하자는 것은 반대하는 것으로 인식되고, 열외자, 아웃사이더로 취급되어 배제당하기 쉽습니다. 생산적인 논의가 어려울 수밖에 없게 됩니다. 집단이 몰아가는 방향으로 결정하기 때문에, 사실은 그 결정에 대해서 별로 책임감을 느끼지 않습니다. 분위기에 편승한 거라 어떤 책임감도 느끼지 않는 경우가 많습니다.

　우리의 낡은 관행 중 가장 대표적인 것으로 이 다섯 가지를 선택했는데, 물론 이것만 있는 건 아닐 것입니다. 우리는 어느 지점쯤에 와 있거나, 지나가고 있을까요? 생각해 볼 부분입니다.

[제29강] 주민주권 강화를 위한 활동 방향1

두 차례에 걸쳐 공론장을 위한 조건과 과제 중 주민주권 강화를 위한 활동 방향이란 주제로 공부하겠습니다. 주민주권 강화를 위해서 다음 여섯 가지 전환이 필요합니다. 첫 번째는 국가에서 삶으로, 두 번째는 이념에서 문제 중심으로, 세 번째는 사업에서 활동으로, 네 번째는 집단과 조직에서 네트워크화된 개인으로, 다섯 번째는 돈에서 즐거움과 의미로, 여섯 번째는 요구와 저항에서 권력 형성으로 입니다. 그 가운데 오늘은 첫 번째에서 세 번째를 공부하겠습니다.

국가에서 삶으로

첫 번째 '국가에서 삶으로'라고 하는 주제를 가지고 살펴보도록 하겠습니다. 국가에서 삶으로라는 의미를 살펴보면, 운동과 활동 중심을 국가라고 하는 것에서 우리의 삶으로 전환해야 한다는 얘기입니다. 한국사회는 산업화와 민주화로 국가 건설을 성공적으로 잘 이룩하였습니다. 그러나 시민사회는 아직도 매우 취약하죠. 그래서 시민사회 건설로 과제를 전면적으로 전환해야 한다는 얘기입니다. 국가라는 추상 개념에서 구체적인 삶의 영역으로 관심을 전환해야 하고, 과거 민주화 운동이나 시민운동 모두 시민이라고 하는 말을 썼지만, 모두 민주국가 건설에 초점을 맞췄다고 말씀드린 적이 있습니다. 부국강병과 절차적 민주화는 달성했으나, 여전히 우리 주민의 삶은 여러 차원에서 위기에 직면해 있습니다. 국가를 향한 국가를 통한 운동의 한계가 드러나는 것이죠. 결국 삶의 영역에서 삶의 문제를 직접 대면하고 개혁해 가야 합니다.

이렇게 방향 전환이 필요한 이유는 국가주의 패러다임으로는 현재 문제를 극복할 수 없기 때문입니다. 건설이 끝난 국가는 빠르게 기득권화되고요. 국가는 시민사회 건설에는 아무런 관심이 없습니다. 우리가 국가 건설 단계를 쭉 거쳐 왔잖아요. 그 국가는 세계에서 12위의 경제 대국으로 국방력에서는 세계 6위 정도의 강국으로 바뀌었습니다. 우리는 이렇게 부국강병이 되면, 우리 삶의 질도 훨씬 더 좋아질 거라고 하는 기대를 하고 살아왔습니다. 민주화 역시 마찬가지입니다. 민주화가 되면 우리 삶도 훨씬 더 민주적으로 변할 것이라고 믿어왔습니다. 그러나 시민사회 건설은 국가 건설과는 또 다른 차원이라고 하는 것을 우리가 지금 함께 느끼고 있습니다. 국가를 대상으로 하는 운동은 보편성을 강조하고 삶의 구체성을 담아내는 데 한계가 있습니다. 국가주의 이념으로는 더 이상 삶의 문제를 해결하지 못합니다.

기본적으로 국가와는 다르게 삶의 영역은 다양성과 차이에 기반해 있고, 삶의 실질적인 문제들이 개선되지 않고는 삶이 나아질 수가 없다는 것입니다. 그래서 삶의 구체적인 변화라고 하는 것은 삶의 영역에서 살아가는 사람이 살아가기 위한 노력을 스스로 할 때만 가능합니다. 국가에서 삶으로 전면적인 전환을 하기 위해서는 삶의 세계를 재발견해야 합니다. 삶의 세계를 재발견하기 위해서는, 국가주의 국가 의존적인 사고에서 벗어나야 합니다. 주민의 삶에 대한 전면적인 성찰이 필요하다고 생각합니다. 문제가 해결되지 않는 이유에 대해서 근원적인 성찰이 필요합니다. 지금까지 있었던 시민운동 주민운동이 이룬 것과 남긴 문제가 무엇인지 성찰이 필요합니다. 그리고 이제는 국가 건설 이후에 우리는 무엇을 할 것인지 진지하게 질문을 던져야 합니다. 우리 삶을 변화시키는 데 필요한 에너지를 어떻게 창출할 것인지 물어야 합니다.

이념에서 문제 중심으로

두 번째는 '이념에서 문제 중심으로'입니다. 이념에서 우리가 살아가면서 부딪히는 실제 현안을 중심으로 관점이 옮겨져야 한다는 의미입니다. 우리가 직면한 현실을 살펴보면, 산업사회가 종말을 고하고, 전환의 시대를 맞이하고 있습니다. 계급과 계층 등 산업사회의 동일성에 기반한 이념이 한계를 드러내고 있습니다. 산업사회라고 하는 것은 기본적으로 노동과 자본이라고 하는 이원적인 구조로 되어 있습니다. 그리고 그것에 기반한 이데올로기가 형성돼서 지금까지 유지돼왔습니다. 그러나 지금 우리가 살아가는 디지털 정보화 시대 생성형 AI시대에는 다양성과 차이 개별성과 연계성 상호성이라고 하는 것이 대단히 중요해진 사회입니다. 이전 사회하고 질적으로 다른 사회가 되어가고 있습니다. 그 달라진 사회에서는 기존의 이념적인 동일성 동질성에 기반해서는 어떤 문제도 잘 해결될 수 없습니다. 우리가 직면한 현실을 기반으로 문제에 대한 관심과 해결 의지가 생겨야만 합니다. 그리고 우리가 겪고 있는 문제에 천착해 그 문제의 특성과 변화 과정에 관심을 가질 때, 새로운 해법을 우리가 창출해 낼 수 있습니다.

이념 중심으로 접근하는 것의 한계를 살펴보도록 하겠습니다. 이념 중심이라고 하니까, 우리가 무슨 사회주의 사상을 가진 것도 아니고, 무슨 이념 중심이냐 얘기할 수 있지만, 알게 모르게 우리는 다양한 사회적인 이념들에 둘러싸여 있습니다. 우리의 관념을 상당한 정도로 지배하면서, 우리는 변화를 그 변화 자체로 포착하는데 굉장히 무딘 측면이 있습니다. 그런 측면에서 이제 몇 가지 한계를 살펴보면 이념 중심으로 세상을 보게 되면 단일성과 배타성 즉 하나의 이념에 근거해서 다양한 점과 해결책을 배제하거나 소외시킵니다. 이렇다 보니 사회·경제적인 여건 변화에 대응하기 어렵게 되고, 새로운 상황이나 정보에 반응하는데도 어려움을 겪게 됩니다. 그리고 이념 중심의 접근이라고 하는 것은 이 변화의 상황에서는 이상적 상태나 원칙에 매달리며, 현실의 복잡한 측면들 다양한 측면들을 제대로 보지 못하는 경우가 생기게 됩니다.

이념 중심으로 세상을 보게 되면, 다른 이념 집단과 비생산적인 대립을 하면서 사회적인 갈등이 심해질 가능성이 있습니다. 갈등 자체가 문제는 아니지만, 현실에 기반하지 않는 이념 중심의 갈등은 해결이 굉장히 어렵습니다. 왜냐하면, 자신이 가진 이념이 전적으로 옳다는 신념을 갖고 있어서, 그런 신념과 신념이 부딪칠 때는 해법을 마련해 나기 굉장히 어렵고, 파국적인 결과를 초래할 가능성이 있습니다. 그런 측면에서 굉장히 고질적인 갈등을 유발할 가능성이 있습니다.

이념이라고 하는 것이 그 자체가 선악의 대상은 아닙니다. 그런데 과거의 이념이라고 하는 것도 그 당시의 현실에 대한 성찰로 만들어진 것이잖아요. 지금처럼 새로운 시대적인 변화가 발생하면, 변화된 현실에 기반해 이념을 새롭게 형성해 가야 합니다. 내용을 보시면 우리가 처음 맞이하는 이 미증유의 현실 속에서 누구도 이 현실이 어떻게 변해갈지 확실하게 얘기하기가 어려울 정도로 변화의 속도는 빠르고 폭은 큽니다. 과거 이념으로 현실을 해석하는 것은 거의 불가능합니다. 예를 들면 AI 시대에 인간과 사물과의 관계를 어떻게 재정립할 것이냐 하는 것은 지금은 사실은 오리무중 속에 빠져 있습니다. 그런데 이 문제를 가지고 많은 현실적인 문제를 다루고 고민하고 논의하고 하다 보면, 일정한 방향성이 형성될 수가 있겠죠. 많은 사람이 동의하는 그렇게 해서 새로운 이념이라고 하는 것은 현실과 유리된 채로 존재하는 것이 아니라, 현실 그 자체를 끊임없이 대면하고 해결하기 위해서 노력하는 과정 속에서 새로운 이념은 오히려 출연하는 것입니다.

우리가 종종 '문제 중심으로 접근해야 한다'는 말을 합니다. 그럴 때 여기서 말하는 문제라고 하는 것은 무엇일까요? problem? event? accident? 여기서 말하는 문제라고 하는 것은 구체적이고 실질적인 어려움이나 도전을 의미합니다. 우리 앞에 닥친 문제, 현안이라고 하는 의미가 강하죠. 우리 삶에 영향을 미치는 실질적인 상황이나 조건을 말하는 것이고요. 문제 중심 접근은 이런 문제를 어떻게 우리가 식별하고 분석하고 해결할 것인가에 초점을 맞추는 접근 방식을 의미합니다. 이렇게 우리가 문제 중심으로 접근을 하면 다음과 같은 특징을 나타낼 수가 있습니다. 첫 번째는 구체성이 추상적인 이념이나 원칙이 아니라 구체적인 상황이나 조건을 중시하게 되는 것이고요. 그다음에 문제를 중심으로 접근을 하면 그 문제를 보는 관점, 입장, 이해관계 차이가 드러나 보이게 됩니다. 따라서 해결책 역시 다양한 분야의 지식과 전문성이 필요하다는 것을 우리가 인식할 수 있게 됩니다.

또한 문제를 중심으로 해서 볼 때, 문제와 문제가 서로 연결된 것을 알 수 있습니다. 우리가 인구절벽과 지역 소멸 또 수도권 집중이라고 하는 문제는 상호 연결성을 갖는다는 것을 알 수가 있습니다. 그래서 결국 문제에 대한 접근은 다른 영역에 대한 영향 또 통합적이고 종합적인 접근이 필요하게 됩니다. 따라서 문제 중심의 접근을 할 때, 다양한 사람이 함께 모여서 논의를 하고 전문적인 지식을 결합하고 다양한 사람과 논의를 통해서 합의해야 할 필요성을 절감하게 되는 것입니다. 이렇게 문제 중심으로 접근을 하는 목적은 실질적인 문제 해결을 통해서 삶의 질을 높이는 것입니다. 또 문제 중심으로 접근할 때, 다양한 관점을 수용할 수 있고 협력적인 해결책을 모색할 수가 있기 때문입니다.

사업에서 활동으로

세 번째는 '사업에서 활동으로'라고 하는 주제를 가지고 살펴보도록 하겠습니다. 사업에서 활동으로에서 여기서 말하는 '사업'이라고 하는 것은 무슨 회사가 하는 경제 활동으로서의 사업이라기보다는 민관거버넌스의 매개체로서 사업이라고 하는 의미입니다. 지난 10여 년간 진보 정부 또는 지자체에서 민간협력 사업을 굉장히 많이 진행했습니다. 사업을 매개로 해서 시민사회와 정부 행정이 같이 결합 돼서 그 사업을 수행하는 일들을 광범위한 차원에서 해왔습니다. 마을만들기, 도시재생, 사회적경제 등 굉장히 많은 사업을 행정과 진행해 왔습니다. 이렇게 사업을 매개로 이뤄진 거버넌스, 민관협치라는 것이 우리에게 어떤 의미를 남겼을까요?

대체로 드러난 문제를 몇 가지 차원에서 살펴보면 첫 번째는 지속가능성이 없는 행정 의존적인 활동이었다는 것입니다. 많은 시민사회 활동이 행정에서 제공하는 예산과 지원에 의존해 왔던 것입니다. 민관거버넌스라고 하지만 그 사업에 필요한 모든 재원은 대부분 행정이 제공했습니다. 이런 구조는 행정 변동이나 정책 변경 시에 사업의 지속성을 위협하게 됩니다. 지자체장이 바뀌고 단장이 바뀌고 이렇게 되니까, 실제로 사업이 끊기는 경우를 우리가 지금 경험하고 있지 않습니까? 결국은 시민사회의 자율성과 주도성을 약화하는 요인으로 작용합니다.

　두 번째는 사업 중심으로 관계가 형성되면서, 주민 참여를 제한하게 되는 결과를 초래한 측면이 있습니다. 무슨 얘기냐면 주민 참여를 형식적인 수준에서 머무르게 했다는 것입니다. 즉 이전에는 주민단체나 시민단체가 활동 자체가 자기 목적이었다면, 이제 사업을 중심으로 관계가 형성되면서 그 사업에 필요한 정도의 '일'로서 주민을 만나거나, 시민을 만나게 되었다는 의미입니다. 주민 참여를 형식적인 수준에 머무르게 하고, 행정 의도와 목표에 부합하는 방향으로 참여를 유도하게 됩니다. 그런 점에서 진정한 주민 참여와 주민 주도성을 발현하는 데는 오히려 방해 요소로 작용한 측면이 있다고 말씀드릴 수가 있습니다.

　세 번째는 행정과 거버넌스를 형성하지만, 행정의 입장에서 보면 이 거버넌스를 통해서 성과를 내야 합니다. 또 재원을 투입하기 때문에, 몇 사람이 얼마나 많은 일을 수행했는가를 중심으로, 즉 단기적인 성과를 중심으로 평가받게 됩니다. 그것을 거버넌스에 요구하게 되는 것입니다. 그러다 보니, 지속가능한 시민사회 발전보다는 단기적인 성과를 추구하고, 그 성과를 내기 위해 파트너인 시민사회가 동원되었던 측면이 분명히 있습니다. 실제적인 문제 해결보다는 성과지표 달성에 초점을 맞출 수밖에 없는 상황이 초래하였습니다. 거버넌스의 중심에 서 있었던 중간지원조직의 대표라는 사람이 나와서, 민관거버넌스를 설명하면서, 서울시에서 몇만, 몇십만 명이 이 공간에 참여했고, 그다음 지급된 돈은 얼마고, 이런 숫자를 쭉 나열하는 것을 보면서, 이게 행정의 시각이 저렇게까지 침투가 되는구나 하는 것을 느끼며 슬픈 마음이 든 적이 있었습니다. 이것이 대표적으로 성과 중심의 접근입니다. 주민 주도성이라는 것이 그렇게 성과로 표현이 될 수 있는 것입니까?

활동으로 전환을 위해서 몇 가지 제언을 드리겠습니다. 주민 중심 활동으로 회복이 돼야 합니다. 사업에서 활동으로 여기서 말하는 활동이라고 하는 것은 만남과 연대를 통한 운동을 의미하는 겁니다. 활동이라고 하는 것은 의지를 갖고 사람을 만나서 그 사람과 상황을 공유하고 공감대를 형성하면서, 스스로 변화해가는 역동적인 과정이라고 볼 수 있습니다. 그래서 아렌트 같은 사람은 인간을 인간답게 만드는 것은 활동이라고 얘기했습니다. 만남과 활동이 주민 삶과 직결된 문제 중심으로 이루어져야 하고요, 주민 스스로가 문제를 인식하고 해결 방안을 모색할 수 있는 자율적인 환경을 조성해야 합니다. 이렇게 거버넌스가 있기 전부터 사실은 주민 활동가들은 이런 활동을 중심으로 사람을 만나 왔던 것입니다. 그것이 사업이라고 하는 것으로 대체된 측면들이 있지만, 여전히 활동을 해왔던 많은 분이 또 계시는 것도 사실입니다. 사업이 갖고 있었던 문제점을 충분히 성찰하면서 어떻게 이 활동력을 회복할 것인가 하는 문제의식이 필요하다는 관점에서 말씀을 드렸습니다.

결국은 주민 주도성을 강화해야 합니다. 주민이 직접 활동의 방향을 설정하고 실행할 수 있도록 지원하는 구조로 전환해야 합니다. 사업이 아니라 자신의 문제를 논의하고 결정할 수 있는 공간 형성이 중요하고, 행정은 이를 지원하는 역할을 해야 합니다. 또한 단기적인 성과보다는 장기적인 관점에서 거버넌스를 구축할 필요가 있습니다. 그래서 지역 사회와 시민사회 간에 장기적인 발전을 목표로 거버넌스를 형성해야 합니다. 행정의 시간표는 1년 단위로 만들어지지만, 우리 삶의 영역은 1년 단위로 만들어지는 것이 아닙니다. 결국은 이 삶의 영역이 변화되기 위해서는 보다 더 장기적인 관점을 가지고, 거버넌스를 형성할 수밖에 없습니다. 지속 가능한 시민사회 활동 그리고 그 관점 속에서 어떻게 하면 지속 가능한 시민사회 기반을 형성할 것인가, 어떻게 하면 주민의 삶의 질을 더 좋게 변화시킬 것인가 하는 관점에서 민관협력을 만들어야 합니다.

[제30강] 주민주권 강화를 위한 활동 방향2

공론장을 위한 조건과 과제 마지막 시간입니다. 오늘 말씀드릴 내용은 집단과 조직에서 네트워크화된 개인으로, 돈에서 즐거움과 의미로, 마지막으로는 요구와 저항에서 권력 형성으로라고 하는 주제를 가지고 말씀을 드리겠습니다. 어떻게 생각하면 좀 복잡하고 어려운 얘기 같지만, 우리 현실을 돌아보면 금방 이해가 갈 수 있는 이야기들입니다.

집단과 조직에서 네트워크화된 개인으로

집단과 '조직에서 네트워크화된 개인으로'라고 하는 주제를 가지고 살펴보겠습니다. 전통적인 운동 방식과 현대사회의 변화를 좀 살펴보면, 과거 운동은 동일한 정체성과 이념을 공유하는 사람을 중심으로 만든 조직에 기반했습니다. 우리가 대표적으로 노동운동이라든가 농민운동이라든가 도시빈민 운동 등이 그런 방식이었습니다. 그 규모라고 하는 것은 동질성과 같은 이념에 기반해서 성장을 하는 것입니다. 즉, 동일성이 지배하는 사회에서는 운동의 크기라고 하는 것은 거기에 결합하고 있는 동질성을 가진 사람의 수와 집단의 규모, 내부의 규율의 단단한 정도, 동질성에 관한 동의 수준 이런 것들에 의해서 그 조직의 힘이 결정되게 됩니다. 그래서 많은 사람을 동일한 이념으로 결집해서 영향력을 확대하는 것이 가능하다는 믿음에 기반하고 있습니다.

그렇지만 우리가 디지털 정보사회가 되고 AI 중심 사회로 전환하면서, 이런 조직 단위의 중요성은 점점 감소하고 있습니다. 지금은 개인 중심의 시대라고 얘기합니다. 그런데 이 개인이라고 하는 것이 주변에 있는 모든 것들과 관계를 끊은 고립된 개인일 수도 있지만, 어떤 사안이나 어떤 문제를 중심으로 네트워크를 형성하는 네트워크화된 개인일 수도 있습니다. 지금 말씀드리는 것은 어떤 사안을 중심으로 네트워크로 엮인 개인들을 중심으로 말씀을 드리는 것입니다. 현재 우리의 부가가치는 노동보다는 창의성, 정보처리 능력, 독창성, 신기술, 이런 것들에 더 크게 의존하고 있습니다. 그 부와 생산의 기본 단위가 개인화되고 있습니다. 그런데 그 개인은 고립된 단독자로서 보다는 문제 중심의 이벤트, 문제를 중심으로 서로 연결된 네트워크화된 개인이라 말씀을 드릴 수가 있습니다.

이런 네트워크화 된 개인의 시대가 갖는 특성과 장점을 몇 가지 살펴보겠습니다. 네트워크는 시간과 장소의 구애를 받지 않는 유동적이고 변화 가능한 관계의 망입니다. 또 말 그대로 틀처럼 엮여있기 때문에 문제의 성격이 변함에 따라서, 그 구성이나 형태나 구성원도 바뀌게 되는 것입니다. 예를 들어볼까요? 지역에서 사람이 일상적으로는 개개별로 다 이렇게 살아가지만, 동네에 소각장 문제가 등장하는 순간, 그 소각장 문제를 중심으로 다양한 관심을 가진 다양한 사람이 네트워크를 형성하게 됩니다. 그런데 그 네트워크라고 하는 것은 사안의 성격이나 상황이라든가 이런 것에 따라서 계속해서 유동하게 됩니다. 그 구성과 이슈와 이런 행동이 계속해서 변화하는 유동적인 상황 속에서 관계가 형성되는 것입니다.

근데 이 네트워크화 된 개인중심 사회의 큰 특징 중 하나는 이전과 같은 조직 중심의 사회와는 다르게, 구성과 운영에 있어서 고정 비용이 별로 발생하지 않는다는 것입니다. 네트워크에 결합하는 것은 자발적으로 결합하는 것이고, 그것을 유지하기 위해서 사무실을 둔다든지 이렇게 별도에 조직을 구성해서 운영하기 위해서 들어가는 고정 비용이 별로 필요 없습니다. 여기서는 오히려 개인의 자유와 자율성이 굉장히 필요하고, 또 필요에 따라서 자유롭게 참여하고 이탈할 수 있게 됩니다. 누가 관리하는 것이 아니라 스스로 결정하는 것이기 때문입니다. 이 네트워크화된 개인 중심의 사회에서는 조직과 위계에 기반한 전통사회와는 다르게, 활동을 위한 새로운 관계 형성이 계속 요구된다는 것입니다. 이 변화된 시대에 맞는 네트워크 중심의 관계망은 이전과는 다르게, 대단히 비용 효과적일 수밖에 없습니다. 또 관심 있는 주제를 중심으로 결합하게 되는 것이고, 논의를 통해서 구성과 운영 방식을 자율적으로 결정할 수 있고, 또 누구든지 출입이 자유롭습니다. 그런 점에서 공론장과 네트워크 중심의 관계망은 그 성격상 굉장히 유사한 측면이 있다는 것을 느낄 수 있습니다.

돈에서 즐거움과 의미로

다음으로는 '돈에서 즐거움과 의미로'라는 어떻게 보면 다소 좀 철학적인 냄새가 나는 말씀을 드리겠습니다. 많은 사람이 활동하려면 돈이 있어야 하는 것 아닌가 하는 얘기를 굉장히 많이 합니다. 조직을 만들어야 하고 운영하기 위해서는 '돈이 있어야 한다' 이런 생각입니다. 그런데 이게 사실일까요? 이전에는 사실이었습니다. 그렇지만 디지털 정보사회에서 사람이 자발적으로 모인다면, 활동의 동기는 돈보다는 자발적으로 모인 사람에게 즐거움과 의미를 남길 수 있는가 하는 점이 훨씬 더 중요해집니다. 조직 중심의 활동에는 돈이 필요했습니다. 왜냐하면, 쪽수가 힘이었다고 말씀을 드렸잖아요. 동일성에 기반한 사회에서는 영향력이라고 하는 것은 그 동일성에 동의하는 사람의 규모에 의해서 결정된다고 말씀드렸잖아요. 그리고 또 이 규모를 키우려고 하면 학연 혈연 지연까지 다 불러 모여야 합니다. 사람이 개인적으로 가진 동기보다는 사람 숫자 자체가 중요했기 때문에 그 숫자를 모으기 위한 다양한 방식들을 사용할 수밖에 없었던 것이죠. 쪽수를 불리기 위해서는 관리해야 할 조직이 필요하고 또 쪽수가 불어나면 이것을 관리하기 위한 내부적인 질서 위계가 필요했던 것입니다. 그렇게 하고서는 이렇게 만들어진 조직이 해야 할 일은 전문가를 초빙해서 결정하니, 비용을 지급할 수밖에 없었던 것이죠. 내용보다는 규모를 유지하기 위한 관리비가 필요했던 겁니다.

그런데요. 디지털 정보사회가 되면서 개인의 자율성이 대단히 중요해지고 정보취득과 활동에 돈이 결정적인 요인이 아닙니다. 이제는 온라인을 통해서도 얼마든지 회의할 수 있잖아요. 또 실제로 저도 그렇게 하고 있습니다. 그러다 보니까 고정비용(사무실, 관리비, 직원 인건비 등)이 별로 들지 않습니다. 고정 비용이 그렇게 들어갈 일이 별로 없습니다. 그렇다면 사람이 어떤 이유로 같이 결합해서 활동하게 될까요? 이제는 활동 자체의 의미와 만족감이 굉장히 중요해졌습니다. 즐거움과 재미, 자발성이 점점 중요해집니다. 물질적인 보상보다도 비물질적인 만족감이 점점 중요해지는 것입니다. 동질성이 아니라 개별성, 개인적인 의미를 중시하는 사회이기 때문에, 그런 의미를 그 네트워크가 제공할 수 있는가에 의해서 활동 범위와 영향력이 결정됩니다.

요구와 저항에서 권력 형성으로

마지막으로는 '요구와 저항에서 권력 형성으로'라고 하는 주제로 말씀드리겠습니다. 요구와 저항, 제가 이전에도 몇 번 말씀드린 적이 있는데요. 요구와 저항은 국가나 행정을 상대로 시민이나 주민이 하는 것이죠. 국가를 상대로 압력을 가하기도 하는 것이고, 그런데 그 수용 여부는 누가 결정하나요? 내가 국가나 행정을 상대로 요구하고 저항을 하게 된다면, 그 수용 여부는 당연히 그런 행정 행위를 한 국가나 행정을 향해서 하는 것입니다. 국가나 행정이 결정을 바꾸라고 결정을 취소하라고 요구하거나 저항하는 거 아닙니까? 엄밀한 의미에서 보면 국가나 행정이 의사결정의 주체라고 하는 것이고, 권력의 주체라고 하는 것입니다. 시민은 그런 권력이 행한 행위에 대해서 반응하는 것이죠. 그런 의미에서 국가나 행정이 권력의 주체이고, 시민은 권력의 대상이라고 하는 것입니다. 이렇게 요구와 저항이라고 하는 것은 주체와 객체 혹은 의사결정자와 대상의 관계를 전제하고 있는 것입니다. 국가가 행정권력의 주체이자 의사결정의 주체라고 하는 것을 우리는 암묵적으로 받아들인 상태에서 우리가 할 수 있는 것을 하는 것입니다.

요구와 저항의 결과는 무엇입니까? 불만을 무마하거나 시혜를 베푸는 수준으로 처리됩니다. 일반적으로 행정이나 국가는 시민이나 주민의 요구를 '권리'로 보장하지 않습니다. 될 수 있으면 개개별 민원 혹은 개별적 처리를 하려고 합니다. 주민에게 보편적인 권리를 부여하는 방식으로 문제를 해결하지 않습니다.

그리고 요구나 저항이 자신들에게 위협이 된다고 할 때는 언제든지 법이 허용하는 공권력을 동원해서 제압합니다. 우리가 반드시 알아야 할 것들이 있습니다. 요구와 저항이라고 하는 것은 어떤 특정한 사안, 자신의 권리나 이해관계와 관련된 한정된 문제를 개선하는 효과가 발생합니다. 그러나 국가와 시민의 관계를 근원적으로 변화시키지는 못합니다. 현재는 권력의 주체이고 시민은 주권재민이 명분만 있지 실제로는 국가권력에 대상화되는 것입니다. 따라서 관계 개선이라고 하는 것은 어떤 사안에 대한 요구나 저항을 관철하는 것으로 되는 것이 아니라, 국가와 시민 간의 관계 개선은 종국으로 국가권력과 시민사회 권력 간의 상호 영향력에 의해서 결정되는 것입니다. 그리고 그 영향력의 핵심은 상대에 대한 통제력의 정도에 의해서 결정됩니다. 즉 국가와 시민사회는 본질적으로 권력 관계이고, 그 권력 관계는 상대를 어느 정도까지 통제하고 견제할 수 있는지에 의해서 결정됩니다.

그런데 그런 관점에서 볼 때, 국가권력은 끊임없이 시민사회를 견제하고 통제하지만, 우리의 경우에 시민사회가 국가권력이나 행정권력을 통제하는 통제력은 대단히 빈약하다, 이렇게 말씀을 드릴 수밖에 없습니다. 바로 그 통제력이라는 것은 요구와 저항만을 의해서 생기지 않습니다. 그 힘은 시민사회 내에서 스스로 힘 혹은 권력을 만들어내는 노력으로 형성되는 것이라고 누차 말씀드렸습니다. 그리고 그것이 공론장을 통한 의사소통 권력입니다. 이런 의사소통 권력을 스스로 생산해 가는 과정이 없이는 결코 국가권력과 시민사회 권력은 상호 견제와 통제력을 회복하기 어렵습니다.

우리가 주권을 형성하는 길로 가기 위해서는 공론장을 통한 주민 간 토론과 합의가 필요하고요. 그렇게 해서 형성된 뜻과 의지를 제도화하는 과정에서 국가권력과 만나게 됩니다. 그 과정에서 담론이 형성된다고 말씀드렸습니다. 우리가 그 과정에서 의사소통 권력이라고 하는 것을 확인하게 된다는 말씀도 드렸습니다. 우리가 이렇게 공론장을 통해서 스스로 뜻과 의지를 형성하는 그 과정에서 권력이 발생하게 됩니다. 수평적인 권력이 발생하게 되면서 그 수평적인 권력의 정도, 역량의 정도에 따라서 국가에 대한 실질적인 통제력과 견제력이 생깁니다.

우리에게는 요구와 저항의 시대가 있었습니다. 그리고 여전히 많은 부분에서는 요구와 저항이 불가피한 측면도 많습니다. 아직도 국가권력이 일방적이고 무리한 통치를 지속하는 측면이 사라진 것은 아니기 때문입니다. 그런 부분에서는 요구와 저항이 불가피합니다. 저는 요구와 저항이 필요 없다는 것이 아니라, 이제는 요구를 넘어서 우리 스스로 권력을 형성하는 길로 가야 한다는 것입니다. 그럴 때야만 진정으로 국가권력과 시민권력이 서로를 견제하면서 국가는 국가대로 자기 변화를 계속해 나갈 것이고, 시민사회는 시민사회 나름대로 자기 변화를 계속해 가면서 국가는 더 번영할 수 있고, 시민은 더 자유로울 수 있게 될 것입니다.

실천편

chapter *1*

공론장 구성 요소

[제31강] 공론장 개념과 의미

공론장을 실제로 우리가 만들어 가는데 필요한 내용을 중심으로 강의
하겠습니다. 공론장 실천편은 크게 나누면 다음과 같이 세 가지로 나눌
수 있습니다. 공론장을 구성하는 구성 요소, 공론장을 실제로 설계하고
진행하는 구체적인 절차와 과정, 진행 방법에 대해서 말씀드리겠습니다.

일단 그 첫 번째, 공론장 구성 요소를 오늘부터 10강에 걸쳐서 진행합
니다. 강의 주제는 공론장 개념과 의미, 구성과 운영원칙, 구성 요소 이
런 내용으로 주로 이루어져 있습니다. 순서는 공론장의 개념과 의미, 공
론장의 구성적 특징, 구성과 운영원칙, 구성 요소에 대해서 자세하게 알
아보도록 하겠습니다. 사안부터 사안 제안, 공론장을 구성하는 사람들,
아젠다(의제) 설정을 어떻게 하는지, 절차는 어떤 기준에 의해서 절차를
형성하는지, 공론장에서 나온 내용을 어떻게 행정기관이나 의회 등에서
지원할 것인지 이런 내용을 중심으로 말씀드리겠습니다.

공론장 개념

공론장의 원래 의미가 무엇인지를 다시 상기한다는 의미도 있고, 그런
가 하면 공론장과 다른 공간과는 어떤 차이가 있는지를 좀 부각해서 말
씀드리고 그 의미를 도출해 보도록 하겠습니다.

첫 번째 공론장 개념에 대해서 여러 차례 말씀드렸는데요. 공론장 개
념을 한마디로 얘기한다면 생활세계, 삶에 대한 논의 공간이다 이렇게
가장 넓은 의미로 말씀을 드릴 수 있습니다. 하버마스 같은 경우에는 자
유롭고 평등한 시민들이 공동의 관심사에 대해서 다양한 의견을 교환하
고 논의하는 개방된 공간이다 이렇게 개념 정의했습니다. 그다음에 무엇
보다도 의사소통적 합리성을 통해서 문제 해결에 필요한 절차적 정당성

을 형성하는 공간이다 이렇게 볼 수 있습니다. 아렌트 같은 경우에는 말과 행위를 통해서 자신을 드러내는 공간, 다수 사람이 모인 상황에서 대화와 행동을 통해서 자신을 드러내는 공간으로 공론장을 정의했습니다. 공론장의 개념을 부각하기 위해서 우리가 이제 공론화와 공론장의 차이를 조금 부각해서 말씀드리겠습니다.

공론화와 공론장

우리가 '신고리5·6호기 공론화' 이런 말 많이 쓰잖아요. 공론화라고 하는 것은 2005년 재경부에서 부동산 정책 관련해서 공론 조사를 하면서 시작되었습니다. 2008년에는 국토부가 부산 북항 재개발 관련해서 공론 조사를 한 적이 있습니다. 2015년에는 사용 후 핵연료 공론화위원회를 출범시켜서 소위 말하는 공론화 제언문이라고 하는 것을 작성한 적이 있습니다. 그리고 여러분들이 잘 아시는 2017년 총리실이 주관해서 〈신고리5·6호기 건설 제기 여부 공론화〉를 실시한 적이 있습니다. 그 이후에 국가 차원에서 또는 광역 지자체 차원, 기초 지자체 차원에서 이 공론화라고 하는 것이 봇물 터지듯이 확산되었습니다. 그런데 이런 공론화에 대한 엇갈린 반응들이 나왔습니다. 정부나 행정기관 같은 곳에서는 공론화야말로 참여민주주의이고 숙의민주주의에 기반을 둔 것이라고 자평을 했습니다. 그런데 시민사회 시민단체 등에서는 이렇게 시민들에게 참여 기회를 부여한다는 점에서 처음에는 긍정적으로 평가를 했지만, 이후에는 국가가 안고 있는 골치 아픈 것들을 시민들한테 넘기는 것 아니냐고 얘기를 하면서 이런 공론화가 남발되는 것에 대해서 우려를 표명하기 시작했습니다. 특히 이제 정책의 정당성을 정치를 책임지고 있는 사람들의 정치적 책임에 두기보다는, 오히려 그 정당성에 대한 책임을 시민들에게 떠넘기는 것 아니냐고 문제를 제기하기도 합니다.

시민 입장에서 보면, 이 공론화라고 하는 것이 무작위 추출 이런 방식을 취하다 보니, 자발적 참여 자체가 불가능합니다. 그리고 이게 숙의 과정이라고 하는 것이 있는데, 대단히 형식적으로 이루어지고 사실은 변형된 선호 투표에 지나지 않으면서, 정작 자기가 하고 싶은 얘기를 전혀 하지 못하는 이런 상황에 대해서 불만을 품기 시작했습니다. 또 소수자에 대한 배려가 없는 등의 문제를 지적하기도 했습니다. 결과적으로 시민은 행정이 주도하는 공론화를 대단히 형식화된 요식적인 행위에 불과하다고 하는 의견을 많이 갖게 되었고, 빈번한 참여로 인해서 참여에 의한 피로감 같은 것을 호소하기도 하고 있습니다. 이렇게 정부가 주도하는 공론화에 대해서 평가를 몇 가지 차원에서 해보겠습니다.

첫 번째는 행정 중심입니다. 이 행정 중심이라고 하는 것은 공론화의 주제 또 참여, 절차 등에 관해서 행정이 주관한다는 것일 뿐만 아니라, 그 주제가 행정이 결정하고 싶어 하는 내용이라고 하는 의미를 동시에 포함하고 있는 것입니다. 행정이 안고 있는 골칫거리를 시민들에게 묻는 방식이죠. 시민들의 문제를 행정이 해결하는 것이 아니고, 행정이 안고 있는 문제를 주민을 동원해서 풀어가는 방식이다 그런 의미입니다.

두 번째는 기구화, 외주화, 사업화입니다. 기구화라고 하는 것은 공론화라고 하는 것을 추진하기 위해서 앞서도 살펴본 것처럼 총리실 혹은 산업부 등 정부 부처 산하 기구를 설치하게 됩니다. 법령 등을 통해 그 내용을 확정한 다음, 그걸 기반으로 공론화가 진행됩니다. 공론화를 실제로 참여한 사람들이 그 내용과 방식을 결정하는 것이 아니라, 외주를 통해서 사업을 진행합니다. 용역회사를 통해서 사업을 진행합니다. 저는 바로 이 부분이 아주 많은 문제를 안고 있다고 봅니다. 예를 들면, 산업부가 공론화를 추진하면서 그 용역 회사를 누가 정하나요? 산업부가 당연히 경쟁 입찰 등을 통해서 용역 업체를 선정하게 됩니다. 그 용역 업체가 정말로 시민들의 입장을 충분히 대변할 수 있을 정도로 공정성과 객관성을 가질 수 있을까요? 그렇지 않습니다. 사실상은 행정의 입장을 간접적으로 대변하는 방식으로 사업을 진행하는 것이 현실입니다. 이러다 보니, 공론화라고 하는 것도 하나의 사업영역이 되어서 이곳저곳에 공론화를 위한 회사들이 설립돼서 일종의 돈벌이 수단이 되어 있는 것이 현실입니다. 이렇게 해도 괜찮은 건가요?

세 번째는 형식적인 논의와 선호 투표 방식이라고 볼 수 있습니다. 논의 과정이 부재하거나 취약하다는 것입니다. 공론장에 참여했던 거의 모든 사람이 얘기하는 것이 실제로 이견이 해소되지 않았다, 논의 기회가 없었다, 또 쟁점에 관한 의견을 충분히 개진하고 내용을 상호이해할 수 있는 과정이 없었다고 얘기합니다. 또한, 사안의 특성을 고려하지 않는 천편일률적인 방식도 문제입니다. 소위 말하는 공론 조사라고 하는 아주 특별한 경우에 쓰이는 방식을 대부분 용역 회사들이 매뉴얼로 갖고 있으면서, 신고리 5·6호기, 광주 도시철도, 제주 녹지병원이든 어마어마하게 다른 사안임에도 불구하고 한 가지 방식을 가지고 그대로 적용을 하는 것입니다. 굉장히 무리가 따를 수밖에 없는 것입니다. 공론장의 추진 방식이라고 하는 것은 그 사안의 성격과 사람들의 인적 구성과 공론장의 목적에 따라서 거기에 맞게 설계가 이루어져야 하는데, 그런 것은 없었습니다. 그냥 하나의 매뉴얼을 가지고 약간씩 변형만 하면서 의사결정을 하는 방식이죠. 결국은 쟁점 없는 형식적인 논의와 선택이 반복돼왔다고 평가할 수 있습니다.

네 번째는 동원 방식입니다. 대부분 공론화는 동원 방식으로 진행됩니다. 소위 무작위 추출 방식으로 인해서 참여 기회를 사실은 제한당하는 것입니다. 자기가 공론장에 참여하고 싶어도 무작위 추출되지 않으면 참여할 수 없는 것입니다. 또 참여하고 싶지 않아도 우연히 선택될 수도 있습니다. 또한, 사회적 소수자에 대한 배려가 없습니다. 결국, 행정에 의한 공론화라고 하는 것은 그 동원 추출 방식에 있어서 불만을 무마하기 위한 기계적 평등을 추구하는 정도에 지나지 않습니다.

공론장의 의미

다음으로 공론장의 의미에 대해서 살펴보겠습니다. 공론장의 의미에 대해서 이전에 많이 살펴봤는데 핵심적인 내용을 다시 상기하면서 말씀드리겠습니다.

첫 번째는 삶의 현장에서 시작이 돼야 합니다. 우리 일상생활에서 맞이하는 공동의 관심사, 해결해야 할 과제를 대상으로 하는 것이고, 국가나 지역적 수준뿐만 아니라 삶에서 직면하는 공동의 문제들로부터 시작하는 것이 공론장입니다.

두 번째는 공론장은 나를 대표하는 공간입니다. 우리 생활문제를 다루는 공간임과 동시에 내가 관심이 있는 주제에 대해 논의하는 공간입니다. 또한, 문제를 타인에게 맡기는 것이 아니라, 공론장의 주인으로서 내가 참여하는 공간입니다. 그래서 바로 내가 우리가 공론장의 제작자이자 참여자이고 그 결과를 제도적으로 반영하기 위해서 노력하는 사람이라는 의미를 지닙니다. 공론장의 주인은 바로 사안에 관해서 관심 있는 자라고 하는 것이 공론장의 의미라고 볼 수 있습니다.

세 번째는 공론장은 유일하게 '의사소통'이라는 방식을 통해서 진행된다고 하는 것입니다. 문제를 해결하는 방식은 굉장히 다양합니다. 돈이라든가 권력, 사회적 지위 등 다양한 방식이 있는데, 공론장에서 진행하는 유일한 방식은 의사소통입니다. 어떻게 보면 너무나 당연한 얘기 같지만, 너무나도 뚜렷한 특징입니다. 토의와 논쟁의 중심 공간이고, 소통을 통해 문제 해결을 추구하는 공간이고, 소통을 통해 상호이해와 공감을 목표로 하는 공간입니다.

네 번째는 공론장의 궁극적인 목적은 권리의 제도화입니다. 단순한 토론 공간이 아닌, 법과 제도를 통한 권리 확보를 최종적인 목적으로 하는 공간입니다. 그리고 사람들의 모아진 뜻과 의지를 사회적, 정치적으로 실현하기 위해서 노력하는 공간이라고 하는 것이 공론장의 의미이자 특징입니다. 따라서 공론장은 살아 있는 민주주의를 위한 학습 공간이기도 합니다. 우리 같은 경우에 4년에 한 번씩 선거를 통해서 국민의 권리를 행사하잖아요. 그러면 그사이에는 권리 행사를 못 하는 것인가요? 그 사이에는 민주주의가 이루어지지 않는 것인가요? 그 사이에는 그냥 대표자들이 대표권을 행사하면 되는 건가요? 시민은 언제나 공적 관심사를 논의하고 제안할 자유와 권리를 갖고 있습니다. 따라서 일상의 모든 영역에서 일상적으로 의견을 형성하는 것이 가능한 것이잖아요. 민주주의라고 하는 것은 선거라고 하는 정치적 이벤트가 아니라 우리 생활의 필수적인 부분이고 일상적인 부분이라는 점입니다. 그래서 공론장 전 과정이 민주주의 형성과 실현의 공간입니다.

공론장의 역할과 기능

마지막으로 공론장의 역할과 기능에 대해서 간략하게 정리해보도록 하겠습니다. 첫 번째는 사회적 합의를 도출하는 공간입니다. 다양한 관점과 이해관계를 조율하면서 사회적 합의를 도출하는 공간입니다.

두 번째는 정보를 공유하고 확산하는 공간입니다. 중요한 사회적 정치적 문제에 대해서 정보와 지식을 공유하고 확산하는 공간입니다.

세 번째는 사회적 통합력을 형성하는 공간입니다. 앞서 말씀드린 것처럼 소통을 통해서 상호이해와 공감대를 형성하면서 사회적인 통합력을 높일 수가 있게 됩니다.

마지막으로는 민주적 정당성을 강화하는 공간입니다. 시민이 사회적 문제에 대해서 참여해서 의견을 내고 그 만들어진 의견을 제도적으로 반영하기 위한 공간입니다. 즉 민주주의 사회에서 민주적인 정당성을 강화하는 공간이라고 말할 수 있습니다.

[제32강] 공론장의 구성적 특징
- 공론장과 토론회, 갈등관리는 뭐가 다르죠?

공론장 구성 요소 두 번째 시간에는 공론장의 구성적 특징에 대해 공부를 하겠습니다. 공론장의 구성적 특징이란 공론장과 갈등관리, 갈등조정위원회, 그 외 정부 각종 위원회 이런 것들하고 뭐가 다른지 살펴보는 것입니다. 여기에는 논의 방식, 예를 들면 협상이라고 하는 방식과는 뭐가 다른지, 다른 여타의 회의들과 어떤 점에서 차이가 있는지를 살펴보겠습니다. 그렇게 살펴보면 우리가 공론장이라고 하는 것의 특징을 훨씬 더 구체적으로 알 수가 있습니다. 실제로 현장에서 많은 분께 질문을 받습니다. "공론장이라고 하는 것이 정부가 하는 토론회나 설명회, 이런 것하고 뭐가 달라요?" 또는 "정부에서 하는 갈등관리하고 뭐가 다른가요?" 또, "사적 영역에서 하는 협상하고 공론장은 비슷한 건가요? 다른 건가요?" 여러분은 어떻게 생각하세요? 공론장은 이런 각종 토론 협상이나 갈등관리하고 뭐가 다를까요? 모든 차이를 세부적으로 다 말할 수는 없지만, 적어도 다른 방식의 논의 구조하고 공론장이 핵심적인 차이가 어디에 있는지는 정도를 말씀드리겠습니다.

목적의 차이 : 공론장은 이해 나눔이 아니다.

첫 번째는 목적에서 차이입니다. 협상은 최대 이익 실현이 목표가 됩니다. 갈등관리라고 하는 것은 사회적 비용을 최소화하면서 정부 혹은 공공기관이 원하는 그 행정을 원활하게 집행하는 것이 목적입니다. 각종 위원회 역시도 사회적 비용을 저감하는 정부 정책을 무리 없이 진행하는 것을 목적으로 하고 있다고 볼 수 있습니다. 반면에 공론장은 이해 나눔이 아닙니다. 문제 해결 방법으로 타협(妥協)이라 하는 것이 있는데, 객관적인 이유를 들어서 자원을 합리적으로 배분하는 방식이 타협인데, 대표적으로 협상의 목적이 그런 타협안을 만드는 것입니다.

협상의 경우, 이해당사자의 목적은 자신의 이익을 극대화하는 것이지만, 상대가 존재하는 상황에서, 자신의 이익만을 극대화하기 위해 상대를 어르고, 설득하고, 협박하기도 하지만, 상대 역시 같은 목적으로 협상장에 나온 경우, 충돌은 불가피합니다. 이런 상황이 장기화하면, 결국 모두가 손해를 볼 수 있는 상황이 만들어질 수 있으므로, 서로 합리적인 이유에 기반을 두어서 자원을 나눠 갖게 됩니다. 소위 말하는 타협안이 만들어지는 것이죠. 물론 비적대적인 노력을 통해 상호 윈-윈 할 수 있는 대안이 만들어질 수도 있지만, 어떤 경우든 협상의 최종적인 목적인 이익의 극대화인 것은 피할 수 없습니다.

공론장은 그런 협상의 공간이 아닙니다. 물론 공론장이라 해놓고 실제로는 협상장에 머무르는 경우도 많고, 공론장 논의에서 이해관계자 간에 협상이 이뤄질 수도 있으나, 협상이 공론장의 목적은 아닙니다. 공론장의 목적은 개인적 이익의 극대화가 아니라, 참여자가 동의할 수 있는 사회적 합의안을 도출하는 것입니다. 협상은 자신의 이익을 극대화하기 위해 논리적 근거를 중시한다면, 즉 이성을 목적 달성의 수단으로 활용하는 것이라면, 공론장은 의사소통 자체의 합리성을 통해 동의할 수 있는 규범적 질서, 즉 함께 지켜야 할 내용을 구성하는 것이라고 말할 수 있습니다. 공론장은 사적인 개인이나 집단들의 이해를 관찰하기 위한 논의 공간이 아니라, 공동의 관심사를 기반으로 해서 공공의 이익을 실현하는 방안을 합리적으로 모색하는 것이 공론장의 특징입니다. 나아가서 공론장이라고 하는 것은 그런 합리적인 방안을 찾는 것뿐만 아니라, 그렇게 해서 형성된 집합적인 합리성을 통해서 최선의 해결책을 마련하고, 그것을 제도적으로 실현하기 위해서 노력하는 공간입니다.

그런 면에서 보면 협상, 위원회, 갈등관리 등 모든 것이 개인이든 공공기관이든 자신들이 목적한 것을 실현하기 위한 공간이며, 반면 공론장이라고 하는 것은 그 자체가 공동의 관심사를 대상으로 하며 합의를 목적으로 하고 있고, 이해가 아니라 의사소통을 통해서 공공성을 확보하는 것을 목적으로 하고 있다는 분명한 차이가 있습니다. 이해관계 나눔의 공간으로서 협상과 공적 합의를 목적으로 하는 공론장의 차이에 대해서는 별도의 장에서 상세하게 말씀드리겠습니다.

사안의 차이 : 주민이나 시민 다수의 삶에 영향을 미치는 공동의 관심사

두 번째는 논의 주제나 사안에서 차이를 살펴보겠습니다. 다른 토론 방식이 공공기관의 관심사이거나, 특정 집단이나 조직의 이익 혹은 관심사와 관련된 주제를 대상으로 합니다. 협상이 그렇고, 갈등관리가 그렇습니다. 자신들의 관심사를 해결하기 위한 목적으로 논의 공간을 형성하는 것이라고 볼 수 있습니다. 그런데 공론장은 주민이나 시민 다수의 삶에 영향을 미치는 공동의 관심사가 주제가 된다고 하는 점이 차이라고 볼 수 있습니다. 따라서 공공복지나 정의, 평등과 같은 주제들이 그 안에 포함된다고 볼 수 있습니다. 즉, 경제적인 자원 나눔, 자원의 배분에 한정되는 것이 아니라, 가장 합리적일 뿐만 아니라 많은 사람에 의해서 수용될 수 있는 해결인지도 포함됩니다. 그 내용을 형성하는 합리적인 이성을 통해서 내용을 구성하는 방식이라고 하는 점이 명확한 차이입니다.

구성의 차이 : 이해관계자만큼이나 일반 시민 참여 중시

세 번째 구성의 차이에 대해서 살펴보도록 하겠습니다. 협상이나 갈등조정협의회 등 토론 방식은 이해관계자 중심으로 구성되어 있습니다. 그래서 특정한 집단이나 특정한 관심사와 관련된 사람들로 구성이 되는 것이 특징입니다. 위원회 같은 경우에는 특정한 주제에 대한 전문가들, 혹은 특정 이익을 대변하는 사람들로 구성되는 경우가 많습니다. 다른 토론 방식에 있어서 구성적 특징은 그 특정한 사항과 관련된 이해관계자 또는 전문가가 중심이 돼서 논의 구조를 형성한다고 하는 것입니다. 공론장은 개방성과 포괄성을 늘 강조합니다. 누구나 참여하고 누구에게나 개방된 공간이라고 말씀을 드렸습니다. 그래서 관심 있는 모든 사회 구성원이 참여할 수 있는 환경을 적극적으로 추구합니다. 또 차별이 있어서 안 되고 오히려 다양성을 존중하고 사회적 소수자가 참여할 수 있도록 적극적으로 노력을 하게 됩니다. 공론장에서는 이해관계자만큼이나 일반 시민의 참여를 중시합니다. 즉, 공론장에서는 이해관계자뿐 아니라, 해당 사안에 관한 관심만으로도 참여 자격을 얻게 되는 것입니다. 해당 사안에 관해서 직접 관심 있는 모든 사람에게 개방성과 포괄성을 추구하고, 다양성을 존중하며, 소수자에 대해서 배려를 하는 이런 점에서 공론장은 구성적으로 차이가 있고 말할 수 있습니다.

절차상의 차이 : 개방성과 평등성, 합리성에 기반을 둔 자발적 절차 구현

네 번째는 절차상에서 차이입니다. 다른 토론 방식이라고 하는 것은 그 절차를 보면 대단히 경쟁적이고 대립적인 요소를 강조하고 있습니다. 상대의 주장에 대해서 논박을 하는 이런 것을 생각을 해보면, 차이를 부각하는 것이 굉장히 중요합니다. 그래서 협상 같은 경우에는 자신에게 최대한 유리한 전략을 구사하는 것이 잘된 협상이라고 합니다. 공정성 혹은 타당성이라고 하는 말들을 사용하지만, 자신의 주장을 합리화하기 위한 수단으로 이용할 뿐입니다.

반면에 공론장이라고 하는 것은 개방성과 평등성, 합리성에 기반을 둔 절차를 대단히 강조합니다. 그리고 이 절차를 실제로 공론장에서 구현해야 합니다. 모든 참여자에게 동등한 발언권을 제공하는 것이 대단히 중요하고, 정보 공유와 합리적인 논증을 중시하고, 그런 기회를 참여자들에게 동등하게 부여해야 합니다. 공론장은 그 공론장을 어떻게 구성하고 운영할 것인가 하는 것을 외부에 있는 누군가가 정하는 것이 아니라, 공론장에 참여한 사람들이 스스로 정한다고 하는 것이 큰 특징입니다.

보충 〈공론장에서 협상과 공적 합의의 균형〉

협상과 공론장을 통한 공적 합의의 차이를 명확히 이해하기 위해서는 그들의 본질적 특성과 철학적 기반을 비교해 보는 것이 중요합니다. 협상은 주로 각 이해관계자의 구체적인 이익을 중심으로 진행되며, 타협과 교환을 통해 합의를 도출하는 과정을 강조합니다. 이 과정에서 참여자들은 자신의 이익과 욕구를 명확히 하고, 상호 간의 합의점을 찾기 위해 노력합니다. 협상은 비공개로 진행되는 경우가 많으며, 참여자 간의 신뢰 구축이 필수적입니다. 이러한 접근은 경제적 효율성과 개인주의적 관점에서 중요한 역할을 하며, 도구적 합리성(instrumental rationality)에 기반을 둡니다. 도구적 합리성은 특정 목표를 달성하기 위한 최적의 수단을 찾는 과정으로, 각자의 이익을 최대화하려는 경향이 있습니다.

반면 공론장을 통한 공적 합의는 공공성을 도출하기 위해 다양한 의견을 자유롭게 교환하고, 이를 통해 사회적 합의를 형성하는 과정을 중시합니다. 이는 단순히 개인이나 집단의 이익을 넘어서 공동체 전체의 공공선을 추구하는 것을 목표로 합니다. 공론장은 특정 개인이나 집단의 이익이 아니라 다수의 공통관심사를 기반으로 논의가 이루어지며, 사회 전체의 공공선을 중심으로 진행됩니다. 이는 투명성과 책임성을 높여주며 민주적 정당성을 부여합니다. 또한, 공론장은 심도 있는 논의를 통해 다양한 의견을 종합하고, 이를 바탕으로 사회적 합의를 도출하는 숙의성을 강조합니다. 이는 하버마스(Jürgen Habermas)가 제시한 소통적 합리성(communicative rationality)에 기반하며, 상호이해와 합의를 통해 공공성을 추구하는 과정을 강조합니다.

철학적으로 볼 때, 이해 중심의 협상은 주로 도구적 합리성에 기반하고, 공론장을 통한 토론은 소통적 합리성에 기반을 둡니다. 도구적 합리성은 목표 달성을 위한 최적의 수단을 찾는 과정으로 각자의 이익을 극대화하려는 경향이 있습니다. 이러한 접근은 시장경제나 개인주의적 관점에서 중요한 역할을 합니다. 반면 공론장을 통한 토론은 소통적 합리성에 기반하며, 이는 진리, 올바름, 성실성 등의 규범적 기준을 바탕으로 참여자들이 자유롭게 의견을 교환하고 이를 통해 사회적 합의를 형성하는 것입니다.

이해 중심의 협상과 공론장을 통한 토론은 그 목적, 과정, 철학적 기반에서 명확한 차이가 있습니다. 협상은 개인이나 집단의 이익을 중심으로 한 타협과 교환의 과정이라면, 공론장을 통한 토론은 공공선을 중심으로 한 심의와 합의의 과정입니다. 이러한 차이는 민주주의와 시민사회의 기능과 역할을 이해하는 데 있어 중요한 기준이 됩니다. 협상은 주로 직접적인 이해관계자들이 참여하며, 각자의 이익을 극대화하는 동시에 상호 수용 가능한 타협안을 찾는 것이 목표입니다. 반면 공적 합의는 포용성과 투명성을 기반으로 하며, 다양한 이해관계자뿐만 아니라 일반 시민, 전문가, 시민단체 등 광범위한 참여자들이 포함됩니다. 공적 합의의 목표는 공동체 전체의 공공선을 추구하며 사회적 합의를 도출하는 것입니다.

협상과 공적 합의는 각각의 독특한 특징과 구조로 되어 있으며 이를 이루기 위한 토론 공간과 구성 요소 또한 다릅니다. 협상은 이해관계자 중심의 과정으로, 각자의 이익을 조정하고 타협을 통해 합의를 도출하는 것이 목표입니다. 협상을 위한 토론 공간과 구성 요소는 이해관계자, 목표, 비밀성, 시간제한 등으로 구성되며, 이는 주로 구조화된 대화와 조정자의 역할이 중요합니다. 반면 공적 합의는 포용성과 공공성을 기반으로 한 과정으로, 사회 전체 이익을 추구하는 것을 목표로 합니다. 이를 위한 토론 공간과 구성 요소는 포용적 참여자, 목표, 투명성, 심의 등으로 구성되며, 공론장과 숙의민주주의가 중요한 역할을 합니다.

이해관계자 중심의 협상과 공론장을 통한 공적 합의의 과정은 여러 가지 측면에서 차이가 있습니다. 이해관계자 중심의 협상은 주로 각자의 이익을 조정하고 타협을 통해 합의를 도출하는 것을 목표로 하며, 비밀성을 유지하고 제한된 시간 내에 결론을 도출하는 것이 특징입니다. 반면 공적 합의는 포용성과 투명성을 중시하며, 다양한 이해관계자와 일반 시민의 참여를 통해 공공선을 추구하고 장기적이고 심도 있는 심의를 통해 사회적 합의를 도출하는 것을 목표로 합니다.

따라서 협상과 공론장을 통한 공적 합의는 참여자들의 이익과 목표, 절차적 투명성, 논의 방식에서 차이가 있으며, 이러한 차이를 이해하고 적절히 활용함으로써 공공 문제 해결에서 최적의 결과를 도출할 수 있습니다. 협상은 주로 이해관계자 중심으로 진행되며 비밀성, 타협, 시간제한 등을 특징으로 하지만, 공적 합의는 포용성과 투명성을 중시하며 다양한 이해관계자와 일반 시민의 참여를 통해 공공선을 추구합니다. 이러한 차이점들을 이해하고 적절히 활용함으로써 공공 문제 해결에서 최적의 결과를 도출할 수 있습니다.

이와 같은 분석을 통해 우리는 협상과 공적 합의가 각각의 특성과 장단점을 가지고 있으며, 이를 통해 공공 문제 해결에서 보다 효과적이고 공정한 결과를 도출할 수 있음을 알 수 있습니다. 협상은 현실적인 문제 해결에 효과적이지만, 공익을 충분히 반영하지 못할 위험이 있습니다. 반면 공적 합의는 공공성을 확보하는 데 중요한 역할을 하지만, 비효율적일 수 있습니다. 따라서 협상과 공적 합의를 조화롭게 통합하여 공공 문제 해결에서 최적의 결과를 도출하는 것이 중요합니다. 이를 위해 다양한 참여자들의 의견을 균형 있게 반영하고, 투명하고 공정한 절차를 통해 사회적 신뢰와 정당성을 확보하는 것이 필요합니다.

[제33강] 공론장의 구성과 운영원칙(1)
- 자율성, 포괄성, 투명성

　공론장의 구성 요소 세 번째 시간으로 공론장 구성과 운영원칙에 관해서 공부하도록 하겠습니다. 공론장 구성과 운영원칙은 세 차례로 나누어서 살펴볼 건데요. 오늘은 그 가운데 자율성, 포괄성, 투명성에 관한 말씀을 드리도록 하겠습니다.

자율성(自律性)

　구성 및 운영원칙 첫 번째로 자율성을 이야기하는 이유가 뭘까요? 그 제안 이유를 살펴보면, 여러분도 잘 아시는 것처럼 우리는 오랫동안 행정 중심의 관료제 사회를 살아왔습니다. 공론장이 원활하게 운영되기 위해서는 자율성 확보가 매우 중요합니다. 따라서 공공기관의 간섭이 큰 상황에서 어떻게 시민의 자발성을 끌어내느냐 하는 것이 굉장히 중요합니다. 민주적 참여와 논의 자체가 이런 자율성에 기반을 둘 때만 의미가 있습니다. 그런 의미에서 우리에게 자율성은 매우 중요한 문제입니다.

　자율성(自律性)이라고 하는 뜻은 외부 강제나 부당한 영향 없이 자체적인 결정 능력을 갖추는 것을 말합니다. 참여자가 자발성에 의해서 내부 질서를 구성할 수 있는 역량을 말합니다. 자율성이 필요한 이유는 자유롭기 위해서는 인데요, 자유로워지기 위해서는 외부의 지배나 통제에서 벗어나야 함과 동시에, 내부적으로 무질서에서 벗어나, 자신들이 원하는 것을 스스로 만들어낼 수 있는 역량을 갖추어야 합니다.

　스스로 질서를 형성하기 위해서는 그 전제가 무엇일까요? 외부로부터 간섭이나 지배가 있어서는 안 되겠죠. 따라서 외부로부터 강제나 부당한 영향이 없는 상태를 자율이라고 합니다. 그러니까 참여자의 자발성에 의한 내부 질서 구성이라고 하는 요소를 또 갖고 있습니다. 자율성이라는 것은 사고와 행동에 있어서 스스로 해낸다는 독립성에 기반을 두어야만 하는 것입니다. 그리고 또 이런 자율성을 확보하기 위해서는 자유로운 아이디어나 비판적 검토, 또 적극적인 참여에 의한 의사결정이라고 하는 것이 대단히 중요한 요인입니다.

우리는 자율성이 침해되는 수없이 많은 사례를 보아왔습니다. 공론장 구성 및 운영과 관련해서 관계 기관이 개입하는 사례를 많이 봐왔습니다. 그다음에 공론화를 한다고 하면서 용역사를 통해서 간접적으로 내용과 형식에 개입하는 것을 또 많이 보았습니다. 편향된 자료와 정보를 제공함으로써 스스로 자기 질서를 세우는 데 방해 요인이 될 수밖에 없는 상황이 조성되기도 했습니다. 또한, 여론을 통한 정보의 왜곡과 선전 선동 같은 것도 경험한 바가 있습니다. 이런 모든 것이 자율성을 침해하는 사례들이라고 말씀드릴 수 있습니다. 다시 한 번 자율성이 중요한 이유를 말씀드리면, 참여자의 뜻과 의지가 왜곡되어서는 안 되기 때문입니다. 자율성이 있을 때만 생산적인 논의가 가능하고, 자율성이 있을 때만 공론장에서 이뤄지는 논의의 진실성 형성되기 때문입니다.

자율성을 방해하는 핵심적인 요인들을 몇 가지 살펴보겠습니다. 첫 번째는 중앙 집중식 통제라고 하는 것이 자율성을 가장 방해하는 핵심적인 요소라고 하는 것에는 이견이 없습니다. 그리고 다양한 형식의 정치적인 경제적인 압력 같은 것도 자율성을 방해하는 핵심적인 요인이라고 볼 수 있습니다. 그리고 사회문화적인 규범, 개인의 표현보다는 조화와 순응을 중요시하는 이런 규범 같은 것도 자율성을 방해하는 요인이라고 볼 수 있습니다. 그리고 최근에는 이런 기술적인 다양한 조작들을 통해서 대중을 선동하거나 의견을 왜곡하는 경우가 적지 않습니다. 이렇게 자율성을 방해하는 요인들로는 중앙 집중식 통제, 정치 경제적인 압력, 사회문화적인 규범, 기술적인 조작 등이 있습니다.

자율성을 확보하기 위해서는 우리가 어떤 일을 해야 할까요? 내부적으로는 권한을 분산하는 것이 굉장히 중요합니다. 그리고 자율적인 규범을 스스로 확립하는 것이 굉장히 중요합니다. 우리가 운영규정이나 그런 것을 만들잖아요? 스스로 질서를 성립하기 위한 노력을 하는 것입니다. 그리고 역량을 강화하고, 비판적 사고와 자율성의 의미를 스스로 깨닫게 하는 것이 대단히 중요합니다. 외부로부터 자율성을 확보하기 위해서는 법적 보호 장치가 대단히 중요합니다. 예를 들면 언론 및 집회 자유를 확보하기 위한 대표적인 방법으로는 법적인 보호입니다. 그래서 스스로 필요한 경우에 언제든지 모임을 구성하고, 또 논의를 진행할 수 있고 그 논의가 방해받지 않도록 언론 및 집회의 자유를 확보하는 것이 무엇보다도 중요할 것입니다. 자율성과 관련해서 굉장히 중요한 또 하나의 내용은 투명성과 책임감이라고 볼 수 있습니다. 공론장에서 투명성과 책임을 위한 다양한 메커니즘을 확립하는 것이 대단히 중요합니다. 결론적으로 자율성을 확보하기 위해서는 내부 외부적인 도전을 모두 해결할 수 있는 포괄적인 접근이 대단히 중요합니다.

포괄성(包括性)

공론장의 두 번째 원칙은 포용성, 포괄성, 포용력 이렇게 다양한 말들로 표현을 할 수가 있는데요. 포괄한다, 포용한다는 말은 사전적으로 '일정한 대상이나 현상 따위를 어떤 범위나 한계 안에 모두 끌어넣다'는 의미입니다. 더 쉽게 말하면, 누구든, 어떤 이유에서든 '배제하지 않는다'라는 뜻입니다.

우리는 다양한 형태의 조직이나 모임에서 이런 포괄성이 침해되는 현상들을 적지 않게 봐왔습니다. 예를 들면, 장애인이 공론장에 참여할 수 있는 적절한 조치가 없는 경우라든가, 공론장에서 일부 주민이나 경제적으로 불리한 사람들의 목소리가 무시가 되는 예 등을 들 수 있을 것입니다. 포괄성이라고 하는 것은 모든 개인이 배경이나 정체성이나 관점에 상관없이 공론장에 동등하게 참여할 기회를 말합니다. 소외되거나 침묵을 강요당하지 않는다고 하는 것을 의미합니다.

공론장에서 포괄성이 중요한 이유가 무엇일까요? 포괄성의 중요한 원칙은 다양성이 있을 때만 그 결정이 대표성을 가질 수 있습니다. 그리고 포괄성 있을 때, 다양한 사람들이 참여가 이뤄지고, 의사결정의 질도 좋아질 수 있습니다. 다양성과 차이가 보장될 때, 의사결정의 질이 높아지는 것은 당연합니다. 그리고 배제되는 사람이 없을 때, 사회적인 결속력이 형성될 것이고, 의사결정의 정당성이 확보될 것입니다. 이런 포괄성을 저해하는 대표적인 요인으로는 구조적인 불평등, 문화적인 규범과 편견, 인식 부족, 기술적 장벽 같은 것을 대표적으로 들 수가 있습니다. 너무 바쁘거나 너무 시간이 없어서 참여하기 어려울 수 있습니다. 이것은 구조적인 불평등에 속합니다. 그다음에 문화적인 규범이나 편견, 나이 혹은 성별, 지역, 소득수준에 따라서 차별을 받는다면, 이것은 포괄성을 담보하지 못할 것입니다. 기술적 장벽 역시 마찬가지입니다. 어떤 사람들은 디지털 상황에 굉장히 익숙하지만, 또 그렇지 않은 사람도 있습니다. 이렇게 포괄성을 저해하는 요소는 대단히 많습니다.

따라서 우리는 포괄성을 보장하기 위해서, 여러 가지 대책들을 만들고 생각해야 됩니다. 포괄성을 의무화하고 차별로부터 보호하기 위한 정책이나 법적인 틀을 만드는 것이 굉장히 중요합니다. 소외되거나 대표되지 않는 집단을 위한 적극적인 홍보나 참여 노력이 필요하고, 사람들이 다양한 방식으로 접근할 수 있도록 해야 합니다. 예를 들면, 오프라인뿐만 아니라 온라인으로도 접근하는 방법을 취한다거나, 포괄성에 관한 교육이나 훈련 같은 걸 통해서 다른 사람을 배제하거나 차별하지 않도록 교육하는 것도 중요합니다.

결론적으로 포괄성은 모든 개인이 다양한 배경이나 정체성 관점을 가진 채로 공론장에 참여할 수 있도록 한다는 것입니다. 공론장에 특별한 진입 장벽이 있어서는 안 됩니다. 포괄성이라고 하는 것은 민주주의를 심화시키고, 의사결정의 질을 높이고, 사회적인 결속력을 강화하고, 의사결정의 정당성을 확보하는 필수 요소입니다. 포괄성이 있을 때, 모든 구성원이 자기가 속한 사회에 대해서 소속감을 느끼고, 그 사회에 대해서 애정을 갖게 됩니다.

투명성(透明性)

세 번째는 투명성입니다. 투명성이라는 것이 잘 지켜지지 않을 때가 많습니다. 공론장에서 활동이나 의사결정, 정책결정이라고 하는 것이 제대로 공개되지 않는 경우가 많습니다. 공개가 된다고 하더라도 시기나 방법 등이 적절하지 않거나 정당하지 않아서, 의미가 없는 때도 있습니다. 예를 들면 모든 것이 다 결정된 다음에 정보를 제공하든지 하면 아무런 의미가 없는 거잖아요. 이렇게 투명성이 제대로 지켜지지 않는 경우를 우리는 자주 보게 됩니다.

투명성이라는 것이 무슨 뜻일까요? 공공성을 지향하는 공론장의 핵심적인 가치를 얘기할 때 우리는 개방성과 투명성을 말합니다. 개방성과 투명성은 동전의 앞뒷면과 같은 것입니다. 따라서 이 투명성이라고 하는 것은 핵심적으로는 정보의 개방성, 접근성, 이해가능성을 포함하는 내용입니다. 공론장 논의와 결정을 시민이 공개적으로 검토할 수 있도록 하는 것이 이 투명성의 핵심적인 내용이라고 볼 수 있습니다. 공개적으로 검토할 수 있을 때, 논의에 대한 신뢰감뿐만 아니라 책임감도 동시에 형성될 수가 있는 것입니다. 투명성이 중요하다는 것은 누구나 쉽게 알 수 있습니다. 신뢰를 구축하고, 책임감을 강화할 수 있어서 더욱 중요합니다. 그리고 그 내용을 투명하게 알 수 있을 때 비판도 가능해지고 정책의 효과성도 커지게 될 것입니다.

투명성을 저해하는 대표적인 요인으로는 정보에 대한 비밀을 유지하거나, 사람들에게 맞는 적절한 기술적인 수단을 제공하지 않는 경우입니다. 위계적이고 수직적인 조직문화 같은 것도 투명성을 저해하는 굉장히 중요한 요인입니다. 어떤 정보에 대해서 위에 있는 사람은 알고, 밑에 있는 사람은 모르는 경우가 많잖아요. 이런 수직적인 문화가 정보 투명성의 대표적인 저해 요인이라고 볼 수 있습니다. 또한 명확한 법적 또는 정책적인 규정이 부재한 경우에는 투명성이 문제가 될 수 있습니다.

이런 투명성을 보장하기 위해서는 어떤 조치들이 필요할까요? 정보 공개에 관한 규정을 설정하는 것이 대단히 중요합니다. 그래서 여러분들이 공론장을 할 때 운영규정을 만들게 되는데, 운영규정에 굉장히 중요한 내용으로 이 정보 공개에 관한 규정을 만들게 됩니다. 그 정보 공개에 관한 규정의 핵심적인 것이 투명성을 확보하는 것입니다. 그리고 그런 정보는 누구나 쉽게 접근할 수 있어야 합니다. 그리고 사람들에게 정보의 투명성이 얼마나 중요한지를 알게 끔 해야 합니다. 즉 정보 투명성의 중요성과 투명성을 확보하기 위해 해야 하는 노력 등에 관한 교육과 훈련이 필요합니다. 이 투명성이라는 것은 누가 일방적으로 투명성을 제공하는 것이 아니라, 시민이 '알 권리'*를 주장하는 과정에서 투명성이 확보되는 것이라고 볼 수 있습니다. 그래서 일반 시민이 의견을 제시할 수 있도록 요청하고 요구하는 것이 투명성 확보에서 중요합니다.

결론적으로 투명성이라는 것은 공론장에서 신뢰를 높이고 책임성을 강화하고 시민 참여의 기반을 형성하는 것입니다. 투명성을 강화하기 위한 다양한 조치, 특히 공론장에서는 운영규정 등을 통해서 투명성을 위한 제반 규정들을 명확하게 정리하는 것이 굉장히 중요합니다. 그렇게 투명성이라는 것은 누군가가 제공해 주는 것이 아니라, 투명성을 요구하는 참여자 시민에 의해서 만들어지는 것이라고 하는 점입니다.

---

* 알 권리는 개인이 정부, 공공기관 및 기타 권위 있는 기관들로부터 정보에 접근하고, 획득하며, 그 정보를 바탕으로 자유롭게 의견을 형성하고 표현할 수 있는 기본적 권리를 의미합니다. 이는 정보 접근권, 정보 공개 요청권, 정보의 자유로운 사용 및 전파권 등을 포함하며, 투명하고 책임 있는 사회를 구축하는 데 핵심적인 요소입니다.

[제34강] 공론장의 구성과 운영원칙(2)
- 사고전환, 공익과 사익 균형, 상호 존중

공론장 구성과 운영원칙 두 번째, 사고전환, 공익과 사익의 균형, 상호 존중 이 세 가지에 대해서 공부를 하도록 하겠습니다.

사고전환(思考轉換)

사고, thinking turning, 생각이 바뀐다. 인식이 바뀐다는 의미죠. 바뀌는 것은 두 가지 종류입니다. 하나는 생각이 기존에 있었던 틀에서 확장되는 것이고, 또 하나는 생각이 깊어지는 것이죠. 사고전환과 관련된 다양한 이론적인 내용에 대해서는 이론 편에서 말씀을 드린 적이 있습니다. 여기에서는 조금 더 우리가 실천적인 측면에서 말씀을 드리도록 하겠습니다.

먼저 개념을 살펴보면 사고전환이라고 하는 것은 기존 관점이나 신념, 가치관이 새로운 정보나 다른 사람의 의견을 통해서 또는 토론을 통해서 전환되는 것을 말합니다. 그렇게 함으로써 개인의 인식이나 판단 기준이 변하는 것을 말합니다. 그렇게 사고가 전환되면 개인의 의사결정 방식이나 행동에 영향을 미치게 됩니다.

함께 모여서 논의를 하게 되면, 의견 전체가 다르게 변화한다는 것입니다. 즉 논의를 통해서 합의 가능성이 커지게 된다는 의미이기도 합니다. 즉, 사고전환이라고 하는 것은 개인적으로 생각의 전환을 의미함과 동시에 그 사람들이 함께 모였을 때, 합의 가능성이 커지는 원천이 될 수 있다는 의미이기도 합니다. 사고전환이 필요한 이유는 무엇일까요? 사고전환은 개인과 사회의 성장과 발전의 필수적인 요소이기 때문입니다. 개인적인 차원에서는 새로운 상황에 효과적으로 대응할 수 있게 하고,

더 나은 결정에 참여할 수 있습니다. 사회적인 차원에서는 다양한 관점과 아이디어의 통합을 촉진하고, 갈등 해소에 기여할 수 있습니다. 갈등을 해소하기 위해서는 내 생각에 매이지 않고 생각을 여는 것이 매우 중요합니다.

생각이 열린다고 하는 것은 사고가 전환되는 계기를 얻는다는 것을 말합니다. 이렇게 해서 상대에 대한 이해의 폭이 더 커질 수 있고, 갈등 해소에 기여할 수 있습니다. 공론장에서도 마찬가지로 사고전환을 통해서 합의 도출 가능성이 커지고, 집단적인 지혜가 형성될 수 있는 계기가 만들어집니다.

이런 사고전환이 가능하기 위해서는 무엇보다도 개방적인 태도가 굉장히 중요할 것입니다. 새로운 정보와 다른 관점에 대해 개방적이고 수용적인 태도와 활발한 의사소통이 대단히 중요합니다. 우리가 갈등 상황에서든 공론장에서든 가장 어려운 문제 중의 하나는 자기 생각에 메이는 것입니다. 자기 생각에 메인 한 사고전환이 일어날 가능성은 별로 없습니다. 의사소통을 통해서 다양한 관점이 존재한다는 것을 이해하고, 다양한 토론 환경을 만들어내는 것이 중요합니다. 그런 공간을 통해서 상대방에 대한 이해와 공감력이 형성될 수 있습니다.

그리고 비판적 사고가 대단히 중요합니다. 비판적 사고라고 하면, 누구를 비난하는 그런 것만 생각하는데, 비판적인 사고 자체가 어떤 면에서 보면 상대에 대한 또는 우리 주변에 대한 보다 더 정확하게 이해하게 되는 계기가 되기도 합니다. 비판적 사고는 상대를 향해서뿐만 아니라, 자기 자신을 향해서도 가능한 것입니다. 그래서 비판적 사고를 통해서 성찰적인 역량을 키우는 것이 사고전환에 있어서 굉장히 중요한 조건입니다.

그렇다면 역으로 사고전환을 어렵게 하는 요인들은 무엇일까요? 첫째, 인지부조화 상태를 그대로 유지하는 것입니다. 자신이 가진 신념과 새로운 정보 사이에 충돌이 발생하면, 이 충돌을 극복하기 위해서 노력해야만 신념과 정보 사이에 불일치를 해소할 수가 있는데, 반대로 그냥 내버려 두는 것입니다. 그렇게 되면 사고의 전환은 발생하지 않습니다. 그리고 많은 분이 아시는 것처럼 확증편향, 즉 기존 관점을 뒷받침할 만한 정보만을 선택적으로 수용하는 것을 말하는데요. 사고전환에 있어서 대표적인 장애물입니다. 둘째, 집단사고(group thinking), 내 생각이 있음에도 불구하고, 집단 전체 혹은 집단 다수가 원하는 쪽으로 자기 생각을 포기하고 따라가는 것을 말합니다. 동질적인 집단에 의해 비판적인 사고가 억제되는 것입니다. 집단 의견에 동조함으로써 사고전환의 가능성을 스스로 없애는 것입니다. 사고전환을 하기 위해서는 이런 인지부조화라든가 확증편향이나 집단적인 사고가 일어나지 않도록 하는 것이 대단히 중요합니다.

공익(公益)과 사익(私益)의 균형

두 번째, 공익과 사익의 균형입니다. 공익이란 나뿐만 아니라 이웃, 우리 동네, 마을 전체에게 도움이 되는 일들을 말하고, 사익이라고 하는 것은 개인적인 이익을 말합니다. 대개 이 두 가지는 함께 추구할 수 있는 것이 아니라고 생각합니다. 그러나 공론장에서는 대원칙이 공익과 사익은 어느 한쪽이 다른 쪽을 억압하거나 제거하는 것이 아니라, 결국은 사익을 존중하면서 공익을 추구하는 또는 공익을 추구하되 사익을 무시하지 않는, 공익과 사익의 균형이 대단히 중요하다는 것입니다.

공론장에서 공익과 사익의 균형이 어떻게 가능할까요? 공익이라고 하는 것은 사회 전체 복지와 발전을 목표로 둘 수 있습니다. 예를 들면 자원 배분, 환경 보호, 공공 안전, 사회 정의 같은 것이 대표적으로 공익과 관련된 영역입니다. 반면에 사익에 해당하는 것은 개인적인 자유, 재산권, 신체의 자유 등이 포함될 수 있을 것입니다. 그럴 때 이런 공익과 사익의 조화를 어떻게 이룰 것인가 하는 것이 공론장에서 대단히 중요한 주제가 될 것입니다. 이 두 가지의 조화가 필요하다고 했는데 그게 무슨 의미일까요? 공론장에서는 공익을 우선시하는 동시에, 개인의 자유나 권리, 경제적 이익을 존중하는 관점을 취한다고 하는 것입니다.

공론장은 공동의 관심사를 논의하는 공간이기 때문에, 공익이 우선시될 수밖에 없습니다. 그렇지만 공익만 다루는 것이 아니라 개인의 자유나 권리, 여러 가지 이익 등 사익에 해당되는 것 역시도 존중하는 관점에서 공익을 관철해 가야 한다는 의미입니다. 공익과 사익의 조화라고 하는 것은 누가 일방적으로 정하는 것이 아니라, 조화의 균형점을 잡는 것 자체가 공론장의 중요한 논의 주제가 된다고 하는 점입니다. 따라서 이 공익과 사익의 조화를 이루기 위해서는 논의 과정에서의 투명성, 참여, 책임성이 매우 중요합니다.

공론장에서 '공익을 우선하되 사익 역시 존중'하는 것과 '공익 우선주의'는 다른 것입니다. 공익 우선주의는 공익이 사익보다 더 중요하고 우선해야 한다는 관점에서 사적인 문제는 다소 가볍게 여기거나 소외시킬 가능성이 있다는 것입니다. 공론장에서는 그렇게 해서는 안 된다는 말입니다. 공적 사업에서 일반 시민의 이익과 이해관계자 간의 이익 사이에 충돌이 발생할 수 있습니다. 최대 다수 최대 행복에서 얘기하는 것처럼 수적(數的)인 의미에서 다수의 이익만을 중시하고, 이해관계가 있는 소수의 사적 이익을 소외시킨다면 갈등과 충돌은 불가피하게 될 것입니다. 합의가 어렵거나 합의의 안정성이 심대하게 침해받게 될 것입니다. 따라서 공익 우선주의는 정책 결정 과정에서 이해관계자의 이익을 소홀히 할 가능성이 있으므로, 공익 우선주의는 안 된다는 것입니다.

공익과 사익의 균형을 이루기 위해서는 다음과 같은 방안들을 생각해 볼 수 있습니다. 이해관계자에게 자신에 대해 충분히 얘기할 기회와 권리를 제공해야 합니다. 그런가 하면 일반 시민들은 이해관계자의 입장을 충분히 인식한 상태에서 전체에게 도움이 될 수 있는, 공익적 관점에서 논의해야 합니다. 이해관계자들의 의견이 충분히 드러날 수 있도록 함과 동시에 그 얘기를 일반 시민들도 충분히 배려해서 공익적인 관점에서 논해야 한다는 의미입니다.

또한 이해관계자 사이에 대화를 촉진하고, 상호 수용 가능한 대책을 추구해야 합니다. 이해관계자의 요구만을 수용하는 것도 아니고, 일반 시민의 보편적인 이익만을 추구하는 것도 아니고, 이해관계자 입장에 대한 충분한 이해를 바탕으로, 일반 시민들이 공적 관점에서 문제를 해결해 가는 것이 가장 바람직하다고 볼 수 있습니다. 이런 모든 과정이 공론장에서 논의를 통해서 스스로 그 원칙과 기준을 만들어 가야 한다고 이해를 하시면 되겠습니다.

정리해 말씀드리면, 공론장 의사결정은 공익과 사익 사이에서 지속적인 균형을 모색하고 조정하는 과정입니다. 단순한 이익 균형을 넘어서 공동체의 장기적인 복지와 발전을 목표로 논의를 해야 할 것입니다. 이를 위해서는 깊이 있는 대화와 협력이 중요합니다. 공익과 사익의 조화로운 균형을 통해서 공정하고 지속 가능한 사익 구축이 목표가 될 것입니다. 압축하면, 공익과 사익은 둘 다 중요한데 공론장에서는 공익을 향해서 나아가지만, 사익을 충분히 존중한 상태에서 공적인 목표를 향해서 나아가는 것입니다. 그리고 그 모든 균형점은 논의를 통해서 형성되는 것입니다.

상호 존중(相互尊重)

세 번째는 상호 존중입니다. 상호 존중, 매우 익숙한 말입니다. 상호 존중이라는 것은 사람들이 함께 살아가는데 필수적인 요인이라고 볼 수 있습니다. 그런데 이런 상호 존중이라고 하는 것이 공론장에서는 더욱 중요합니다. 왜냐하면, 공론장이라고 하는 것은 특별한 문제를 풀기 위한 목적에서 모이는 경우가 많고, 그 특별한 상황이라고 하는 것은 대부분 내부적으로 갈등과 충돌 지점들이 있는 경우가 많습니다. 따라서 공론장에서는 인위적으로라도 상호 존중을 위한 끊임없는 노력을 해야 하는 상황입니다. 공론장에서 상호 존중에 어긋나는 행동이나 발언이 나오는 경우는 너무 많습니다. 공론장에서 특정 그룹에 대한 혐오 발언이나 개인적인 공격, 차별적인 언어를 사용하는 때도 적지 않습니다. 또 온라인 공론장이나 이런 곳에서 다른 참여자들의 의견을 무시하거나 비판하거나 건설적인 대화를 방해하는 때도 적지 않습니다. 요즈음에는 온라인 공론장에서의 혐오 발언 같은 것이 특별히 문제가 되지 않습니까? 또 소수자나 특정 사회 집단에 대한 부정적인 편견이나 고정관념(스테레오타입)에 기반을 둔 댓글 같은 것도 대표적인 위반 사례라고 볼 수 있습니다.

상호 존중이라고 하는 것은 개인이나 그룹이 서로의 의견과 존재를 인정하고 존중하는 태도를 말하는 것이죠. 의사소통과 상호 작용에서 차이를 인식하고, 각자의 기여와 가치를 존중하는 원칙입니다. 이전에 상호주관성이라는 언급한 적 있습니다. 각자가 자기 주관을 가진 고유한 존재라고 하는 것을 바탕으로 하고, 그 존재가 가진 가치나 판단 결정이라고 하는 것을 존중하는 것입니다. 그것이 나하고 같은지 다른 지와는 별개로, 이렇게 다양한 의견과 배경을 가진 사람들이 함께 모여서 논의를 할 때, 건설적인 대화의 기반이 만들어지는 것입니다.

상호 존중이 필요한 것은 다양성과 참여를 촉진하기 위한 필수적인 조건이기 때문에 그렇습니다. 상호 존중이 이루어지지 않는다면, 다양성과 차이가 오히려 분열의 요소일 뿐입니다. 또한, 참여자가 안전하고 존중받는 환경에서 자유롭게 의견을 표현할 수 있어서 그렇습니다. 차이가 있더라도 배제되지 않을 것이라고 하는 기대, 존중받을 것이라고 하는 기대감이 있을 때, 공론장이 형성되고 유지됩니다. 이런 환경에서 포괄적이고 다양한 대화가 가능해질 것이고 의사소통 과정에서 서로 충돌이 발생한다고 하더라도, 상호 존중이 있는 상태에서는 그것이 건설적이고 평화롭게 해결될 것이라고 하는 기대를 하게 만들 것입니다.

사회적인 편견이나 고정관념 불평등한 권력 관계 또 익명성에 의한 책임감 부재 이런 것들이 대표적으로 상호 존중을 저해시키는 요인이라고 볼 수 있습니다. 또 적절하지 않은 통제나 규범 제대로 된 규범이 만들어지지 않았을 경우, 상호 존중이 지켜지기 어려울 것입니다. 이전에도 말씀드린 것처럼, 운영규정을 만들 때 상호 존중의 규정을 꼭 넣게 됩니다. 또한, 상호 존중을 저해하는 대표적인 것으로는 공정성이 확인되지 않는 집단에 의해서 공론장이 이끌어질 때 상호 존중이 지켜지기 어렵게 될 것입니다.

이런 상호 존중이 이루어지기 위해서는 다음과 같은 방법을 생각해 볼 수 있습니다. 첫 번째는 규칙과 지침을 만들어내는 것입니다. 그래서 의사소통을 위한 명확한 규칙이나 지침을 만들고 상호 존중에 관한 기준을 만들고 그것을 준수하는 것입니다. 또 상호 존중이 제대로 지켜지지 않을 경우, 적절한 조정이나 중재 진행합니다. 충돌이나 불일치가 발생하는 경우, 중재자가 개입해서 원칙을 유지하면서 문제가 해결될 수 있도록 도와주는 것입니다. 교육과 인식 제고를 통해서 참여자에게 상호 존중의 중요성을 교육하고 다양성과 포용에 관한 인식 넓힐 수 있을 것입니다. 마지막으로는 다양한 방식으로 의견이 표출될 수 있도록 하고 또 피드백을 통해서 개선할 과제가 있으면 개선에 관한 방식을 택하는 것이 대단히 중요합니다. 즉 상호 존중이 이루어지기 위해서는 활발한 소통 채널을 갖는 것이 대단히 중요합니다.

보충 〈공론장에서의 대표성과 포용성의 관계와 조화〉

개념

공론장에서 대표성은 다양한 집단과 이해관계자들의 의견과 요구가 공정하게 반영되는 것을 의미합니다. 이는 정치적 대표성과 사회적 대표성으로 나뉘며, 정치적 대표성은 선출된 대표자들이 공론장에서 국민을 대신해 의견을 제시하고 결정을 내리는 것을 포함하고, 사회적 대표성은 다양한 사회적 집단이 공론장에서 그들의 목소리를 낼 기회를 의미합니다. 포용성은 모든 사회 구성원이 배제되지 않고 공론장에 참여할 수 있도록 하는 원칙입니다. 이는 성별, 인종, 사회경제적 배경, 장애 유무 등에 상관없이 모든 사람이 동등하게 접근하고 참여할 수 있는 환경을 조성하는 것을 말합니다.

대표성과 포용성의 관계

대표성과 포용성은 공론장에서 상호 보완적인 관계에 있습니다. 포용성이 보장될 때, 다양한 집단이 공론장에 참여할 수 있으며, 이는 대표성을 강화합니다. 반대로, 대표성이 확보될 때, 공론장은 다양한 목소리를 반영할 수 있게 되며, 이는 포용성을 증진시킵니다. 두 개념은 함께 작용하여 공론장의 질을 높이고, 민주적 정당성을 강화합니다.

실천 방안

대표성과 포용성의 조화를 위한 구체적인 방안을 살펴보면 다음과 같습니다. 첫째, 제도적 개혁입니다. 대표성과 포용성을 조화롭게 실현하기 위해서는 제도적 개혁이 필요합니다. 이는 다양한 집단이 공론장에 참여할 수 있도록 하는 법적 및 구조적 장치를 마련하는 것을 포함합니다. 할당제 등을 도입할 수도 있습니다. 정치적 대표성을 강화하기 위해 할당제를 도입할 수 있습니다. 이는 성별, 인종, 소수자 그룹을 대표하는 인원이 일정 비율 이상 포함되도록 하는 제도입니다. 예를 들어, 공론장 구성에서 여성이나 소수자, 요즈음에는 청년 대표를 일정 비율 이상 포함하는 할당제를 운용할 수 있습니다.

둘째, 참여 기회를 확장하는 것입니다. 시민들이 직접 공론장에 참여할 기회를 확대하는 것이 중요합니다. 이는 시민 참여 예산제, 공청회, 주민투표 등의 형태로 실현할 수 있습니다. 이를 통해 다양한 사회적 배경을 가진 사람들이 직접 정책 결정 과정에 참여하고 의견을 반영할 수 있습니다.

셋째, 포용적 접근성을 보장하는 것입니다. 이를 위해서는 우선 정보 접근성이 매우 중요합니다. 모든 시민이 공론장에서 논의되는 정보에 쉽게 접근할 수 있도록 해야 합니다. SNS 등을 활용하여 정보 접근성을 강화하고, 이해하기 쉬운 언어를 사용해야 합니다. 특히, 장애인을 위한 접근성을 강화하여 청각장애인을 위한 수어 통역, 시각장애인을 위한 점자 및 음성 안내 서비스를 제공할 수 있습니다. 또한 물리적 접근성을 보장하여 모든 사람이 쉽게 참여할 수 있도록 해야 합니다. 이는 장애인 접근성을 고려한 건물 설계, 대중교통 접근성 개선, 원격 참여 시스템 구축 등을 포함합니다. 예를 들어, 화상 회의 시스템을 도입하여 원거리에 있는 사람들이 쉽게 참여할 수 있도록 할 수 있습니다.

넷째, 교육 및 인식 제고를 위한 노력이 필요합니다. 대표성과 포용성의 중요성을 이해하고 실천할 수 있도록 시민 교육 프로그램을 강화해야 합니다. 이는 학교 교육, 성인 교육 프로그램, 지역 커뮤니티 교육 등을 통해 실현할 수 있습니다. 교육 프로그램은 비판적 사고, 민주적 참여 방법, 다양성 존중 등의 내용을 포함해야 합니다. 또한 포용적 문화를 조성하기 위해 다양한 캠페인과 홍보 활동을 통해 인식을 제고할 필요가 있습니다. 이는 미디어, 사회적 캠페인, 공공기관의 홍보 활동 등을 통해 실현할 수 있습니다. 예를 들어, 다양한 배경을 가진 사람들이 공론장에 참여하는 모습을 홍보하고, 그들의 기여를 강조하는 캠페인을 진행할 수 있습니다.

대표성과 포용성은 공론장의 질을 높이고, 민주적 정당성을 강화하는 중요한 요소입니다. 제도적 개혁, 포용적 접근성 보장, 교육 및 인식 제고 등의 구체적인 방안을 통해 대표성과 포용성을 조화롭게 실현할 수 있습니다. 이러한 노력을 통해 우리는 보다 공정하고 포용적인 공론장을 구축하고, 다양한 사회적 배경을 가진 사람들이 함께 참여하고 기여할 수 있는 민주사회를 실현할 수 있을 것입니다.

[연습]

공론장 구성 방식: 인구 비례로 할 것인가, 평등하게 구성할 것인가?

〈예제〉

현실 세계에서 일정한 의견을 가진 집단 A는 1만 명이고, 의견 B를 가진 집단은 1천 명, 의견 C를 가진 집단은 100명, 장애인 10명, 외국인 5명이라고 할 때, 공론장을 구성하는 경우, 인구 비례에 맞춰 구성을 해야 하는지, 모두 동수로 구성해야 하는지 알아보고, 각각의 논리적 근거를 제시해봅시다.

공론장을 구성하는 방식은 그 목적과 목표에 따라 다를 수 있습니다. 여기서는 두 가지 접근법인 인구 비례 구성과 평등한 구성을 논리적 근거를 통해 분석하고, 어느 방식이 더 적합한지에 대해 심층적으로 논의하겠습니다.

1. 인구 비례 구성

인구 비례 구성은 각 집단의 인구 비율에 따라 대표자를 선출하는 방식입니다. 이는 다수의 의견을 보다 정확하게 반영할 수 있다는 장점이 있습니다.

1) 논리적 근거

민주적 정당성: 인구 비례 구성은 다수의 의견이 공론장에서 적절히 반영될 수 있도록 하여 민주적 정당성을 강화합니다. 이는 대표성이 각

집단의 실제 인구 비율을 반영하여 결정되므로, 다수의 의사가 정책 결정 과정에서 충분히 고려됩니다.

효율적 의사결정: 인구 비례 구성은 공론장에서의 토론과 결정이 보다 효율적으로 이루어질 수 있도록 합니다. 다수의 의견이 자연스럽게 반영되므로, 정책 결정 과정에서 발생할 수 있는 갈등과 비효율성을 줄일 수 있습니다.

실질적 대표성: 각 집단의 대표성이 실제 인구 비율을 반영하기 때문에, 다수 집단의 요구와 관심사가 더 효과적으로 반영됩니다.

2. 평등한 구성

평등한 구성은 각 집단에서 동일한 수의 대표자를 선출하는 방식입니다. 이는 소수 집단의 목소리가 보다 잘 반영될 수 있다는 장점이 있습니다.

1) 논리적 근거:

형평성과 포용성: 평등한 구성은 모든 집단, 특히 소수 집단의 의견이 공론장에서 평등하게 반영될 수 있도록 합니다. 이는 공론장의 포용성을 높이고, 다양한 관점과 의견을 반영하여 보다 포괄적인 논의를 가능하게 합니다.

사회적 정의: 소수 집단은 인구 비례 방식에서는 충분히 대표되지 못할 수 있습니다. 평등한 구성은 소수 집단의 의견과 권리를 보호하고, 사회적 정의를 실현하는 데 기여합니다.

균형 있는 논의: 평등한 구성은 다양한 의견이 공론장에서 균형 있게 논의될 수 있도록 합니다. 이는 다양한 관점을 고려한 정책 결정을 촉진하고, 보다 창의적이고 혁신적인 해결책을 도출할 수 있습니다.

3. 비교 및 결론

1) 인구 비례 구성의 한계

소수 집단의 배제: 인구 비례 구성은 다수 집단의 의견이 지나치게 강조되어 소수 집단의 의견이 배제될 위험이 있습니다. 이는 공론장의 포용성과 형평성을 저해할 수 있습니다.

다양성 부족: 인구 비례 구성은 공론장에서의 다양성을 충분히 보장하지 못할 수 있습니다. 이는 다양한 관점과 해결책을 반영하는 데 한계가 있을 수 있습니다.

2) 평등한 구성의 한계

다수의 의견 반영 부족: 평등한 구성은 다수 집단의 의견이 충분히 반영되지 않을 위험이 있습니다. 이는 공론장의 민주적 정당성을 약화시킬 수 있습니다.

비효율성: 소수 집단의 의견이 과도하게 반영될 경우, 의사결정 과정에서의 갈등과 비효율성이 증가할 수 있습니다.

4. 제안: 혼합 모델

인구 비례 구성과 평등한 구성을 조화롭게 결합한 혼합 모델을 제안합니다. 이는 다음과 같은 방식으로 구현할 수 있습니다:

기본 비율 기반의 인구 비례 구성: 각 집단의 인구 비율에 따라 기본적인 대표자를 선출합니다.

보충적 평등 구성: 소수 집단의 목소리를 충분히 반영하기 위해 추가적인 대표자를 선출합니다. 예를 들어, 장애인과 외국인 등의 소수 집단은 별도의 할당을 통해 평등한 대표성을 보장합니다.

5. 구체적 예시와 결론

그룹 A: 10,000명 (대부분 인구) -> 10명의 대표자
그룹 B: 1,000명 -> 3명의 대표자
그룹 C: 100명 -> 2명의 대표자
장애인: 10명 -> 1명의 대표자 (평등 보장)
외국인: 5명 -> 1명의 대표자 (평등 보장)

6. 결론

공론장의 구성 방식은 인구 비례 구성과 평등한 구성의 장점을 조화롭게 결합하여 실현하는 것이 바람직합니다. 혼합 모델을 통해 다수 집단의 의견이 충분히 반영되면서도 소수 집단의 목소리가 배제되지 않도록 하는 것이 중요합니다. 이를 통해 공론장은 보다 포괄적이고 형평성 있는 논의의 장이 될 수 있으며, 다양한 의견과 관점을 반영하여 보다 민주적이고 효율적인 정책 결정을 가능하게 할 수 있습니다.

[제35강] 공론장의 구성과 운영원칙(3)
- 정보 접근성, 숙의성, 현실화

공론장 구성과 운영원칙 세 번째 정보 접근성, 숙의성, 현실화라고 하는 주제로 공부하겠습니다.

정보 접근성

첫 번째 정보 접근성입니다. 정보 접근성은 정보에 접근하는 것을 말합니다. 그런데 이 정보 접근성에 위반되는 사례가 적지 않습니다. 예를 들면 장애인이 공론장이나 웹사이트 정보에 시각 장애인이나 청각 장애인이 쉽게 정보에 접근하지 못하는 경우가 있습니다. 그런가 하면 고급 전문 용어 등을 사용해서 일반인이 그 내용을 이해하기가 어렵게 된다면, 그 역시 정보 접근성이 부족하거나 없는 것이라고 볼 수 있습니다. 정보 접근성은 배경이나 능력이나 상황과 관계없이 누구나 자유롭게 정보에 접근하고 이해할 수 있어야 한다는 것입니다. 또한, 웹사이트나 공공 서비스 자료 등 공공 정보에 필요한 사람들이 접근해서 사용할 수 있고, 또 사용자가 원하는 것을 얻을 수 있어야 한다는 의미입니다.

공론장에서 이런 정보 접근성이 필요한 이유는 무엇일까요? 정보 접근성이 있어야만 그 사안에 대해서 정확하게 상황 파악하고 공론장의 평등한 입장에서 적극적으로 참여할 가능성이 열리기 때문입니다. 즉 이런 민주주의와 투명성이 강화되기 위해서는 거기에 필요한 정보와 자료가 원하는 사람에게 언제든지 쉽게 제공이 되어야만 그런 평등한 기회가 실질적으로 보장됩니다. 몸만 참여한다고 해서 참여가 이루어지는 것이 아닙니다. 말할 내용과 주장할 내용도 갖고 있을 때, 실제로 의미 있는 참여가 이루어질 수 있습니다. 그럴 때 그 사람들이 가진 내용에 관한 것들이 바로 정보 접근성과 직접 연결돼 있다고 이해하시면 되겠습니다.

이런 정보 접근성과 관련해서 대표적인 장애물로 기술적, 경제적, 사회적 장벽들이 존재합니다. 대표적으로 경제적인 장벽들입니다. 저소득층의 경우에 시간 부족 또 정보 기술 접근에 대한 어려움 같은 것이 발생할 수가 있습니다. 사회적인 장애도 있습니다. 어떤 것이 더 중요한 정보인지 대한 인식이 부족할 수도 있고, 또 정보제공 과정에 편견이 발생할 수도 있습니다.

이렇게 정보접근에 대한 장애물에 기술적인 측면에서의 차이, 경제적인 측면에서의 불평등, 사회적인 차원에서의 인식의 차이 등이 대표적인 장애물입니다. 이런 정보 접근성의 차이를 보완하기 위해서는 다양한 형식의 정보를 제공하는 것이 대단히 중요합니다. 그래서 텍스트뿐만 아니라 오디오 비디오 등 다양한 형식의 정보를 제공해야 합니다. 또 시각 청각 장애인을 위해서 자막이나 수화, 오디오 등 이렇게 그런 장애인들에게도 접근성이 충분히 생길 수 있도록 배려를 해야 합니다.

또 정보 접근성의 중요성에 대한 교육이나 인식 제고를 위한 프로그램을 운영할 필요가 있습니다. 또 공적 정보는 행정이 대부분 갖고 있는데, 지역 차원, 민간 차원의 아카이브를 강화할 필요성이 있습니다. 마지막으로 저소득층과 장애인을 위한 기술과 서비스 차원의 지원이 필요합니다.

숙의성

두 번째는 숙의성입니다. 숙의성에 관해서는 이전에 말씀을 드렸습니다. 핵심적인 내용만 정리하면, 공론장에서 숙의성이란 공동 관심사나 사회적 의제에 대해서 다양한 이해관계자들이 정보를 공유하고, 다양한 관점을 교환하며, 이성적이고 합리적인 논의를 통해 의사결정을 도출하는 과정이라고 정의할 수 있습니다. 이 숙의성이야 말로 민주주의의 핵심 요소 중에 하나이고, 또 투명하고 공정한 의사결정 과정을 통해서 사회적인 합의가 도출될 수 있도록 하며, 공론장의 논의 의지를 향상시키는 대단히 중요한 역할을 하는 것입니다.

숙의의 중요성을 다시 한 번 정리하면, 다양성 존중과 포용력을 증진시킬 수 있고, 논의 결과의 질적인 향상을 가져오고, 참여자 간의 신뢰를 구축하고, 논의 결과의 수용성을 높이는 것입니다. 즉 이성과 합리적인 논의를 통해서 충분히 논의하게 되면 포용력도 커지고, 논의의 질도 향상되고, 신뢰가 구축되어 결과에 대한 수용성이 커지게 됩니다.

이 숙의성을 가로막는 요인에는 정보 접근에 대한 제한, 여기에는 공간적인 제한, 시간적인 제한 같은 것도 들어갈 수 있습니다. 의사소통에 대한 다양한 장벽들도 숙의성에 장애요인으로 작용할 수 있습니다. 사회적인 정치적인 편견이나 불평등 같은 것도 숙의성을 저해하는 대표적인 요인입니다.

숙의성을 증진하기 위해서는 정보의 투명한 공유가 가장 우선입니다. 그다음에 소통 능력을 강화할 필요가 있고, 다양성과 포용성을 증진하고, 다양한 숙의 공간을 마련할 필요가 있습니다. 숙의에는 학습, 질의, 토론 등 다양한 방법들이 있습니다. 그런가 하면 온라인 오프라인 접근 방식 등 다양한 방식들이 개발되어야 할 것입니다. 시각이나 청각장애자와 같은 사람들에게 쉽게 도달할 수 있게끔 다양한 방법들이 개발돼야 합니다.

현실화

세 번째는 현실화입니다. 현실화라는 말이 조금 모호한데요. 영어로는 feasibility, 현실가능성, 현실화 가능성 뭐 이렇게 표현할 수 있습니다. 어떤 내용이 논의됐을 때, 그 논의 결과가 실제로 현실에 그대로 적용될 수 있느냐, 논의가 현실로 드러날 수 있느냐고 하는 것을 다루는 문제라서 표현을 그냥 현실화라고 했습니다.

이 현실화라고 하는 것을 운영원칙으로 제안한 중요한 이유는 공론장 논의가 구체적인 행동이나 변화를 촉진하지 못하는 경우가 있기 때문입니다. 현안에 대한 광범위한 논의에도 불구하고 실질적인 정책 변화나 조치가 이루어지지 않는 상황이 많이 발생합니다. 또 의제 제안이 무시되거나 논의 결과가 실제 정책에 반영되지 않는 경우도 존재합니다. 즉 논의는 해놓고, 그 논의 결과가 실제 생활에 반영이 되지 않는 때도 있습니다.

현실화는 어떤 식으로 되나요? 그 내용이 정책에 반영되거나 아니면 법이나 제도로 바뀌어서 안정적인 기반이 형성되거나 이렇게 돼야 합니다. 논의를 통해서 나온 결과가 현실화하지 않는다면, 논의의 의미가 반감될 것입니다. 결국은 공론장에서의 논의라는 것은 논의 결과가 어떻게 현실에 반영돼 현실화하느냐고 하는 것과 직접 연결돼 있습니다.

현실화를 개념 정의하면, 공론장 논의가 구체적인 정책이나 제도나 사회적 행동으로 이어지는 것입니다. 공론장 논의가 사회 변화와 개선을 촉진하는 실질적인 단계로 진행하는 것을 의미합니다. 예를 들어볼까요? 소각장 관련해서, 이해관계자들과 또 주민이 함께 모여서 공론장을 만들었습니다. 거기서 일정한 결과가 도출됐어요. 그런데 그것이 실제로 정책이 반영되는 과정이 명료하지 않다면, 또 제대로 반영되지 않는다면 공론장에서 논의라고 하는 것은 의미가 없어지게 됩니다. 이렇게 현실화라고 하는 것은 대단히 중요한 부분입니다.

이런 현실화가 필요한 이유를 몇 가지 살펴보면, 첫째 공론장의 실효성을 담보한다는 것입니다. 더 정확하게 얘기하면 공론장이 필요하냐는 것을 문제 삼게 된다는 것입니다. 그리고 현실화가 되어야 사회적인 신뢰가 형성되는 것이고, 또 현실화가 되어야 공론장 논의가 제대로 된 것인지를 확인을 할 수 있게 될 것입니다. 무엇보다 공론장에서 논의된 것이 현실화될 때, 결과적으로는 요구나 주장 혹은 문제 제기한 사람들의 의견이 정책이나 공공영역에 반영됨으로써 권리가 실현됩니다.

이런 현실화를 가로막는 장애물이 있습니다. 정치적 의지의 부족입니다. 이것은 공론장에 참여한 사람들의 의지가 부족한 것일 수도 있고, 공공기관에 있는 사람들의 의지가 부족한 경우일 수도 있습니다. 또한 제도적인 경직성이 커서 공론장에서 논의한 사람들의 요구를 제도적으로 수용하기 어려운 경우도 생길 수 있습니다. 또 이해관계자들 간에 의견 불일치 등으로 인해서 현실화의 어려움이 발생하는 경우도 있습니다.

그런가 하면 우리가 공론장에서 일정한 결론에 도달하기까지는 열린 논의를 하지만, 그 이후 현실화 과정에 관한 논의는 소홀히 함으로써 제대로 이행되지 않는 경우를 생각보다 많이 보게 됩니다. 아무리 열심히 노력했어도 그것이 현실로 정착하기까지의 과정은 또 하나의 별개의 과정이라고 볼 수 있습니다. 그래서 구체적인 실행 메커니즘이 필요한 것인데, 그런 구체적인 실행 메커니즘이 존재하지 않을 경우, 현실화에 어려움이 발생할 수 있습니다.

이런 현실화를 확보하기 위해서는 다음과 같은 노력이 필요합니다. 자발성은 존중하되 공론장 출발부터 실행에 대해 고민을 해야 합니다. 실행에 대한 고민, 현실화에 대한 고민을 공론장 출발부터 해야 한다는 의미입니다. 공론장이 자율성을 유지한다고 하더라도 이 현실화와 관련된 관계 기관 즉 의회 행정 등과 공론장 진행 과정에 대해서 함께 공유하는 것이 중요합니다. 또한 공론장 논의 과정에서 관계 기관의 의견을 계속해서 청취할 필요가 있습니다. 왜냐하면, 공론장에서 나온 논의가 현실성이 부족할 때는 그것이 정책이나 제도로 반영될 가능성이 더 작아집니다. 따라서 공론장에서의 논의가 현실성을 갖기 위해서는, 그 논의 과정부터 관련 기관이나 이런 곳으로부터 의견을 계속 청취함으로써, 사람들의 요구와 공공기관의 요구가 만나는 지점을 우리 스스로 확보해 가는 과정이 대단히 중요합니다.

또한, 현실화를 위해서는 행정과의 지속적인 소통이 필요합니다. 행정기관이 공론장에 종속된다는 의미가 아니고, 공론장에서 모아진 의견을 의회나 행정과 나누고 또 의회나 행정이 요구하는 내용을 공론장에 가져와서 논의 과정에 포함해서 검토하는 이런 피드백 과정으로서 꼭 필요하다는 의미입니다. 공론장 논의하는 과정에서 현실화 가능성을 항상 염두에 두고 논의를 할 필요가 있습니다. 물론 현실이라고 하는 것을 지극히 좁게 규정해서 논의의 활기 논의의 상상력을 제약할 수준까지 가서는 안 되지만, 공론장의 논의 과정에서 현실적인 여러 가지 여건들에 대해서 검토를 하면서, 보다 현실성 있는 대안을 개발하는 것은 대단히 중요합니다.

　마지막으로는 공론장 이후 현실화 과정에 참여하고, 또 현실화 과정을 모니터링 할 수 있는 기반을 마련할 필요가 있습니다. 그래서 많은 공론장에서는 공론장 합의문 안에 이런 현실화와 관련된 내용을 포함하는 경우가 많습니다.

[제36강] 공론장의 구성 요소(1) - 문제(과제)

지금부터 5회에 걸쳐 공론장 구성 요소에 대해 말씀 나누겠습니다. 공론장의 핵심적인 구성 요소는 문제(과제), 사람, 의제(어젠다), 프로세스입니다. 공론장 설계에 들어가는 핵심적인 요소입니다. 우리가 핵심 요소를 공부하고 나면 공론장의 전체적인 얼개를 이해하게 될 것입니다.

문제(과제, issues)

공론장의 구성 요소 첫 번째인 '문제'에 대해 공부하겠습니다. 영어로는 이슈(issues)죠. 관심 끌 만한 어떤 문제를 이슈라고 얘기하잖아요. 어떤 쟁점이 있는 주제를 이슈라고 얘기하고, 사람들의 이목을 끄는 어떤 일들을 이슈라고 얘기합니다.

그래서 이 공론장에서 말하는 문제(이슈) 개념이 무엇인지를 간단하게 말씀드리겠습니다. 사회적 경제적 정치적 환경적 문화적 영역에서 발생하는 상황이나 현상 그리고 공동체에 관심을 요구하고 해결을 위한 논의가 필요한 주제, 관심 있는 주제임과 동시에 뭔가 해결해야 할 과제를 말합니다. 그리고 공동체 내에서 공감대를 형성하고 해결을 위한 공동의 노력이 필요한 그런 사안, 공동체의 노력을 통하여 해결이 요구되는 사항이기도 합니다. 이 이슈에는 다양한 사람들과 다양한 이해가 결합해 있기 때문에, 다양한 관점과 해결책에 관한 논의가 필요한 주제입니다.

공론장에서 다룰 이슈를 어떻게 정하냐는 굉장히 중요한 부분입니다. 공론장을 우리 마을이나 공동체에서 해보겠다고 할 때, 어떤 기준으로 문제를 설정하게 되는지 살펴볼 필요가 있습니다. 저는 다음과 같이 네 가지 기준을 말씀드리겠습니다. 첫째는 공공성입니다. 공동의 관심사여야 되고, 사회 전체나 그 일부에 영향을 미치는 사안이야 됩니다. 둘째는 중대성입니다. 중대하고 심각한 사항, 왜냐하면 이 공론장을 한다고 하는 것은 많은 사람이 엄청나게 많은 시간과 열정, 여러 가지 자원을 투여해야 하는 일이기 때문입니다. 그래서 그 해결이 공동체의 긍정적인 변화를 이끌 수 있는 사안이야 된다고 말씀을 드릴 수가 있고요. 긴급한 해결이 요구되는 사항. 그 해결이 지연되는 경우에 공동체에 큰 문제나 손실을 초래할 가능성이 있는 사안 등입니다. 마지막으로는 논의가능성입니다. 함께 논의하고 숙의할 가능성이 있는 주제여야 합니다. 이렇게 세 가지 기준을 대체로 충족할 때 그 사안은 공론장에서 다룰 주제로서 적합하다 이렇게 말씀을 드릴 수가 있습니다.

공론장에서 다루기에 적합한 문제는 위에서 말한 공공성, 중대성, 논의가능성 이외에도 다음과 같은 특징을 지니고 있습니다. 가장 중요한 것은 다수에게 영향을 미치는 사항이라고 말씀을 드릴 수 있습니다. 둘째는 해결을 위한 다양한 관점과 접근을 할 수 있는 사항이어야 됩니다. 그러니까 이견이 있고 이해관계에 차이가 있고 또 사안을 보는 관점에 있어서 차이가 있는 주제가 오히려 공론장의 주제로서 적합하다고 볼 수 있습니다. 그리고 공공의 이익과 관련된 사항이 공론장의 주제로서 적합하다 이렇게 말씀을 드릴 수 있습니다. 예를 들어보겠습니다. 소각장 건설 여부, 의료개혁 방안, 쓰레기 처리장 위치 관련된 사안, 조금 더 정책적인 측면으로는 마을인구 감소 대책, 이렇게 다수에게 영향을 미치면서 다양한 관점의 접근이 가능하고, 공공의 이익과 관련된 사안이 공론장의 이슈로 적합합니다.

그렇다면 역으로 부적절한 문제의 특성에는 어떤 것들이 있을까요?

첫째는 개인 또는 사적인 문제입니다. 개인의 건강 문제나 가족 분쟁 등 개인 또는 사적인 문제와 관련된 주제는 개인 정보 보호 문제와 개인적 피해 가능성으로 인해 공론장 토론에 부적절합니다.

둘째는 고도의 기술 또는 전문 지식과 관련한 문제입니다. 일반 대중이 보유할 수 없는 높은 수준의 기술 또는 전문 지식이 필요한 문제는 공론장 주제로 적합하지 않습니다. 예를 들어, 양자 물리학이나 복잡한 금융 파생 상품의 고급 주제에는 일반 참가자가 가질 가능성이 없는 전문가 수준의 이해가 필요한 경우가 많습니다. 이러한 문제는 적절한 전문지식이 없는 사람들이 논의할 때 오해가 발생하거나 지나치게 단순화될 위험이 높으며, 잠재적으로 잘못된 정보나 잘못된 의견으로 이어질 수 있습니다.

셋째는 이념이나 윤리적인 성격이 강한 문제입니다. 종종 극단적인 반응을 불러일으키는 뿌리 깊은 이념 갈등이나 문화 전쟁과 같은 주제는 이해를 촉진하기보다는 긴장을 고조시킬 수 있습니다. 해결이나 타협에 대한 전망 없이 관리하기 어려운 갈등으로 확대될 가능성이 있는 토론은 사회 구조에 해로울 수 있습니다. 또한 증오심 표현, 차별, 폭력 선동과 관련된 주제는 기본적으로 공론장에 적합하지 않습니다. 이러한 논의는 존중, 평등, 인권의 원칙을 훼손합니다. 비윤리적 행위나 불법행위를 조장하거나 민주적 가치를 훼손하는 사안은 공론장 주제에서 제외되어야 합니다.

넷째는 실행 불가능한 문제입니다. 질적인 영향이나 실행 가능한 결과가 없는 매우 추상적이거나 순전히 이론적인 문제는 공론장에 적합하지 않습니다. 학문적 토론은 가치가 있지만, 실질적인 공공정책이나 사회 변화로 이어지지 않을 수도 있습니다. 법적, 경제적, 물질적 제약으로 인해 실행될 수 없는 비실용적이거나 비현실적인 해결책을 제안하는 주제는 대중 담론에 건설적으로 기여하지 않습니다.

우리가 공론장에서 올바른 문제를 선정하는 것이 왜 중요하냐면, 문제 선정이 공론장의 효과성과 공론장의 질을 결정하기 때문에 그렇습니다. 좋은 문제를, 함께 해결해야 할 제대로 된 문제를 선정해야 공론장이 의미가 있게 됩니다. 여기서 좋은 문제는 별 다툼이 없이 쉽게 합의에 이를 수 있는 사안이라는 의미가 아니고, 공론장에서 치열한 논의를 통해 보다 바람직한 결과를 형성해 낼 수 있는 측면에서 좋은 문제라고 하는 것입니다. 그런가 하면 좋은 문제, 올바른 문제라야 사람들의 관심과 참여를 유도할 수가 있습니다. 그리고 좋은 문제라야 다양성과 포괄성을 보장할 수가 있을 것입니다. 다양한 사람들이 관심을 갖고 참여할 수 있게 되는 것이죠. 그리고 건설적인 논의와 실질적인 해결책을 도출할 수 있을 것입니다.

공론장에서 다룰 문제를 선정하기 위해서는 몇 가지 준비가 필요합니다. 첫째는 문제 선정 과정에 참여자의 다양한 의견을 수렴할 필요가 있습니다. 문제 선정을 하는 과정 자체가 다양한 사람들의 의견을 수렴하면서 의견을 나누면서 주제를 선정하는 것이 가장 좋겠죠. 둘째로 공론장의 목적과 방향성에 부합하는 문제를 선정하는 것이 바람직할 것입니다. 대체로는 공론장의 목적이라고 하는 것은 지금 현안이 되는 문제를 해결함으로써 사회 통합이나 공동체의 단합을 높이는 것을 목적으로 하는 경우가 많습니다. 그런 목적에 부합할 수 있는 이슈를 설정하는 것이 좋습니다. 그렇게 그 사안을 가지고 충실히 논의함으로써 그 지역 사회나 그 공동체의 발전에 기여할 수 있는 그런 주제를 설정하는 것이 바람직합니다.

[제37강] 공론장의 구성 요소(2) - 참여자

오늘은 공론장의 구성 요소 두 번째로 공론장 참여자에 대해서 얘기를 하겠습니다. 공론장에는 어떤 사람들이 참여하게 되나요? 공론장 참여자는 굉장히 다양합니다.

공론장 참여자들

첫째는 공론장에는 일반 시민들이 참여합니다. 여기서 일반 시민이라고 하는 말이 굉장히 중요합니다. 이해관계자나 전문가나 행정기관 공무원이라고 하는 것에 앞서서, 공론장의 가장 큰 특징이 일반 시민이 참여하는 공간이라는 점입니다. 그래서 공론장에서 가장 광범위한 참여자 그룹이고, 공론장의 대표성을 갖는 것은 일반 시민들입니다. 다양한 사회적, 경제적, 문화적 배경을 가진 개인들로 구성됩니다. 공론장의 특징에서 말씀드렸는데, 공론장의 주체는 집단이나 조직이 아니라 개인들이라는 점을 유념해야 합니다. 일반 시민도 이해관계 정도에 따라 구분할 수 있습니다. 예를 들면 소각장을 건설한다고 하면 소각장 인근에 사는 사람들, 거기서부터 거리에 따라서 이해관계의 질적인 차이가 있습니다. 그래서 일반 시민들 안에는 이해관계의 질적인 차이가 있을 수 있습니다.

둘째는 공론장에는 전문가나 학자들이 필요합니다. 특정 분야의 지식과 전문성을 가진 사람들이고, 공론장에 깊이 있는 분석과 정보를 제공할 수 있는 사람들입니다. 또 공론장에서 논의할 주제가 복잡한 경우에 그 내용에 대해서 이해를 돕고, 기술적 전문적인 자문 역할을 하기도 합니다. 일반적으로 토론회 설명회 이런 것을 보면, 전문가가 앞에 쭉 나와 얘기를 하고, 거기에 관심 있는 일반 시민들은 청중으로 참여하는 구조입니다. 그런데 공론장에서는 이 위치가 바뀌었다고 생각을 하시면 됩니다. 공론장에서는 실제로 논의를 하고 의사결정해야 될 주체는 시민들입니다. 자율적으로 참여한 시민들이 제대로 잘 결정을 하도록, 전문가 등 이런 사람들이 내용을 지원하고, 정보를 제공해 주는 것입니다. 이것은 매우 큰 차이입니다.

셋째는 정치인이나 정책 결정자들입니다. 공공정책과 법률에 직접적인 영향력을 가진 사람들입니다. 그래서 공론장 논의가 이루어진 결과 그것을 어떻게 제도적으로 반영할 것인가라고 할 때 굉장히 중요한 사람들입니다. 이런 정치인이나 정책 결정자들이 참여함으로써 공론장에서 나온 결론들이 법이나 제도가 되면서 사회적인 변화가 가능해지는 것입니다. 그러나 정치인이나 정책 결정자는 공론장의 중요한 구성원 중의 하나이긴 하지만, 실제로 논의 과정에 직접적인 참여자로서 적합한지는 여전히 논쟁거리입니다.

제 경험에 의하면, 우리 경우에는 정치가나 정책 결정자가 공론장의 일반 시민과 같은 레벨로 참여단으로 논의에 직접 참여하는 것은 바람직하지 않은 것 같습니다. 왜냐하면, 참여자와 발언력에 있어서 차이가 대단히 크기 때문에, 말 그대로 자유롭고 평등한 사람들 간의 논의를 보장해야 할 공론장에서 적절하지 않은 측면들이 대단히 큽니다. 그렇지만 공론장의 영역 내에 있는 것은 분명합니다. 나중에 이제 훨씬 더 구체적으로 말씀드리겠지만, 공론장 영역 내에 있지만, 실제로 시민참여단 토론에 참여하지는 않는다는 정도로 이해하시면 될 것 같습니다. 그러나 공론장이 진행되는 과정에서 이런 정치인이나 정책 결정자들하고는 별도의 테이블을 통해서 공론장 진행 상황을 함께 공유하는 것은 대단히 중요합니다. 왜냐하면, 논의가 다 이루어진 다음에 논의가 이렇게 됐다고 통보하듯 하는 것보다는, 공론장이 어떻게 진행됐는지를 이런 정치인이나 정책 결정자들이 그 과정 과정을 제대로 잘 이해하는 것이 대단히 중요하기 때문입니다. 공론장을 진행하는 사람과 이런 정치인이나 정책 결정자 사이에는 수시로 커뮤니케이션을 통해서 진행 상황을 공유하는 것이 대단히 중요합니다.

그다음에 시민사회 단체나 NGO를 들 수 있습니다. 이들은 특정 사회적 정치적 환경적 이슈를 가지고 활동하는 사람들입니다. 공론장에서 자신들이 관심 있는 주제에 대해서 강력한 주장을 하고 또는 비판의 목소리를 내기도 합니다. 그러면서 이제 이 일반 시민들이 논의하는 과정에서 자신들이 중요하다고 생각하는 문제에 관해서 관심을 촉발하고 적극적인 발언을 유도하기도 합니다. 이들은 자신들이 옳다고 생각하는 이념의 확산과 실천에 관심이 있습니다. 그러다 보니, 많은 경우에 시민단체나 NGO 같은 경우, 문제 해결 자체보다는 문제 제기에 훨씬 더 관심을 두는 경우가 많습니다. 그 점에서 일반 시민 주민과는 입장 차이가 있는 경우가 대단히 많습니다. 공론장에 참여한 일반 시민들은 문제에 대한 전반적으로 조망과 논의를 하고 합의를 도출한다면, 이런 시민사회단체나 NGO 같은 경우는 자신들이 관심 있는 내용을 관철하는데 훨씬 더 의미를 두기 때문입니다. 주민, 시민들 처지에서는 단체나 기구의 입장을 그대로 추종할 수는 없으니까요. 그래서 주민으로서는 이런 시민단체나 NGO와는 너무 가깝지도 않고 너무 멀지도 않는 관계를 유지하려고 하는 경향이 있습니다.

참여자 구성 방식

두 번째로 우리가 참여자를 어떻게 구성할 것인가 하는 논의를 시작해야 하는데, 먼저 자발적인 참여가 아닌 동원 방식이 어떤 문제가 있는지를 살펴봄으로써, 바람직한 참여를 위해서는 어떤 조건들이 필요한지를 유추해 낼 수가 있을 것입니다. 그래서 동원 방식과 그 한계에 대해서 먼저 살펴보도록 합시다.

동원 방식, 우리가 사실은 오랫동안 이 동원 체제 속에 살았습니다. 동원 방식은 억압적인 분위기, 특정 그룹의 회원 자격, 또는 금전적인 이유 등 다양한 요인에 의해 특정 그룹이나 모임에 참여하게 되는 것을 의미합니다. 이러한 참여는 자발적이기보다는 외부의 압력이나 유인에 의해 이루어지며, 개인의 의지와는 무관하게 진행되는 경우가 많습니다. 특히 우리 같은 경우에는 행정기관이 산하 조직을 통해서나 또는 관변 단체를 활용하는 경우가 지금도 많이 있습니다. 그런데 이런 동원 방식에서는 사안에 관해 관심이 없거나 낮고 참여 의지가 없는 경우가 많습니다. 동원이라 하는 것이 자기 의지하고 무관하다는 뜻 아니겠어요?

왜 이렇게 동원을 할까요? 공론장이라 이름 붙여놓고 사람을 동원하는 때도 있습니다. 제가 앞에서 공론장과 공론화 차이에 대해 언급했듯이, 다수결 투표로 결정을 내릴 때 이런 동원이 자주 발생합니다. 내용을 기반으로 토론을 통해서 합의가 이루어지는 것이 아니라, 수적인 다수를 통해서 집단 이익을 관찰하려는 의도가 있는 경우, 동원 방식이 쉽게 활용이 됩니다.

이런 동원 방식의 문제점은 무엇일까요? 첫째는 대표성과 다양성 약화라고 볼 수 있습니다. 또 의지를 떨어뜨립니다. 동원되는 사람들이 자발적으로 참여한 사람들에 비해서 논의에 관심이 더 있을 수가 없잖아요. 또 자유로운 의견 표현을 저해하는 경우도 많습니다. 특정 목표를 달성하기 위해 동원된 사람들은 자유롭게 의견을 표현하기는커녕 때로는 상대를 억압하거나 공격하기도 합니다. 이러한 행동은 공론장의 신뢰성과 결정의 정당성을 약화하는 결과를 초래할 수 있습니다. 이러한 분위기가 조성되면 결국 지속가능성에도 영향을 미치게 됩니다. 즉, 왜 이러한 공론장이 열리는지에 대한 불만을 야기하게 되는 것입니다.

이런 동원 방식의 한계를 극복하기 위해서 어떤 노력이 필요할까요? 첫째는 소수 그룹의 동원이 전체 구성에 영향을 미치지 않도록 차단하는 것입니다. 특정 그룹이 전체 구성에서 너무 큰 비중을 차지하지 않도록 하는 것이 중요합니다. 이슈에 대한 관심이 적은 사람들은 동원의 유혹을 느낄 수 있습니다. 반면에 공공의 관심이 매우 높은 이슈는 동원하기가 어렵습니다. 그러나 일반 대중이 크게 관심을 가지지 않는 이슈일 때,

행정이나 국가가 자신의 목적을 정당화하려고 할 때 동원이 쉽게 발생합니다. 둘째는 다양성을 확보하기 위해 인식과 참여를 장려하는 것이 매우 중요합니다. 공론장에서 다양성이 중요하다는 점을 강조했듯이, 다양성은 넓은 인식과 넓은 참여를 통해 달성됩니다. 다시 말해, 참여에 대한 안내와 독려가 약할수록 동원 방식이 작동할 가능성이 커집니다. 따라서 이러한 동원 방식을 차단하기 위해서는 공론장을 결정하기 전 예비 논의 단계에서 행정적 또는 정치적 조직이 사람들을 동원할 가능성이나 능력이 있는지 확인하고, 그러한 동원을 하지 않겠다는 약속을 미리 받아두는 것이 필요합니다. 반드시 이를 수용해야 합니다.

자발적 참여 촉진 방안

그렇다면 많은 사람이 관심을 두고 다양한 사람들이 참여할 수 있도록 하기 위해서는 어떤 일을 해야 하는가, 참여를 촉진하는 방안이 무엇인가 하는 문제를 함께 살펴보도록 하겠습니다.

첫째, 참여 유도를 위한 홍보를 강화해야 됩니다. 다양한 사람들이 참여할 수 있도록 적극적인 홍보 활동을 해야 하고요. 소셜 미디어나 지역 커뮤니티, 교육 기관 등 다양한 채널을 활용할 필요가 있습니다. 그런 공간을 통해서, 공론장을 왜 하는지 공론장이 왜 필요한지를 사람들에게 알릴 필요가 있는 것입니다.

둘째, 참여의 장벽을 낮추는 것입니다. 참여 장벽이 될 수 있는 장소나 기술적인 제약을 최소화하는 것입니다. 편리한 시간에 사람들이 쉽게 모일 수 있는 장소에서 어렵지 않은 방식을 통해서 참여할 수 있게 해야 합니다. 그리고 온라인 플랫폼을 활용하고 행사 시간을 유연하게 할 필요가 있습니다. 일반인들이 크게 부담이 되지 않고 참여할 수 있는 시간과 장소가 중요합니다. 특히 요즘 같은 경우에는 외국인 노동자들 이주민이 많잖아요. 그분들도 역시 주민이기 때문에 그분들이 참여하기 위해서는 다양한 언어 제공도 필요할 수 있습니다.

셋째, 사람들에게 참여 동기를 부여해야 합니다. 참여하고 싶은 마음이 들어야 하잖아요. 사안 자체 혹은 어떤 문제를 다룰 것인가 하는 것도 중요하지만, 직장이 있거나 학교에 다니는 사람이 부담 없이 참여하기 위해서는 참여 인증서를 발급받는다든지, 참여에 따른 보상을 제공할 필요가 있습니다. 그리스 아테네에서 민회에 참여하는 사람들에게는 일정한 금전적인 보상을 했던 것에도 보여주듯이 대단히 오래된 전통입니다. 공적인 일에 참여하는 만큼 공적인 금액을 사용하는 것은 어떻게 보면 당연한 일이라고 볼 수 있습니다. 그리고 참여자의 의견이 정책 결정 과정에 반영되는 사례를 공유할 필요가 있습니다. 우리가 이렇게 공론장에 참여함으로써 어떤 효과를 가질 수 있는지에 대해서 사람들에게 좋은 사례를 들어서 설명을 한다면, 참여 동기가 훨씬 더 강해질 것입니다.

넷째, 그리고 이제 투명성과 공정성을 확보하는 것이 대단히 중요합니다. 공론장의 모든 과정을 투명하게 공개해야 하고요. 참여자 선정부터 의견 수렴 결정까지 모든 단계에서 공정성을 보장해야 합니다. 그렇게 함으로써 공론장에 대한 신뢰성을 높이고 참여자나 일반 시민의 수용성을 높일 필요가 있습니다. 나중에 더 말씀드리겠지만, 공론장에 이렇게 참여단으로 참여하는 시민들도 있는가 하면, 시청 홈페이지라 다양한 루트를 통해서 지금 공론장이 어떻게 진행되는지를 사람들이 쉽게 알 수 있게 해야 하거든요. 이렇게 투명성과 공정성이 확보될 때, 그 사안과 관련된 공론장에 대한 관심도 높아지고 신뢰성도 높아집니다.

다섯째, 그리고 이제 다양한 의견을 충분히 포용할 것이라는 신뢰감을 줘야 합니다. 그래서 다양한 관점과 의견이 자유롭게 표현되도록 보장을 해야 되고, 소수 의견이나 반대 의견도 존중받고 충분히 논의 기회를 제공받을 수 있다고 하는 믿음을 줘야 됩니다. 그렇게 함으로써 포괄적이며 균형 잡힌 진행과 결정이 이루어질 수 있도록 하는 것이 참여를 촉진하는데 굉장히 중요한 요소입니다. 예를 들면, 사회적 소수자 같은 경우에 내 의견도 거기 가면 충분히 얘기할 수 있고 존중될 수 있다고 생각할 때, 공론장에 참여할 마음이 생길 것입니다.

참여자 선정 방식과 규모

네 번째는 후속 논의가 필요한 상황입니다. 여기서 후속 논의가 필요한 상황이라는 얘기는 이후 공론장 설계 관련해서 아주 이렇게 상세하게 실례를 들면서 설명을 할 때, 그때 훨씬 더 구체적으로 말씀드릴 내용들을 얘기하는 것입니다. 참여자를 어떻게 모집하고 또 참여자의 구성은 어떻게 해야 하는지, 또 예를 들면 참여자를 선정하는 방식에는 무작위 추출, 자발적 참여, 쿼터 샘플링 등 여러 가지 공개 모집이나 여러 가지 방법들이 있습니다. 어떤 경우에 어떤 방법을 사용하는 것이 좋은지 이게 다 의미가 다르잖아요. 그래서 이 각각 방식이 가진 장단점이 무엇인지, 또 사안에 따라서 참여자를 어떻게 구성하는 것이 좋은지, 이런 것들에 관해서는 이 이후에 공론장 설계에 관련된 강의를 할 때, 내용은 구체적으로 다루겠습니다.

또 살펴봐야 할 것이 참여자를 몇 명으로 할 것이냐 이런 문제도 굉장히 중요합니다. 그냥 주먹구구로 정하는 것이 아닙니다. 사안의 성격과 참여자의 규모는 굉장히 밀접하게 연결이 돼 있습니다. 그런 내용에 관해서도 이 이후에 조금 더 구체적으로 살펴보겠습니다. 어떤 방식으로 결합할 것이냐? 아까 소각장 말씀을 드렸는데, 예를 들면 의정부시 소각장 문제라면 직접 관련해 있는 사람들과 그리고 간접적으로 영향권에 있는 사람들을 어떤 방식 어떤 비율로 어떤 구성으로 결합할 것인가 하는 문제는 굉장히 중요합니다. 그런 내용과 관련해서 공론장 설계 과정에서 보다 구체적으로 말씀드리겠습니다.

[제38강] 공론장의 구성 요소(3)
- 의제(논의 목록)

오늘은 공론장의 구성 요소 세 번째 의제에 대해서 공부를 하겠습니다. 먼저 의제가 뭔지, 쟁점과 어떻게 결합하는 것인지를 개념 차원에서 알아보고, 삶의 영역에서 의제를 어떻게 도출하는지 설명한 다음, 어떤 주제들이 공론장 의제로 적합한지 살펴보도록 하겠습니다.

의제의 개념

의제는 아젠다(agenda), 논의 목록, 논의되어야 할 주제나 문제들을 의미합니다. 의제는 공론장의 방향을 결정하고 참여자들의 관심과 논의를 집중시키는 역할을 하게 됩니다. 의제를 어떻게 설정하느냐 하는 것이 공론장 성공에 있어서 대단히 중요한 과정이고, 적절한 의제 선택은 생산적인 대화와 합의를 도출하기 위한 기반이 됩니다. 예를 들어, 우리 동네 소각장 문제와 함께 논의해야 될 주제들의 목록을 말합니다. 이슈는 해당 사안과 관련하여 다양한 관점과 견해 이해관계가 얽혀있는 충돌 지점, 즉 쟁점(爭點)을 말한다면, 의제는 이런 쟁점을 제대로 해결하기 위해서 논의해야 될 논의 목록을 체계적으로 정리한 것을 말합니다.

예를 들면, 의정부의 경우, 시민사회와 행정간, 혹은 시민사회 내부에 소각장의 위치, 소각장의 규모, 소각장 관련 환경적인 조치 등에 관해 다양한 견해와 입장 차가 있었습니다. 이와 함께 소각장 문제 해결을 위한 논의 방식과 구조에 대해서도 이견이 있었습니다. 다양한 쟁점들이 존재했던 것이죠. 그런데 생산적인 논의를 위해서는 이런 쟁점들을 마구잡이로 논의할 수는 없을 것입니다. 상식적으로 생각하면, 우선 논의 방식과 구조에 대해 먼저 논의하고, 합의를 이룬 다음, 소각장 관련 논의를 진행해야 할 것입니다. 소각장 논의 역시 소각장 위치에 관한 논의보다는 얼마만 한 소각장이 필요한지를 논의하는 것이 합리적인 순서일 것입니다.

이렇게 논의해야 할 논의 주제들을 정한 다음에 그 논의 주제들을 논의가 효과적으로 이루어질 수 있도록 목록을 잘 작성을 하고, 언제 어느 때 어떤 논의를 어떤 순서로 할 것인지에 대해서 논의의 틀을 정리하는 것을 의제 설정(agenda setting)이라고 합니다. 의제에는 논의할 주제와 논의 순서와 시간이 포함됩니다. 이 의제 목록이 있어야만 실제로 논의가 가능해집니다. 만약에 의제 목록 없이 논의하면 어떻게 될까요? 완전히 잡담하듯이 얘기가 흘러가는 대로 무질서하게 될 것입니다. 그래서 논의의 질서를 세우고 효과적인 결론을 도출하기 위해서는 이 의제 설정(아젠다 세팅)이 핵심입니다.

의제 도출 방식

의제 설정을 어떻게 할까요? 다양한 이해관계자들이 참여해서 체계적이고 반복적인 과정을 통해서 달성됩니다. 그러니까 의제 설정 자체가 이해관계자들을 비롯한 다양한 사람들이 함께 모여서 논의를 하면서 만들어지는 것입니다. 대개 공공기관에서 진행하는 소위 공론화라고 하는 것을 할 때는, 몇몇 전문가들이나 용역사에게 그냥 맡기는 경우가 많죠. 논의해야 할 주제를 그런 식으로 정하게 되면, 실제로 공론장에 참여할 시민들이나 주민의 의견과는 굉장히 달라질 수 있고, 그로 인해 현실을 제대로 반영하지 못하는 경우가 생깁니다. 따라서 의제를 설정하기 위해서는 의제와 관련된 실제 사람들이 모여서 우리가 논의해야 할 주제가 무엇인지를 논의하는 과정이 반드시 있어야 합니다. 물론 거기에는 전문가도 결합하고, 다양한 행정, 정치인 이런 사람들도 결합해야 하지만, 중요한 것은 의제 설정 과정 자체가 이해관계자를 비롯해서 관련된 시민들이 논의하는 과정이 있어야 한다는 것입니다.

사회적인 중요성이나 관련성 참여자들의 다양한 관점과 전문 지식이 반영돼야 합니다. 즉 일반인들뿐만 아니라 관련된 지식을 가진 사람들이 결합해야 한다는 의미입니다. 소각장 공론장의 예에서는 소각장 전문가들이 결합하고 또 생활폐기물 관련된 전문가들이 결합할 수 있겠죠. 그런가 하면 대기 환경이나 수질환경과 관련된 사람들이 결합해서 조언을 줄 수도 있습니다. 이런 사람들과 함께 의제를 설정하게 됩니다. 그럴 때라야 공론장이 생산적이고 의미 있는 대화를 촉진할 수 있게 되고, 실질적인 사회적인 합의와 변화를 끌어낼 수 있게 됩니다. 그런 점에서 의제 설정은 단순히 주제를 선택하는 것 이상의 의미를 갖습니다.

의제 설정의 의미를 정리해 보면, 의제 설정은 공론장의 성공을 위한 기초적인 작업입니다. 공론장이 지향하는 목표에 도달하고 참여자들에게 의미 있는 경험을 할 기회를 제공합니다. 궁극적으로는 정의롭고 포괄적인 결정을 끌어내는데 핵심적인 역할을 합니다. 즉 논의가 제대로 잘 이루어지기 위해서는 함께 논의해야 할 논의 목록이 정확하고 적절하게 작성이 돼야만 좋은 논의가 이루어질 수 있고 좋은 결과를 도출할 수 있게 됩니다.

의제 설정 원칙

의제 설정에 대한 자세한 내용은 뒷부분에 있으며, 지금은 핵심적인 원칙을 중심으로 말씀 드리겠습니다.

첫째, 공공의 관심과 중요성입니다. 공론장 의제는 주민 삶과 직접 관련된 문제, 공동의 관심사 중에 공공의 관심이 높은 주제를 설정해야 하겠죠. 공론장에서 다룰 의제라고 하는 것은 사람들의 관심이 높은 공동 관심사를 중심으로 의제가 설정돼야 한다는 의미입니다.

둘째, 포괄성과 다양성입니다. 그 사회의 다양한 목소리와 관점을 반영할 수 있는 주제를 선정해야 하고, 논의의 포괄성과 다양성을 확보할 수 있어야 합니다. 사람이 적다고 하더라도 그 문제가 의미가 있다면, 그 내용도 의제 안에 포함이 되어야 합니다.

셋째, 논의의 가능성입니다. 논의를 통해서 해결책을 모색하거나, 합의 도달이 가능한 주제를 선택해야 합니다. 너무 광범위하거나 해결이 불가능한 주제는 피하는 것이 좋습니다. 의제를 선택하는데 지극히 추상적이거나 도덕적이거나 윤리적인 측면으로 빠지게 되면, 각자의 믿음과 신념에 따라서 입장이 다르므로, 서로 공통분모를 만들어내기가 굉장히 어렵습니다. 따라서 공론장 의제는 논의가 가능한 주제야 합니다. 논의가 가능하다고 하는 것은 논의를 통해서 어느 정도는 객관적인 사실, 법적인 규범성 기타 등등을 확인할 수 있는 주제여야 됩니다. 고도로 추상적이어서 그 내용의 진위여부라는 진실성 여부를 파악할 수 없다면, 논의가 생산적으로 이루어지기가 어려울 것입니다.

넷째, 시의성입니다. 사람들로부터 관심을 끌어내고 의미 있는 논의가 진행되기 위해서는 사회적으로 긴급하게 그 필요성이 요구되는 사안이 좋겠죠.

여러분들이 좀 이해하기 쉽도록 바람직한 의제의 예를 몇 가지 들어보겠습니다. 지역 사회 현안, 우리 지역에 소각장을 지을 것인가, 어느 위치에 지을 것인지, 또 용량은 어떻게 할 것인지, 소각장을 대체할 방법은 없는지 등등, 또 주민 삶에 심대한 영향을 끼칠 도시 개발 계획, 주민 삶에 심대한 영향을 끼친다면 주민은 당연히 그 문제를 가지고 공론장을 열 수가 있고, 논의를 모을 필요가 있습니다. 지역 사회의 발전 방향, 우리 지역에서는 어떤 사업을 펼쳐갈 것인가, 발전 방향을 어디에 둘 것인가를 가지고도 공론장을 열 수가 있을 것입니다. 또 지역 사회 복원이라는 환경 복지와 같은 자원 배분과 관련된 사항, 예를 들면 참여예산제 같은 것, 그래서 공론장을 통해서 참여예산제를 운영하는 것이 바람직하다고 볼 수 있습니다. 범위를 넓혀서, 기후변화 관련해서 우리는 무엇을 할 것인지, 또 지역 인구 감소와 관련해서 또 우리 마을 우리 동네 우리 커뮤니티에서는 무엇을 할 것인가라고 하는 것도 충분히 공론장의 의미 있는 의제가 될 수 있습니다.

그렇다면 바람직하지 않은 의제에는 무엇이 있을까요? 국가나 행정의 고유 업무에 해당하는 사안 같은 경우에 법령에 따라서 정해놓은 범위 안의 일들, 행정 사무와 관련된 것, 범죄 관련 사안이나 재판 중인 사안 같은 경우에는 일단 우리가 법치주의에 살고 법에 따라 판단이 이루어지는 사안의 경우에는 공론장 주제로서 적절하지 않을 것입니다.

개인적인 불만이나 분쟁 같은 것도 마찬가지입니다. 이게 개인적인 불만이나 분쟁 그것이 어떤 지역 사회의 다수가 같은 것을 느끼고 있다면 공통의 관심사가 분명히 될 수가 있지만, 그렇지 않고 개인적인 차원에 그친다면 공론장 의제로서 바람직하지 않습니다.

그 다음에 이제 중요한 것이 도덕이나 종교 등 윤리적인 문제, 인종 등 정체성과 관련된 사안, 변동 가능성이 적은 사안, 자신의 신념이나 자신의 정체성과 관련된 사안은 공론장의 주제로서 적절하지 않은 경우가 많습니다. 우리가 어떤 종교가 옳은가 등의 도덕적인 문제를 공론장에 붙일 수는 없는 거잖아요. 그렇지만 이런 차이가 사회적 차별이 될 때에는 공론장의 의제가 될 수가 있겠죠. 예를 들면 인종 문제 우리나라에 들어와 있는 외국인 노동자들의 권리가 심각하게 침해되고 있다고 하면, 그것은 공론장의 주제가 충분히 될 수 있습니다.

또 근거 없는 주장에 기반한 이슈, 정치적인 선동 같은 것이 공론장의 주제로서 될 수는 없습니다. 또 특정한 이해 집단에 한정된 주제 같은 것은 공론장의 주제가 될 수 없습니다. 공론장은 여러 번 말씀드린 것처럼, 다양성과 포괄성을 기반으로 일반 시민의 참여를 통한 문제 해결 방식이기 때문에, 특정한 이해 집단에 한정된 주제는 공론장의 주제, 의제로서 적합하지 않습니다. 공론장 주제를 구체적으로 어떤 과정과 절차를 통해 형성해 가느냐, 어떤 논의를 통해서 또 어떤 노력을 통하여 공론장 의제를 확정해 가는가 하는 것과 관련해서는 이 이후의 공론장 설계 과정에서 구체적으로 말씀을 드리겠습니다.

[제39강] 공론장의 구성 요소(4)
- 절차(공론장 주요 단계와 단계별 과제)

공론장의 구성 요소 중 공론장 절차에 대해 두 번에 나누어서 공부를 해보도록 하겠습니다. 공론장 절차에 관한 얘기는 풀어서 얘기하면, 공론장의 주요 단계와 단계별로 핵심적으로 해야 할 과제로 구성돼있습니다.

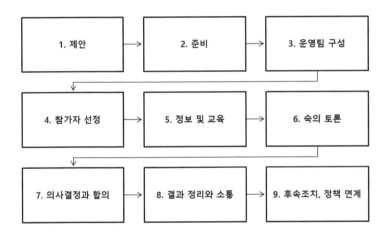

공론장의 주요 단계

이 그림을 보면 전체적으로 우리가 공론장이 어떻게 구성돼서 운영되고 결과가 도출되는지 알 수 있습니다. 누군가 "공론장을 합시다"라고 제안합니다. 개인일 수도 있고, 집단일 수도 있고, 공공기관의 장일 수도 있고, 주민일 수도 있습니다. 공론장을 제안하는 데는 제한이 있을 수 없습니다. 누군가 제안을 하고 동의를 얻으면 되는 거잖아요. 그런 다음에 공론장이 그냥 열리는 게 아니라 공론장에서 다룰 의제를 무엇으로 할 것인지, 사람들을 어떻게 모을 것인지, 또 공론장의 진행은 어떻게 할 것인지 등의 준비 과정이 있습니다.

그다음에 공론장이라고 하는 것은 많은 사람이 모여서 함께 논의하므로, 공론장을 잘 운영해야 합니다. 그래서 공론장 운영팀을 구성하게 됩니다. 총괄본부에 해당하는 거라고 볼 수 있습니다. 이제 참가자를 모으고, 이 참가자들에게 공론장에서 의미 있는 토론이 이루어질 수 있도록 정보를 제공하고 교육하는 과정이 존재합니다.

그리고 정말로 숙의토론장이 열리게 되는 것이고, 이 숙의토론장에서 열심히 논의하고 논쟁하고 하면서, 말 그대로 상호이해와 공감대를 형성해 갑니다. 그리고 이제 그걸 기반으로 해서 논의를 통해서 얻고자 하는 문제와 관련해서 결정하게 됩니다. 그 결정한 내용을 잘 갈무리해서 합의안을 만들게 되고, 도출된 합의안을 기반으로 내용을 잘 정리한 다음, 언론이나 행정 같은 공공기관에 그 내용을 전달하게 됩니다.

전달한다고 끝나는 게 아니죠. 전달한 다음에 필요한 경우에는 의회에서 제도화가 될 필요가 있고, 그런가 하면 행정의 정책으로 내용이 전달되는 경우에 그것이 제대로 잘 이행이 되는지를 모니터링 하는 과정까지 포함이 될 것입니다.

공론장의 전체적인 얼개는 이렇게 구성됩니다. 그 가운데 오늘 공부를 할 부분은 공론장 제안, 준비 운영팀 구성, 참여자 선정 정보 및 교육에 관해서 공부하고, 나머지는 다음 시간에 공부하겠습니다.

제안과 준비

공론장 제안입니다. 제안을 누가 하나요? 주민이나 주민단체 시민단체 공공기관 등 개인이나 조직 등 누구나 할 수 있습니다. 제안하는 경우에 제안 내용은 무엇이 될까요? 공론장을 통해서 해결하고자 하는 문제나 논의하고자 하는 주제입니다. 다양한 문제 해결 방법이 있는데 왜 하필이면 공론장이라는 걸 통해서 해결해야 하는지, 또 공론장을 통해서 하는 경우, 어떤 기대 효과가 있는지를 설명할 수 있어야 합니다.

그렇게 해서 그 공론장을 한번 해 보자고 의기투합이 된다면, 이제 준비에 들어가게 됩니다. 근데 이 준비는 누가 할까요? 공론장에 대한 준비는 제안된 문제나 주제와 관련된 사람들이 중심이 되는 경우가 많습니다. 문제를 제안한 사람 또 그 제안한 문제와 밀접하게 관련된 사람들이 아무래도 중심이 되기가 쉽습니다. 이제 거기다가 전문가들이나 행정기관이 관심을 보이게 될 것입니다. 특히 갈등 사안이면 핵심적인 이해관계자들이 이런 준비에 있어서 적극성을 보이겠죠.

준비팀의 구성과 과제

그런데 준비 과정에서 우리가 꼭 명심해야 할 것은 공론장이라는 것은 특별한 집단이 자신들의 이익을 실현하기 위한 것이 아니라, 일반 시민에게 논의 기회를 제공하고 또 의사결정을 하게 하는 것입니다. 어떤 특별한 사안과 관련된 다양한 견해와 입장, 이해관계가 논의될 수 있도록, 말 그대로 다양성과 차이가 최대한 확보될 수 있도록 하는 것이 중요하고, 거기에 전문성을 결합하는 것입니다. 그래서 준비 과정에서도 이런 다양성이 확보될 수 있도록, 특별한 입장을 가진 사람들이 다수를 차지하게 하면 안 됩니다. 다양성과 차이가 잘 드러날 수 있도록 하고, 거기에 전문성을 결합해서 준비팀을 구성하는 것이 바람직합니다.

이 준비팀에서 해야 할 과제가 굉장히 중요합니다. 첫째, 제안된 내용에 대해 검토를 해야 하겠죠. 그리고 공론장 방식으로 문제에 접근하는 것이 타당한지를 검토할 필요가 있습니다. 또한, 준비팀에서는 공론장 진행과 관련해서 사전 논의를 하고, 사전에 논의 결과를 기반으로 사전 합의안을 도출할 필요가 있습니다.

대체로 준비 과정에 이렇게 입장 차이가 큰 사람들이 당연히 결합하게 되겠죠. 예를 들면 소각장을 건설한다고 할 때, 소각장이 꼭 필요하다고 주장하는 사람도 있고, 소각장을 건설하면 안 된다고 주장하는 사람도 있는 것처럼, 다양한 입장 차이가 있지 않겠어요? 그런 경우에 이 준비팀에는 그런 입장 차이가 두드러진 사람들이 소외되지 않고 잘 참여할 수 있도록 구성하는 것이 중요할 뿐만 아니라, 그런 입장 차이가 큰 사람들이 제대로 참여를 해서 향후의 공론장을 어떻게 구성하고 운영할 것인지에 대한 기본적인 합의가 이루어지는 것이 이후 공론장의 안정성을 위해서 대단히 중요한 조건입니다. 공론장 진행과 관련해서 사전 논의와 합의를 하는 것이 대단히 중요한데, 그 핵심적인 내용은 공론장에서 어떤 주제를 다룰 것이냐, 논의의 범위를 어떻게 할 것이고, 의제는 무엇으로 할 것인가 하는 것, 그리고 공론장을 통해서 궁극적으로 달성하고자 하는 목표는 무엇이고 또 때에 따라서는 의사결정 방식은 어떻게 할 것인지 등등, 향후 구성할 공론장의 핵심적인 내용에 관한 사전 합의가 이루어지는 것이 대단히 중요합니다.

공론장 운영팀 구성

이렇게 해서 준비 과정에서 만들어진 내용을 기반으로 공론장을 실제로 운영할 팀을 구성하게 됩니다. 운영위원회라고도 불리는 운영팀은 시민참여단을 구성하고 시민토론회를 진행하기 위한 일종의 총괄 기획·운영 기구이자, 공론장을 대표하는 얼굴이라고 보시면 됩니다.

운영팀은 공론장을 대표할 수 있는 사람들로 해당 사항과 관련된 이해관계자 전문가뿐만 아니라 주민·시민단체 대표들로 구성됩니다. 운영팀은 공론장을 총괄하는 기구이기 때문에 해당 사항과 관련해서 그 지역사회에 상당한 권위와 대표성을 지닌 사람들과 이해관계자, 전문가들이 함께 참여하는 구조가 되는 것이 바람직합니다. 여기에는 사회적 소수자도 당연히 포함돼야 하겠죠. 앞서 살펴본 바와 같이, 인구수나 조직 규모뿐 아니라, 포괄성·포용성에 기반해서 배제되는 사람이나 집단이 없도록 해야 합니다. 그리고 대표들은 규모와 관계없이 동등한 자격으로 동등한 발언력을 갖는다는 것은 더 말할 필요가 없을 것입니다.

운영팀에서는 우선 위에서 말한 준비팀에서 제안한 공론장 의제, 참여자 구성, 추진 절차 등을 확정해야 합니다. 그리고 시민 참여를 독려하고, 시민 참여자를 모집·선정하는 일도 운영팀 주관으로 이루어지게 됩니다. 또 관련 사안에 대한 정보 수집, 자료집 발간, 참여자 교육 및 훈련, 숙의토론 진행, 논의 결과 정리 및 제출 이 모든 과정을 운영팀이 주관합니다.

　여기서 하나 확실하게 짚고 넘어가야 할 부분은 소위 공론화라고 하는 곳에서 하는 것처럼 용역 회사에 이런 일들을 다 맡기고, 운영팀은 그냥 회의에 참석해서 검토하는 정도로 역할을 해서는 안 됩니다. 운영팀이 실제로 논의를 통해서 이 내용을 구성해 가야 합니다. 그 지역 사회나 그 사항과 관련된 실제로 논의할 수 있는 논의 주체들이 모여 있는 곳이기 때문에, 그곳에서 논의를 통해서 하나하나 구성해 가면서, 필요한 경우에 오히려 전문가들을 활용하면 되는 것입니다. 운영팀은 실질적 논의를 통해, 이 과제 하나하나를 실제로 구성하고 결정해 가야 한다는 점을 명심하셔야 합니다.

참여자 선정

　운영팀이 해야 할 가장 중요한 일이 시민토론회에 참가할 시민을 선정하는 것입니다. 참여자 선정은 여러 단계와 절차를 거쳐 이루어집니다. 첫 번째 해야 할 일이 '공론장의 취지와 참여 방법에 대해 시민에게 알리고 설명하는 일'입니다. 시민에게 공론장을 한다는 것과 공론장에서 어떤 내용을 다룰 것인지, 공론장에 왜 참여해야 하는지에 대해서 사람들한테 알려야 합니다. 원칙적으로는 참여 기회를 얻지 못해서, 알지 못해서, 참여하지 못하는 사람이 없도록 해야 합니다. 누구에게나 참여 기회를 공정하게 제공해야 하죠. 이런 알림을 위해서 주민설명회나 간담회를 개최하게 됩니다. 의정부 소각장의 경우, 4개 권역별 주민설명회, 시민사회 간담회를 포함하여 8차례 공식적인 설명회를 개최하였습니다. 또 주민의 요구가 있을 때는 그 형식에 구애받지 않고, 주민을 만나야겠죠.

주민 홍보가 이루어진 다음에는 참여희망자를 모집하고, 일정한 기준과 원칙에 따라 희망자 가운데 정해진 숫자에 맞도록 시민참여단을 선정해야 합니다. 선발이란 말 대신 선정이란 말을 사용한 이유는 선발이란 말에는 인위적인 냄새가 나기 때문입니다. 운영팀에서 정한 기준에 따라 정하게 된다는 의미입니다.

참여자를 선정하는 방법에는 굉장히 다양한 방법들이 있습니다. 참여자의 규모·구성·선정 방식은 사안의 특징을 고려해서 결정해야 합니다. 그 세부적인 내용은 뒤에서 세밀하게 말씀드리겠습니다. 시민의 자발적인 공론장의 경우에는 자발적 참여를 원칙으로 하는 것이 바람직하고, 소수자에 대한 고려가 필요하다는 정도는 미리 말씀드릴 수 있을 것 같습니다.

참여자에 정보 제공

시민참여단이 구성되면, 이들에게 토론에 필요한 정보를 제공해야 합니다. 그리고 토론에 처음 참여하는 분들이 많으므로 이들에게 토론 절차와 방식에 대한 교육도 필요합니다.

의제가 정해지면 그 의제와 관련된 논의를 하기 위해서 그 내용을 채우는 것이 정보라고 생각을 하시면 됩니다. 온-오프라인을 활용해서 사안과 관련된 정보를 적극적으로 제공을 해야 합니다. 참여자를 위한 별도의 정보 창구, 아카이브 같은 것을 개설할 필요가 있습니다. 지자체와 관련된 문제는 지자체 게시판에 아카이브를 설치하는 경우도 있고, 아니면 시민단체들이 이런 역할을 하면 좋습니다. 예를 들면 소각장과 관련된 문제 중에서 환경과 관련된 부분은 환경 단체에서 또 사회복지와 관련된 것은 사회복지 단체에서 정보를 제공하는 것입니다. 참여자들이 다양한 정보를 손쉽게 얻을 수 있도록 아카이브를 설치하는 것이 대단히 중요하고요. 질의응답 코너를 마련해야 합니다. 온·오프라인에 전문가들을 배치해서 전문적인 조언을 들을 수 있도록 해야 하고요. 또 숙의토론회가 실제로 열리기 전에 각종 설명회, 간담회 등을 통해 이런 정보를 같이 공유하고 또 확인하는 이런 시간을 갖는 것이 바람직합니다.

또 정보를 체계적으로 전달하기 위해 자료집을 발간하기도 합니다. 자료집 안에 다양한 의견이 담길 수 있도록, 그래서 차이가 왜 발생했는지 어떤 부분에 차이가 있는지를 확인할 수 있도록 하는 것이 중요합니다. 자료집을 발간하는 주체는 중립적인 관점에서 균형 있게 사실을 중심으로 기술할 필요가 있고, 공신력 있는 자료를 중심으로 기술할 필요가 있습니다. 이견이 있으면 이견이 있는 대로, 공통점이 있으면 공통점이 있는 대로, 기술하는 것이 바람직합니다.

[제40강] 공론장의 구성 요소(5)
- 절차2(숙의토론, 의사결정과 합의형성 외)

공론장 구성 요소로서 절차에 관한 두 번째 시간인데요. 지난 시간에 우리가 공론장 절차에서 제안, 준비, 운영팀 구성, 참가자 선정, 사전 교육까지 공부했습니다. 오늘은 숙의토론, 의사결정과 합의형성, 결과 정리와 후속 조치라는 내용으로 공부를 하겠습니다.

숙의토론

숙의토론 많이 들어보셨죠? 이 숙의토론에 관해서도 나중에 공론장 설계 및 운영과 관련된 내용을 다룰 때, 아주 상세하게 공부를 할 건데요. 지금은 개괄적인 내용 중심으로 말씀을 좀 드리겠습니다. 숙의토론의 순서는 일반적으로 발제 또 쟁점 제시, 질의, 분임토론, 전체 토론 순으로 되게 진행이 많이 되죠. 사안의 성격에 따라서 시간 배정이 달라집니다. 어떤 경우에는 발제가 굉장히 중요하고, 어떤 경우에는 질의, 또 어떤 경우에는 분임토론 또 경우에 따라서는 분임토론보다 전체토론이 굉장히 중요한 때도 있습니다. 또 쟁점 해소를 할 수 있도록 충분한 시간을 배정하는 것이 대단히 중요합니다. 많은 경우, 행정기관 등에서 공론화를 한다고 하면서, 쟁점토론 시간이 거의 없는 경우가 많습니다. 그렇게 되면 어떻게 된다고 그랬죠? 그 공론장에 관한 수용성이 생기지 않습니다. 그래서 이 쟁점을 중심으로 하는 논쟁 혹은 토론이 대단히 중요합니다. 거기에 시간을 많이 배정하는 것이 당연하죠. 또 분임토의만 아니라 전체 토의도 잘 활용하는 것이 중요합니다.

숙의토론 진행과 관련해서 몇 가지 말씀을 드리면, 사안의 성격에 맞는 진행자를 선정해야 합니다. 참여예산제와 같이 특별한 쟁점이나 갈등

보다는 비전이나 아이디어가 중요한 경우와 소각장처럼 찬반 대립이 분명한 경우 진행자의 역할이 달라질 수밖에 없습니다. 이렇게 사안의 성격에 따라서 어떤 사람이 진행하는 것이 좋은지 결정해야 합니다. 정해진 순서에 따라 원만하게 회의를 진행하는 정도(모더레이터)인지, 해당 의제에 대해 적극적으로 대화를 이끌어내는 일이 중요한지(퍼실리테이터), 아니면 치열한 갈등 사안이라서 조정자(미디에이터)로서 역할을 해야 하는지, 사안의 성격에 따라서 진행자 선정도 달라져야 합니다. 그리고 진행자들은 사안에 대한 충분한 이해를 기반으로 하고 있어야 합니다. 그냥 진행 스킬이 중요한 것이 아니라, 사안 자체에 대한 심도 있는 인식을 하고 있어야만, 제대로 된 진행을 할 수가 있습니다. 또 균형 있는 진행과 적극적인 발언을 유도하는 것이 대단히 중요합니다.

많은 경우, 무슨 경청 이런 얘기 많이 하는데요. 그것보다 훨씬 더 중요한 게 적극적으로 발언하는 것입니다. 숙의토론에서는 상호이해와 공감대 형성을 이뤄내는 것이 대단히 중요합니다. 논의 내용을 잘 정리를 하면서 합의가 가능한 영역과 어려운 영역을 잘 분별해내는 것이 중요합니다. 그래서 합의가 가능한 영역은 합의 안에 담게 되는 것이고, 어려운 영역이나 부분 합의가 된 것은 부분 합의된 내용으로 구별해서 정리하게 됩니다.

숙의토론이 이루어지기 위해서는 기간과 장소가 굉장히 중요합니다. 사안의 복잡성이나 의제 수준 등을 보면서 논의 기간을 설정할 필요가 있습니다. 예를 들면, 제가 총괄했던 〈서부경남 공공의료확충 시민공론장〉의 경우, 전체 기간이 1년 정도 걸렸어요. 그런가 하면 〈경기도 연천 두루미 보호 주민공론장〉 같은 경우는 한 3~4개월 소요되었습니다. 이렇게 사안의 복잡성이나 의제 수에 따라서 기간은 그 사안의 성격에 맞게끔 설정되면 됩니다. 또 숙의토론이 시작되는 경우에 토론이 한 번에 끝나는 경우는 별로 없습니다. 여러 차례 토론하게 되는데 토론과 토론 사이에 적절한 시간적인 간극을 두는 것이 좋습니다. 제 경험으로는 토론과 토론 사이 간격은 1주일 정도가 적절한 것 같습니다. 그 사이 주변 사람들과 토론 내용을 공유하기도 하고, 다음 토론을 위해 사람들의 의견을 수렴할 수도 있으니까요.

장소 선택도 중요합니다. 일단 오가기 편리한 장소면 좋겠고, 또 토론이라고 하는 것이 굉장히 에너지가 많이 들어가는 일이잖아요. 그래서 적절한 휴식이 가능한 그런 공간을 선택하는 것이 중요합니다.

의사결정과 합의형성

의사결정(Decision-Making)은 결정해야 할 문제를 인식하고, 정보를 수집하고, 대안이 될 수 있는 해결책을 평가하고 선택하는 과정을 말합니다. 의사결정의 목적은 주어진 문제에 대한 최상의 해결책을 찾는 것입니다. 합의형성(Consensus Building)은 어떤 모임의 모든 구성원이 지지할 수 있는 결정을 내리는 데 중점을 둡니다. 현실에서는 '적극적인 반대자가 없을 정도의 상황'을 만들어가는 것을 의미합니다. 따라서 의사결정이 문제 인식, 정보 수집, 대안 평가, 선택과 같은 논리적인 절차를 중시한다면, 합의형성은 참여, 공통 목표 설정, 의견 조정, 공적 이익 중시, 의사소통, 민주적 절차를 중시합니다. 누가 반대하든 말든, 합의형성 과정 없이 정해진 절차에 따라 의사결정이 이뤄질 수도 있고, 의사결정을 동반하지 않은 합의형성도 가능한 것입니다.

공론장은 의사소통, 절차적 정당성, 합의 중심의 토론을 통해 상호이해와 공감을 강조합니다. 그러므로 공론장의 핵심인 숙의토론이후 반드시 의사결정이 있어야 하는 것은 아닙니다. 현재 상황을 이해하고 서로 공감하는 것 자체가 숙의토론의 목적일 수도 있다. 또한 최종 결정이 필요하더라도 회의 때마다 결정할 필요는 없습니다. 다만, 위에서 살펴본 바와 같이 현실적으로 숙의토론에서 다뤄지는 주제가 공통의 관심사이고 시민의 삶에 영향을 미칠 수 있는 심각한 문제이거나, 의정부 소각장 문제처럼 대립과 갈등을 종식해야 할 분명한 필요성이 있는 경우, 의사결정이 필요합니다.

그러나 아무리 상황이 절박하고 의사결정이 필요한 경우라 하더라도, 상호이해와 공감을 통해 합의에 도달하고자 노력하는 과정, 즉 합의형성 없이 의사결정만 존재한다면 이를 공론장이라 말할 수는 없을 것입니다. 결정은 어디서든지 내릴 수 있지만, 합의형성을 위한 노력 없는 공론장은 상상할 수 없습니다. 제대로 된 공론장, 숙의토론이라고 할 수 없습니다. 의사결정에도 다양한 방식이 있는데, 이와 관련해서는 뒤에 좀 더 상세하게 공부하겠습니다.

합의문 작성과 후속조치

합의형성을 통해 의사결정이 이루어진 다음에는 그 결과를 정리합니다. 합의된 내용과 합의되지 않은 내용을 중심으로 내용을 정리하게 됩니다. 정리할 때는 육하원칙에 따라서 정리하는 것이 좋고, 명료하게 작성하는 것이 중요합니다. 명료하게 육하원칙에 따라, 합의되지 않은 사안은 합의되지 않은 상태로 정리합니다. 왜 합의가 되지 않았는지, 그 이유나 근거가 있으면 제시를 해 주는 것이 좋습니다. 왜냐하면, 공론장은 한 번 열리고 마는 것보다는 나중에 또 필요하면 얼마든지 열릴 수 있잖아요. 그래서 그런 경우에는 합의되지 않은 내용을 중심으로 또 논의할 가능성이 있으므로, 합의되지 않았다면 합의되지 않은 이유를 잘 설명을 해놓는 것이 중요합니다. 그래서 위의 내용을 잘 종합해서, 합의문을 작성하고 그 합의문에는 참여자들이 서명날인을 하게 됩니다.

이렇게 해서 내용이 이제 정리가 되면 그 정리된 결과를 사람들하고 공유합니다. 공론장 논의가 공론장 안에서 끝나면 의미가 반감하는 것입니다. 결국은 언론, 관계 기관 등에 전달하는 거죠. 그리고 또 참여하지 않은 다수 시민에게도 알려야 됩니다. 합의문에 논의 경과와 공론장을 진행한 운영팀의 의견을 결합해서 제안문 작성을 하고, 이 제안문을 의회 등 공공기관에 전달하게 됩니다. 전달하는 이유가 뭘까요? 그것이 제도화되고 정책화돼야 한다고 생각하기 때문에 그렇습니다.

공론장 논의가 끝난 다음, 공론장을 통해서 합의된 내용이 제대로 잘 이행되는지 지켜지는지, 정책 같은 경우는 잘 반영이 되는지 또 법이나 제도가 필요한 경우에 그것이 제대로 잘 만들어지는지를 후속적으로 계속 모니터링을 할 수 있어야 합니다. 이렇게 공론장 논의 결과가 현실화하기 위한 활동들을 '후속 조치'라고 합니다.

대체로 제도화를 위해서는 의회를 통해서, 정책화를 위해서는 행정을 통해서 이뤄집니다. 제안문에는 실제로 이런 후속 조치나 정책 연계와 관련된 구성이나 조직 이런 내용을 담고 있는 경우가 아주 많습니다. 공론장 논의 결과가 잘 반영될 수 있도록 후속 조치로 민관거버넌스를 구성해서 이렇게 그 후속 조치를 같이 모니터링하고, 필요할 때는 언제든지 함께 추가적인 논의를 할 수 있습니다. 그리고 실행 과정에 대해서 검토나 평가도 하고, 필요한 경우에 의견도 제출하게 됩니다. 그리고 또 이렇게 진행 과정에서 새로운 문제가 발생한다든지 추가적인 논의가 필요한 경우에는 얼마든지 다시 공론장을 열어서 부족한 내용, 보완해야 할 내용을 다시 논의해서 시민들의 의견을 다시 확보할 수 있게 됩니다. 이런 과정을 통해서 우리가 공론장이 현실화하는 과정까지를 끝까지 지켜보게 됩니다.

chapter 2

공론장의
주요 단계와 과제

[제41강] 공론장 제안
- 제안 주체와 내용

단계별 과제 학습에 대한 안내

지난 시간까지 공론장의 구성 요소를 중심으로 공부를 했다면, 지금부터는 우리가 현실에서 실제로 공론장을 만들 때 시간의 흐름에 단계별로 해야 할 일들, 과제를 중심으로 말씀드리겠습니다. 향후 공부할 주제를 말씀드리면, 오늘은 공론장을 어떻게 제안하는가 하는 공론장 제안과 관련된 말씀을 드리고, 다음 시간부터 공론장 준비, 공론장의 체계를 어떻게 구성하는지, 각 체계의 역할은 무엇인지, 또 공론장의 운영규정은 어떻게 작성하는지, 공론장 참여자를 어떻게 모집하고 선정하는지 등을 공부하겠습니다.

또 참여한 사람들에게 정보를 제공하고 사전학습을 하게 됩니다. 그런 정보 제공과 사전학습은 어떻게 하는 것인지, 그리고 본격적으로 숙의토론을 준비해야 하는데, 어떤 내용을 준비해야 하고, 어떻게 진행해야 하는지, 숙의토론 결과를 어떻게 정리하고 합의문을 작성하는지, 숙의토론을 통해서 만들어진 내용을 어떻게 제안문으로 작성해서 관계 기관에 전달하는지, 또 마지막으로는 관계 기관에 이런 공론장 논의 결과를 전달한 다음 그것이 제대로 법이나 제도나 정책으로 연결이 되는지, 어떻게 그것을 모니터링하는지 등등에 관한 내용을 공부하겠습니다.

이 내용을 하나하나 꼼꼼히 살펴보면 여러분들이 실제로 공론장을 지역이나 마을 이런 데서 만드는 데 큰 도움이 될 것으로 생각합니다. 지금의 내용은 어떤 책에 나오는 얘기가 아니라 제가 오랫동안 실제로 공론장을 구성하고 조직하고 운영한 경험을 기반으로 해서 구성한 것이라고 이해를 하시면 될 것 같습니다. 그런 측면에서 이 공론장 구성과 운영에 관한 지혜는 저하고 만났던 많은 주민이 제공해 준 것이라고 말씀드릴 수 있습니다.

제안 주체와 내용

공론장의 제안 주체와 내용에 대해서 같이 공부해 봅시다. 제안 주체는 우리가 앞서 공론장 구성 요인에서 간단하게 살펴본 것처럼, 일반 시민, 행정기관, 시민단체, NGO 전문가 등 누구든지 공론장을 제안할 수 있습니다. 제안 주체에 따른 몇 가지 특징들을 살펴보도록 하겠습니다. 첫째, 주민이 자발적으로 공론장을 구성할 수 있습니다. 주민이 자신들의 공동 관심사를 중심으로 공론장을 제안하는 거죠. 주민 대표일 수도 있고 아니면 주민 대표가 아니어도 상관없습니다. 이런 경우에는 주민의 자율적인 운영 역량이 굉장히 중요합니다. 그런가 하면 공론장에서 논의가 이루어진 다음에, 논의 결과를 어떻게 현실로 할 것인가 하는 문제에 직면하게 됩니다. 왜냐하면, 그것이 법적, 제도적 또는 정책적인 효력을 갖기 위해서는 관련 공공기관과 만남이 불가피합니다. 그래서 공공기관과 협력 관계를 어떻게 유지할 것인지도 굉장히 중요한 문제입니다.

두 번째는 우리가 소위 공론화라고 많이 얘기 들었던 것처럼 행정기관이 주도하는 공론장이라고 볼 수 있습니다. 이거는 행정이 주민이나 시민에게 우리 공론화를 통해서 문제를 해결해 보자고 제안했을 때를 말합니다. 행정기관이 공적 사안을 중심으로 주민이나 시민에게 공론화를 제안을 하는 것이고, 이런 경우에 대부분은 논의 주제를 행정기관이 제시합니다. 소각장, 무슨 시설에 관한 것이든지 아니면 특별한 정책에 관한 것들도 될 수 있습니다. 그런데 행정기관의 제안 동기를 보면 갈등 해소나 정책 결정의 명분을 획득하기 위한 것이 굉장히 많습니다. 우리가 신고리5·6호기공론화든, 대입제도개선공론화든, 도시철도 건설 여부에 관한 공론화든 이게 다 그 해당 사업이나 정책으로 인해서 행정기관과 주민 간 또는 주민과 주민 간의 갈등이 발생해서 사업 진행이 원활하게 되지 않을 경우입니다. 그것을 돌파하기 위한 수단으로 공론화라고 하는 것을 제시하는 경우가 많습니다. 그런데 행정기관이 주도하는 공론화에서 행정기관의 의도나 의지가 개입할 가능성이 굉장히 많습니다. 즉, 주민의 의견을 묻겠다고 얘기하지만, 행정기관이 갖고 있는 관점과 의지, 의도 같은 것이 그 공론화 과정에서 깊이 개입할 가능성이 있습니다. 그리고 주민이 실질적인 논의 대상 논의 주체라기보다는 정책 결정의 명분을 확보하기 위한 동원 대상으로 전락할 가능성이 있습니다. 이런 일들이 반복되다 보면, 참여의 피로감이 생길 수 있습니다.

세 번째는 의회가 주도하는 공론장이 있습니다. 구체적으로는 의회 의장이 행정이나 주민에게 제안하는 경우를 예를 들 수 있죠. 내각제 국가 같은 경우에는 의회가 주도권을 갖고 있기 때문에, 의회가 민의의 전당으로서 공론장을 여는 경우가 굉장히 빈번합니다. 그런데 우리 같은 경우는 행정중심 국가다 보니까, 의회가 그런 역할을 상대적으로 제대로 못한다고 볼 수 있습니다. 그런데 행정이 주민의 의사를 충분히 결집해서 문제를 풀어야 됨에도 불구하고 소극적인 경우에, 의회가 주관해서 문제를 풀어가는 경우가 있을 수가 있습니다. 사실은 이렇게 의회가 주민 삶의 문제에 관해서 공론장을 통해 체계적으로 주민의 의견을 수렴하고 그것을 제도화하는 것이 대단히 바람직하다고 볼 수 있습니다. 우리 경우에 행정부의 권한이 상대적으로 너무 강하다 보니, 오히려 의회가 행정의 눈치를 보는 경우가 있습니다. 그래서 보통 공론화를 한다고 하면 행정이 중심이 돼서 하게 됩니다. 또한 의회가 주도해서 하는 공론장의 우려라고 하면, 한국 정치적인 특성상 진영으로 갈려 있어, 공론장이라고 하는 것이 오히려 정치적으로 활용될 가능성을 배제하기 어렵다는 것입니다. 따라서 의회가 공론장을 주도하는 경우에는 정치적 균형을 어떻게 유지할 것인가 하는 문제를 반드시 고민해야 됩니다.

마지막으로는 민과 관이 조금 더 구체적으로 말씀드리면, 주민과 행정이 서로의 필요에 의해서 협력적으로 공론장을 구성하는 경우가 있을 수 있습니다. 예를 들면 의정부에서 소각장을 만든다고 할 때, 소각장 문제에 관해서는 행정의 책무이기도 함과 동시에 시민들의 삶과 관련해서 직접적으로 영향을 미칠 수 있는 중요한 사안이잖아요. 그래서 오랫동안 갈등 상황을 겪다가 서로의 필요에 의해서 공동으로 공론장을 만들게 된 경우라고 볼 수 있습니다. 그래서 해당 사업이 민관 모두의 관심사가 되는 경우에 협력적으로 공론장을 만들 수 있게 됩니다. 특히 어떤 경우에 이런 민관협력적인 공론장이 만들어지면, 민과 관 사이의 입장 차이나 이해관계 차이가 있거나 또는 해당 사업으로 인해서 민간 내부에서 시민사회 내부에서 갈등이 발생하는 경우, 실제로 그 사업과 관련해서 건설적인 논의가 이루어지기 어려운 조건이 만들어집니다. 사업 추진이 원활하게 이루어지지 않게 되면 결국 행정은 집행에 대한 부담과 책임을 느끼지 않을 수가 없습니다. 민간 차원 시민사회 차원에서도 그런 쓰레기 문제라든가 복지 문제가 제대로 된 시점에 이루어지지 않으면서, 그 혜택을 제대로 입지 못하게 되는 상황이 만들어질 수 있잖아요. 이런 경우, 이제 공동의 노력으로 협력적인 공론장이 만들어질 수 있습니다. 그런데 이제 민과 관이 공동으로 공론장을 통해서 문제를 해결하려고 하는 경우에도 행정기관이 먼저 제안하는 경우도 있고, 주민이나 시민사회에서 행정기관의 압력을 가해서 행정기관이 그것을 수용하는 방식으로 이루어지는 경우도 있을 것입니다. 그런데 우리 사회에서는 민관협치, 민관협력, 거버넌스 하는 얘기를 굉장히 많이 쓰긴 하지만, 민관협력이 제대로 이렇게 주체 대 주체로 협력이 이루어지지 않는 경우가 많습니다. 또 행정의 권위적인 태도가 남아 있는 경우가 아직도 많이 있습니다. 그런가 하면 행정은 단일한 조직이지만, 시민사회나 주민 사회는 입장이 다양합니다. 그런데 민과 관이 협력을 한다고 할 때, 단일한 조직이자 명령 체계를 갖고 있는 행정이 권위적인 태도 일방적인 태도를 보일 경우 문제가 될 수 있고, 또 시민사회는 다양한 입장 차이를 어떻게 극복하면서 협력 체계를 구축할 것인가 하는 것이 문제가 될 수 있습니다.

예를 들면 민관협력을 통해서 문제를 해결해 보자라고 어떤 단체가 주장 했다고 해 봅시다. 그러면 또 다른 단체들은 왜 그런 거 왜 하냐? 들러리 설 일 있느냐고 반발 할 수 있는 거잖아요. 이렇게 민관협력에는 여러 가지 어려움이 있다고 하는 것을 이해할 필요가 있습니다. 무엇보다 공론장이 만들어지는 경우에 민과 관이 서로 합의해서 공론장이 만들어지는 경우, 그 공론장은 순수한 행정의 것도 아니고 순수한 민간의 것도 아닙니다. 그럴 때 이 공론장의 자율성을 어떻게 확보하느냐 하는 것이 대단히 중요해집니다. 그래서 민관협력 공론장에서 관건은 공론장 구성과 운영에 있어서 자율성을 어떻게 확보하느냐 다른 말로 하면, 행정에 의한 간섭과 계획 가능성을 어떻게 차단하는가 또 균형 있고 충분한 정보 제공을 받을 수 있는가, 전반적인 운영에 있어서 공정성을 유지할 수 있는가 하는 것이 대단히 중요합니다. 이런 공론장의 자율성이 어느 정도 확보되는가에 의해서 논의 결과에 대한 사회적인 수용성도 상당히 영향을 받습니다.

세 번째는 주민 공론장의 중요성과 기관과의 관계에 대해서 말씀을 드리겠습니다. 주민 공론장이 왜 중요한가 하는 부분 중에 여러분들이 꼭 기억해야 될 것이, 공론장은 삶의 세계에서 살아가는 사람들의 공통관심사를 기반으로 이것을 어떻게 공적 과제로 변화시켜 가느냐 하는 것입니다. 그래서 주민 공론장이 중요한 첫 번째 이유는 삶과 직접 연결된다는 점입니다. 그리고 주민 공론장을 통해서 우리가 주민 역량이 강화될 수 있는 기회를 갖게 되는 것이고, 그 주민 역량의 강화 속에는 주권뿐만 아니라 책임감도 포함된다는 것입니다. 또 관점의 다양성이 존재하잖아요. 다양한 의견이 제대로 반영이 될 수 있을 때, 만족도도 더 높아지는 것 아니겠어요? 그래서 상호이해와 공감을 얻게 되고, 공동체임을 확인하는 기회가 됩니다. 즉, 지역 사회의 통합에 기여할 수 있다고 하는 점입니다.

네 번째로는 주민이 자율적으로 공론장을 형성할 때, 이런 행정기관에 의한 주민 동원의 위험성을 감소시킬 수 있습니다. 반면에 공공기관이 주도해서 공론장을 형성하거나 민관협력을 하는 경우, 우리가 공공기관에 기대할 수 있는 것은 공공 자원을 쉽게 활용할 수 있다는 것입니다. 반면에 몇 가지 우려가 존재합니다. 미리 정해진 목표를 도출하기 위해, 주민이 동원될 수 있다는 그런 우려들이 존재하고, 또 의제, 내용 등이 하향식으로 이루어져서, 주민 의견이 무시될 가능성이 존재합니다. 행정기관이 갖고 있는 여러 가지 잠재적인 역량, 현실적인 역량도 존재하는가 하면, 여러 가지 우려 또한 존재하는 것이잖아요. 그렇다면 우리가 주민의 자발적인 공론장이 굉장히 중요하다고 얘기함에도 불구하고, 이 공론장이 제대로 효과를 얻기 위해서는 공공기관과 협력이 불가피하다는 말씀도 드렸고요. 그런가 하면 행정기관이 주도하는 경우에 행정기관이 갖고 있는 여러 가지 재력이 있음과 동시에 여러 가지 우려할 점들도 존재한다는 것입니다. 그러면 이 두 가지를 결합시키면 어떻게 될까요? 그것은 주민이 자발적으로 공론장을 형성하되, 행정기관과 협력적인 관계를 형성하고 유지하는 것이 대단히 중요하다는 것으로 결론이 맺어지게 됩니다.

　삶의 영역에서 주민이 제안하는 공론장, 그래서 주민이 제안하고 행정과 의회가 협력하는 자율적인 공론장이 가장 바람직합니다. 주민이 제안할 때 삶의 주체인 주민이 삶의 공간에서 발생한 공동 관심사를 대상으로 공론장을 제안하는 것이 가장 바람직합니다. 그렇지만 그냥 자율적인 공론장이라고 해서 말 그대로 그냥 이렇게 독립적으로 운영하고 끝나는 것이 아닙니다. 자신들의 삶의 문제를 가지고 자율적으로 공론장을 구성하되, 행정이나 의회와 지속적인 관계를 유지하는 것이 대단히 중요합니다. 그래서 주민이 자발적으로 공론장을 구성해서 운영하되, 행정과 의회 등과 사전 논의부터 그 전 과정을 통해 촘촘하게 소통하는 것이 대단히 중요합니다. 그래서 거기 내용을 보시면 공공성이 강한 경우에 행정

및 의회 등과 사전 논의를 하는 것이 좋고, 그리고 협력 요청과 더불어
자율성에 관한 요청도 동시에 해야 됩니다.

한마디로 표현하자면 주민이 자율적인 공론장을 구성해서 운영 하는
경우에 행정을 향해서 지원하되 간섭하지 않는다는 원칙을 명확하게 요
구할 필요가 있습니다. 공론장이 이제 구성돼서 운영되는 전 과정에서도
지속적인 소통과 지원이 대단히 중요합니다. 논의 진행과 경과에 대해서
상호 소통을 해야 됩니다. 그런데 이 소통이라고 하는 것이 개인적인 차
원에서 이루어지는 것이 아니라, 공론장의 공식적인 루트를 통해서 이루
어져야합니다. 그리고 공론장의 자율성이 훼손되지 않는 정도에서 협력
이 이루어져야 되고 정보라든가 공간이라 홍보 등 행정적인 자원을 적
극적으로 요청할 필요가 있습니다. 의회하고 역시 긴밀히 소통하는 것이
대단히 중요하다고 말씀드릴 수 있습니다.

네 번째는 주민 공론장의 주제가 적절한 것인가 하는 판단 기준을 갖
고 있어야 합니다. 공론장 제안 주제가 공론장을 열기에 적합한 주제인
가 하는 것을 검토할 필요가 있습니다. 첫 번째는 공익과의 관련성이 개
인의 민원보다 더 커야겠습니다. 그래서 공론장 논의가 사람들에게 이익
을 줄 수 있는 사안이면 적절하겠죠. 두 번째는 대화 가능성이 있어야 됩
니다. 함께 논의를 통해서 뭔가 문제 해결이 될 만한 주제를 가지고 논의
를 하는 것이 바람직하다고 말씀드렸습니다. 단순한 불만이나 불평을 함
께 그냥 늘어놓고 뾰족한 대안을 만들기는 어려운 이런 신세한탄 같은
공간이 공론장일 수는 없습니다. 그 사안이 심도 있게 논의를 하면, 건설
적인 대안을 형성할 가능성이 있는 주제가 적합할 것입니다. 세 번째는
개인 정보 보호 및 민감성에 관한 부분입니다. 개인 정보 침해 가능성이
높은 것은 적절하지 않습니다. 그리고 생산적인 결과가 별로 예상되지
않는 상태에서 오히려 공론장이 사회적인 긴장을 더 높이거나, 분열을
조장할 만한 가능성이 있는 것도 공론장의 주제로서 적합하지 않을 것입
니다. 네 번째는 적법한 사안이야 합니다. 불법 활동이나 행위와 관련된

내용이 공론장의 주제가 될 수는 없는 거잖아요. 또 지역 사회의 윤리적인 기준이나 미풍양속과 관련해서 너무 어긋남이 없어야 합니다. 이렇게 윤리적인 기준에도 합당한 주제를 갖고 공론장을 제안하는 것이 바람직합니다. 그리고 논의의 가능성뿐만 아니라, 논의 결과가 어떻게 현실화될 수 있을지 현실화가 가능한 것인지라고 하는 것이 어느 정도 예상되는 주제가 바람직합니다. 마지막으로는 교육적인 효과가 있으면 더 좋습니다. 공론장을 통해서 시민이 학습하고 성장할 수 있고, 민주주의를 심화시킬 수 있는 기회가 될 수 있는 주제면 더욱 바람직합니다.

　다섯 번째는 공론장을 제안하는 사람에게 당신은 왜 공론장을 하려고 합니까라고 물을 때, 즉 공론장을 제안하는 동기 또는 목적이 뭐냐고 물을 때, 우리가 답할 수 있어야 됩니다. 공론장 제안 동기는 여러 가지가 있을 수 있습니다. 주로 많이 접하는 동기를 살펴보면, 지역 사회에 직면한 문제를 해결하기 위해서 공론장을 열 수 있습니다. 그 다음에 공공정책에 영향력을 행사하기 위해서 공론장을 열 수도 있습니다. 행정기관이 일방적으로 뭔가 주민의 삶에 치명적인 영향을 끼치는 사업을 일방적으로 추진하고 있다면, 주민이 자발적인 공론장을 통해서 자신들의 의견을 결집해서 행정기관이나 공공기관에 전달할 필요성이 생깁니다. 그런가 하면 갈등 상황처럼 어떤 사안으로 인해서 사회적인 분열이 가속화되고 있을 때, 사회적인 결속력, 통합력을 회복하기 위해 공론장을 열 수도 있습니다. 그 외에 시민 교육이나 민주적인 참여 기회를 확보하기 위한 목적으로도 공론장은 제안할 수 있습니다.

[제42강] 공론장 동기부여
- 다른 문제 해결방식과의 차이

공론장의 주요 단계와 과제 중 공론장 동기 부여라는 제목을 가지고 공부하겠습니다. 공론장 동기 부여라는 의미는 다른 문제 해결 방식과의 차이를 말합니다. 여러분들이 공론장을 제안할 때, 여러분 스스로에게나 다른 사람에게 묻고 답하게 되는 중요한 주제 중에 하나는 '왜 하필이면 공론장 방식인가' 하는 것입니다. 다른 많은 방식들이 있는데 공론장 방식으로 하면 뭐가 다르지, 뭐가 더 좋지 하는 질문에 직면하게 됩니다. 스스로에게도 그런 질문을 할 수가 있고 그 질문에 제대로 답을 할 수 있을 때, 다른 사람도 설득을 할 수 있습니다. 그래서 오늘 살펴볼 내용은 전통적인 문제 해결 방식에는 어떤 것들이 있고, 그 한계는 무엇인지, 또 공론장을 통해서 문제를 해결할 때 장점과 한계는 어떤 것이 있는지 하는 것입니다. 마지막으로는 성공적인 공론장을 제대로 잘하기 위해, 공론장이 갖고 있는 한계를 잘 대비 또는 극복하는 방안에 대한 것입니다.

첫 번째 공적 사안에 대한 전통적인 문제 해결 방식과 그 한계에 대해서 공부를 해보겠습니다. 첫 번째는 민원입니다. 개인적인 민원도 있고 집단적인 민원도 있습니다. 그런데 이 민원 방식이라고 하는 것은 그 사안 자체를 그 행정기관이나 국가가 수용을 하면 해소가 되는 거잖아요. 그래서 권리 확보라고 하는 공식적인 권한을 갖기 보다는 사안 자체를 그냥 해소하는 것으로 끝나게 되는 것입니다. 그리고 이 민원이라고 하는 것은 개인의 역량과 행정기관과 민원을 넣은 집단과의 관계에 의해서 좌지우지되는 경우가 굉장히 많습니다. 또 행정기관에 의한 시혜적인 차원에서 해결되는 경우도 대단히 많습니다.

두 번째는 우리가 하는 각종 위원회 자문기구 같은 것을 들 수 있습니다. 소위 참여민주주의라고 합니다. 행정기관 등에서 다양한 위원회를 설치하고, 그 위원회에 시민들 주민을 참여시키게 됩니다. 참여시키는 이유는 그 정책의 정당성을 확보하기 위한 것입니다. 그런데 논의 주제 자체가 주민의 문제보다는 행정의 관심사인 경우가 많고, 그래서 주민 삶과는 관련성이 없거나 약한 경우가 대단히 많습니다. 또한 참여 주체의 대표성 시비가 항상 생길 수 있습니다. 지금 우리 사회는 워낙 다원화되고 다양화 돼서, 누구 한 사람이 어떤 집단 전체를 대표한다고 하는 것이 쉽지 않은 상황입니다. 즉 다양성 확보에 어려움이 존재한다는 것입니다. 그런가 하면 구성이나 의제설정에 의사결정력이 없는 기구가 갖는 한계를 그대로 갖고 있습니다. 여전히 위원회라고 하는 것은 자율적인 독립적인 기구라기보다는 행정에 속한 조직이다 보니까, 실제로 구성이나 의제 등의 의사결정에서 독립성을 확보하기가 어려운 자문기구로서의 한계를 그대로 갖고 있습니다.

세 번째는 각종 토론회, 행정 절차상의 토론회가 있습니다. 대부분 공공사업이나 공공 정책과 관련된 토론회를 보면, 전문가들이나 행정이 중심이 되고 주민이 거기에 청중으로 참여를 하는 것입니다. 그리고 토론회라고 하는 것이 행정 절차상의 필요에 의해서 형식적으로 이루어지는 경우가 대단히 많습니다. 그러다 보니, 오히려 이런 토론회가 실제적인 논의를 통해서 의견이 수렴되고 확인되는 과정이라기보다는, 행정에 의한 형식적인 절차가 되면서 여태까지 배제돼 있던 주민이 자신들의 의견을 집단적으로 표출하는 주민 배제에 대해서 항의하는 공간이 되는 경우가 굉장히 많습니다. 민감한 현안의 경우, 토론회 자체가 갈등 발생 공간이 되는 경우가 적지 않습니다. 설명회도 비슷한 경우가 많습니다. 영어로는 퍼블릭 히어링이라고 해서 공중의 의견을 듣는다고 하는 얘긴데, 이것 역시도 많은 경우 행정행위의 명분 확보가 목적인 경우가 많습니다. 그리고 또한 우리가 설명회를 많이 경험했지만, 시민들이 다양한 의견을 제안하지만, 시민들이 제시한 다양한 의견들이 제대로 환류가 돼서 의미 있게 검토가 되고, 또 시민들의 의견이 제대로 반영되는 경우는 그렇게 많지 않습니다.

그런가 하면 이렇게 설명회나 토론회라든가 이런 것을 통해서 문제가 제대로 해결되지 않을 때, 집단행동에 나서게 되고 집단 소송을 하게 되는 경우가 많습니다. 이럴 때, 이 집단행동이라고 하는 것은 법에 저촉되지 않는다면 얼마든지 집회 시위의 자유가 있는 나라에서 당연히 가능한 것이죠. 그럼에도 불구하고 이 집단행동이 일부 결사체에 의한 집단적인 창구가 되는 경우가 많습니다. 집단행동이라고 하는 것이 전체 지역 사회의 이익을 오롯이 대변하기 보다는 그 사항과 관련해서 특정한 이익을 갖고 있는 집단의 요구를 강하게 표출하는 경우가 많다는 것입니다. 그래서 일부 결사체에 의한 집단적인 요구가 되는 경우가 많고 또 집단행동이라고 하는 것 자체가 힘에 의한 문제 추구를 하는 것이라고 볼 수 있습니다. 그런 측면에서 보면 점점 이렇게 우리 사회가 법치주의가 정착되면서 집단행동을 통한 문제 해결은 수용 가능성이 점점 더 낮아지고 있는 추세라고 볼 수 있습니다. 그래서 집단행동보다는 합리적 문제 해결에 대한 사회적인 요구가 더 커진다고 볼 수 있습니다. 그런가 하면 이런 그 행정기관이나 국가 기관의 행정 행위에 대한 문제 제기로 집단행동을 하고 또 집단 소송을 하는 경우에, 아직도 여전히 공권력에 유리한 판결이 이루어질 가능성이 여전히 큰 것이 현실입니다. 그런가 하면 이 집단행동이라고 하는 것이 장기화되는 데는 무리가 있잖아요. 일상을 살아가는 사람들이 행정기관 국가기관과 맞서서 집단행동을 지속한다는 것이 결코 쉬운 일이 아니잖아요. 결국은 그래서 집단행동을 지속하기 어렵고 또 집단 소송을 통해서는 패소할 가능성이 높기 때문에, 결국 실패로 귀결되어 열패감을 느끼는 결과로 연결될 가능성이 있습니다.

이런 전통적인 문제 해결 방식이 갖는 대표적인 한계는 자신의 문제를 공적 의제로 다룬 적이 별로 없다고 하는 것입니다. 또, 주민의 다양성과 차이, 소수자가 존중받은 적이 별로 없습니다. 그 외, 행정기관의 정책 명분을 쌓기 위한 형식적인 절차 또는 집단행동과 같이 집단적인 물리력 또는 민원과 같이 개인적인 차원의 호소와 수용 등의 한계를 갖고 있습니다. 즉, 이런 요구가 주민의 사회적인 권리로 이어지지 못한다는 것입니다. 또 이런 일체 과정들은 궁극적으로 주민권력, 주민 역량을 강화시키는 계기가 되지 못했다는 한계를 안고 있습니다.

그런 점과 대비해서 공론장을 통한 문제 해결의 장점에는 무엇이 있을까요? 첫 번째는 포괄성과 관점의 다양성입니다. 공론장의 첫 번째 특징이 포괄성과 다양성에 기반해서 문제를 풀려고 노력한다는 것입니다. 그래서 공론장은 다양성에 기반한 개인이 주체이고, 풍부한 토론과 창조적인 논의 가능성을 열어 놓고 시작한다는 것입니다. 두 번째는 그 과정에 누구든지 원하면 참여할 수 있다는 것입니다. 그리고 그 참여 방식은 그 과정에 의사소통을 통한 참여라고 하는 것입니다. 세 번째는 개방성과 투명성이 보장된 상태에서 논의를 통해서 이루어지면서, 그 과정 자체가 있는 그대로 드러난다는 것입니다. 그렇게 함으로써 수용 가능성이 높아질 수가 있고, 정책 결정의 정당성이 확보가 될 수 있고, 이런 과정을 통해서 신뢰가 형성될 수 있다는 점입니다. 그리고 네 번째는 이 공론장에서는 대화를 통해서 갈등을 해결할 수 있다는 점입니다. 갈등을 해결하는 방법도 다양한 차원이 있는데요. 공론장에서의 갈등 해결은 의사소통을 통한 갈등 해결 가능성 즉, 구조화된 토론과 공정한 토론을 통해서 갈등이 해결될 가능성을 높인다는 점입니다. 마지막으로는 공론장을 통한 문제 해결 방식이 주민의 역량을 강화시키는 효과를 낳게 된다는 것입니다. 즉, 직접 참여하고, 그 과정을 공유하고, 상호이해와 공감을 경험하면서 소통 능력이 커진다는 것입니다. 과정에서 민주주의가 형성되는 경험을 함으로써, 그 공론장에 참여한 사람들의 역량이 성장하는 기회가 만들어질 수 있습니다.

그런가 하면, 공론장 역시도 여러 가지 한계에 직면할 수가 있습니다. 따라서 공론장에서 발생할 수 있는 한계를 미리 예상하고 대비하는 것이 대단히 중요합니다. 어떤 것들이 있을까요? 첫 번째는 양극화 가능성입니다. 다양성이 미비하고 조정 역량이 약한 경우에 양극화 가능성이 있습니다. 예를 들면, 우리 동네 소각장 건설과 관련해서 실제로는 어마어마하게 다양한 입장과 이해관계가 존재할 수 있습니다. 그런데 이런 다양성이 충분히 살아날 수 있게 공론장을 형성하지 못하는 경우, 말 그대로 찬성과 반대라고 하는 입장 차이로만 양극화될 가능성이 있습니다. 그래서 오히려 공론장이 분열을 심화시키는 그런 계기가 될 수 있다는 점을 유념할 필요가 있습니다. 생각해 볼 수 있는 대비책으로는 조정 역량을 강화하는 것입니다. 그리고 참여의 다양성을 강화하고 역량 있는 조정자를 초빙할 필요가 있습니다. 공론장의 목적에 대해서 참여자의 이해를 높일 필요가 있습니다. 공론장의 목적 중에는 사회적인 통합력을 높이는 것이 공론장의 중요한 목적이 될 수가 있다고 말씀을 드린 적 있잖아요.

두 번째는 공론장이 누구한테나 개방된 공간이라고 얘기하지만 실제로 현실에서는 공론장에 참여하거나 자신의 얘기를 표현하기가 쉽지 않은 경우가 발생할 수 있습니다. 기술적 물리적 시간적인 한계로 인해 공론장 참여에 어려움이 발생하는 경우, 또 참여 기회를 얻지 못한 사람들이 공론장에 대해서 반발할 수 있는 가능성이 있습니다. 많은 경우에 일부 인사들이 과대 대표되는 소위 빅보이스라고 하는 일부 인사들이 공론장을 장악하거나 과다 대표할 가능성이 늘 존재합니다. 따라서 이에 대한 대비책도 역시 필요합니다. 그래서 공론장에 대한 홍보를 강화할 필요가 있습니다. 또 사람들이 내용을 알 수 있도록 충분한 준비 시간을 확보할 필요가 있습니다. 그다음, 주민 친화적인 공론장을 설계할 필요가 있습니다. 그래서 편리한 시간에 쉽게 갈 수 있는 장소에서 공론장을 열어야하겠습니다. 또 일부 인사들이 과대 대표되는 굉장히 중요한 이유는 다양성이 갖춰져 있지 않기 때문이기도 합니다. 다양성이 갖춰지지 않는 것은 다양한 사람들이 참여할 수 있는 기회가 충분히 보장되지 않기 때문에 그렇습니다. 따라서 온오프라인 소통 공간을 통해서 많은 사람이 관심을 갖고 참여할 수 있는 기회를 형성하는 것이 대단히 중요하다고 볼 수 있습니다.

세 번째는 시간과 재원 확보의 어려움이 발생할 수 있습니다. 그래서 이 공론장이 제대로 되려면 시간도 있고 돈도 있고 전문 지식도 있어야 됩니다. 그리고 상당한 준비와 인적 자원이 필요한 것이 사실입니다. 공론장을 열기에 적절한 자원이 없는 경우, 공론장을 열기 위해서 필요한 자원을 스스로 확보하지 못하는 경우에 행정에 의지할 가능성이 커지고, 그것은 곧 자율성을 해치는 결과를 초래할 가능성이 있습니다. 그런가 하면 공론장을 구성해서 운영하려면 누군가는 실무를 맡아서 일을 해야 되잖아요. 그런 실무 역량을 확보하지 못할 가능성도 있기 때문에 이런 경우를 미리 예상하고 준비를 해야 됩니다. 가장 먼저 생각해야 할 될 것은 용역 같은 것에 맡기면 안 된다고 하는 것입니다. 여러분들이 생각하는 거보다 굉장히 비싼 비용을 지불해야 되고, 또 스스로 만들어가는 공론장에 비해서 용역 회사에 의뢰하는 경우에 좋은 결과를 얻지 못할 가능성이 크다는 점을 유념할 필요가 있습니다. 진행 과정 역시도 스스로 준비해야 됩니다. 그래서 최대한 비용 부담이 되지 않도록 그 과정을 설계하는 것이 대단히 중요합니다. 자원봉사자를 적극적으로 활용할 필요가 있습니다. 지역 사회에는 다양한 인적 자원들이 존재합니다. 예를 들면, 전문 지식과 관련해서 그 지역 사회의 현안에 필요한 전문 지식을 획득하기에 충분한 인적 자원이 지역 사회 내에 있는 경우가 대부분입니다.

그 다음에는 실제로 이제 공론장을 구성해서 운영하는 과정에서 여러분들이 직면할 수 있는 문제 중에 하나는 빅 마우스의 문제입니다. 특히 아직도 전통 사회의 분위기가 많이 남아 있는 곳에서는 공론장 역시 주민 내부의 수직적인 위계 때문에, 공론장이 말 그대로 자유롭고 평등한 공론장이 되지 못하는 경우가 많습니다. 그래서 토론 과정이 왜곡되고 논의 결과가 왜곡되는 경우가 있습니다. 그런가 하면, 참여한 대다수 사람들이 공론장을 경험하지 못했기 때문에, 소극적으로 참여하거나 무임 승차하는 경우도 있을 수 있습니다. 이것이 우리가 지금 현재 있는 상황이기도 합니다. 이런 상황에 적절히 대비할 필요가 있는데요. 빅마우스 같은 소수자가 지배하는 위계로부터 벗어나기 위해서는, 참여를 다양하게 하는 것이 가장 좋은 방법입니다. 그리고 논의의 공정성을 강화해야 하는 것이고, 또 전통적인 위계에 의해서 공론장을 지배하려고 하는 경우에는 전문가 의견 등을 적절히 활용할 필요가 있습니다. 그리고 무엇보다 공론장이라는 것이 무엇인지, 왜 자유롭고 평등한 사람들이 합리적 토론을 통해서 문제를 해결하려고 하는 지 등, 공론장 취지에 대한 사전 교육 역시 대단히 중요합니다.

그 다음, 공론장의 한계 중의 하나는 논의 결과를 현실화하기 어려운 경우입니다. 공론장은 아이디어를 창출하고 대안을 촉진하는 탁월한 곳인데, 이 논의 결과를 어떻게 현실화할 것인가 하는 부분을 가볍게 생각하면 안 됩니다. 논의를 통해 어떤 결과를 얻었는데, 그것을 어떻게 현실화시킬 것인가 하는 방안이 없다면, 공론장을 한 의미가 줄어들게 됩니다. 기존의 법은 어떻게 돼 있는지, 우리가 논의를 통해서 어떤 부분을 설득력 있게 확장할 수 있는지 등 법과 제도적인 측면에 대한 검토를 사전에 할 필요가 있습니다. 특히 공론장의 제안과 구성 단계부터 의회와의 밀접한 소통과 협력이 매우 중요합니다.

[제43강] 공론장 준비 (1)
– 사전 논의와 합의

공론장 준비는 두 단계로 나누어서 준비를 하셔야 됩니다. 하나는 누군가가 공론장을 제안하고, 관심 갖는 사람들이 모여서 논의를 시작한다고 바로 공론장이 만들어지는 것이 아닙니다. 공론장이 제대로 잘 구성되기 위해서는 실제로 그 사안과 관련해서 다양한 입장 차이와 다양한 이해관계가 있는 사람들 간에 이 공론장을 어떻게 구성해서 운영해 갈 것인가에 대한 기본적인 논의와 합의가 필요합니다. 그걸 사전 논의라고 얘기하고, 거기서 이루어진 것을 사전 합의라고 합니다. 핵심 이해관계자와 중요 인사들 간에 전체적인 얼개에 관하여 사전 논의와 합의가 먼저 이루어져야 됩니다. 그 다음 사전 논의와 합의가 이루어진 것을 가지고 공론장을 구성하기 위해서는, 공론장에서 다룰 주제, 공론장에 참여할 사람들, 공론장 진행 절차 등에 대해서 구체적으로 논의하는 준비 팀을 구성을 해서 그 준비 팀이 향후에 만들어질 공론장을 실제로 준비할 필요가 있습니다.

그런 차원에서 오늘 여러분들하고 같이 공부하는 부분은 이 제안된 공론장에 관한 사전 논의와 합의를 어떻게 이루어낼 것인가라는 내용에 관한 것입니다. 사전 논의를 하는 목적은 안정적인 공론장을 구성하기 위한 것입니다. 특히 갈등 상황에서 핵심 이해관계자 간의 관계를 형성하는 것이라고 볼 수 있습니다. 그렇게 함으로써 공론장 주요 얼개에 대한 잠정적인 합의를 이루게 됩니다.

이런 사전 논의를 하자고 누가 제안할까요? 공론장 제안자, 주민단체 또는 행정기관에서 논의를 진행하자고 제안을 할 수 있습니다. 이런 사전 논의에는 어떤 사람들이 참여하나요? 공론장 구성 관련해서 핵심적인 이해관계자, 이해관계자가 동의하는 공신성 있는 전문가들이 참여할 수 있습니다. 그 다음에는 갈등 조정이나 공론장 전문가들도 참여할 수 있을 것입니다. 예를 들면, 소각장에 관한 공론장을 열어 봅시다라고 누군가 제안을 했을 경우, 소각장 관련해서 굉장히 다양한 입장 차이들이 존재할 수 있습니다. 다양한 입장 차이가 존재하는 상황에서 사전 논의가 없이 바로 공론장이 이루어지면 어떻게 될까요? 당연히 참여하고 싶은 사람, 참여하기 싫은 사람 이런 사람들이 있으면서 공론장이 제대로 구성되지 않거나, 아니면 일정한 입장을 갖고 있는 사람들만 참여할 가능성이 큽니다. 그렇게 되면 말 그대로 공론장이 갖고 있는 포괄성과 다양성이라고 하는 것을 결코 만족시키지 못하게 될 것입니다. 그래서 사전 논의를 통해서 이 공론장이라고 하는 것을 우리가 어떻게 구성해 가자라는 것과 관련된 원칙적인 합의를 도출하는 것이 굉장히 중요합니다. 그런데 나중에 더 구체적으로 말씀드리겠지만, 이 공론장에서 사전 논의와 합의라고 하는 것은 어떤 입장을 취하자 하는 것을 결정하는 것이 아닙니다. 예를 들어, 소각장을 짓자 말자라고 하는 것이 사전 논의의 대상이 아니고, 이 논의를 우리가 어떻게 구성해 가자라는 것에 대한 기본적인 틀에 관한 논의이자 합의라고 하는 것을 여러분들이 꼭 기억을 하셔야 됩니다.

사전 논의에서 검토할 중요한 내용들 몇 가지를 살펴보겠습니다. 어떤 사람들이 주로 참여할 것인지, 얼마만한 기간 동안 할 것인지, 주요 일정에 관한 것, 또 공론장에서 어떤 주제들을 다룰지, 공론장 의사결정 방식, 논의 기간과 장소, 그다음에 사전 논의를 통해서 대체적으로 틀이 잡힌 것을 구체화하기 위해서는 사전 논의에서 나온 내용을 구체적으로 형상화하는 준비팀을 어떻게 구성할 것인지, 또 공론장 진행에 필요한 비용은 어떻게 누가 조달할 것인지 등과 관련된 논의를 진행을 하게 됩니다. 그 사전 논의를 통해서 이제 최종적으로는 사전 합의문이라고 하는 걸 만듭니다. 그 사전 합의문에는 이 사전 논의가 어떤 사람들이 모여서 어떻게 회의를 진행했다고 하는 경과가 들어가겠고, 그 다음, 제안된 내용이 공론장 논의로 타당한 것인가라고 하는 검토 의견이 들어갈 것입니다. 그리고 공론장의 목적, 공론장의 구조, 또 공론장의 다른 의제, 구성 절차 등에 관한 내용 또 논의 기관 주요 일정 이런 것들과 관련된 내용들이 담깁니다. 즉, 사전 합의문은 공론장 논의와 합의된 내용을 이렇게 문서화하는 것이라고 볼 수 있습니다. 그렇게 해서 논의 결과를 문서로 정리를 해 가지고 서명 날인 하게 됩니다. 이렇게 함으로써 이제 사전 논의가 일단락이 이루어지게 됩니다.

사전 논의 과정에서 우리가 또 하나 놓치면 안 되는 내용은 이 행정기관과 공론장이 어떤 관계를 맺을 것이냐 라고 하는 것과 관련된 논의와 합의가 필요하다는 것입니다. 이런 것이 왜 필요할까요? 앞서도 누차 말씀드린 것처럼 행정기관이 공론장을 자신들의 의도로 끌고 가면서 자율성을 해칠 가능성이 존재할 수 있기 때문입니다. 그래서 공론장을 준비하는 과정에서 반드시 확인해야 될 것은 향후에 만들 공론장과 행정기관과의 관계에 대한 부분을 명료하게 정리하는 것입니다. 그 내용은 두 가지입니다. 하나는 공론장의 자율성을 보장하라고 하는 내용이고요. 두 번째는 상호 어떻게 협력할 것인가라고 하는 부분입니다. 첫 번째, 공론장의 자율성 확보와 관련해서는 행정기관이 누구 편도 들어서 안 되고, 공정해야 되고 중립성을 계속 유지하라는 얘기입니다. 그 다음에 논의 결과를 존중하겠다는 약속을 논의 과정에서 확인할 필요가 있습니다. 그 다음에 두 번째로는 상호 협력 방안에 관해서 미리 얘기를 해야 됩니다. 많은 정보와 많은 자원을 행정기관이 갖고 있습니다. 따라서 우리가 적절히 협력을 받아야 된다는 말씀을 지난 시간에도 드렸습니다. 그래서 시민참여를 촉진하기 위한 방안이나 주민 홍보 관련 자료 제공, 시설 이라든가 공공기관 지원 관련해서 행정기관과 공론장이 어떻게 서로 협력할 것인가 하는 부분을 행정기관과 사전 논의를 하고 합의를 이끌어낼 필요가 있습니다. 대단히 중요한 부분입니다. 현실에서 그렇게 한 다음,

공론장을 구성하려고 하는 구성 주체들과 행정기관이 함께 사전 논의를 통해서 그 논의 결과를 공개적으로 표명할 필요가 있습니다. 대개 지자체장들이 언론을 통해, 공론장의 자율성 보장, 논의 결과 존중, 공공기관의 엄정중립 등의 내용을 공개적으로 표명하는 경우가 있습니다. 또 시민이 적극적으로 참여해줄 것을 권고하는 그런 내용으로 구성 됩니다.

[제44강] 공론장 준비 (2)
– 준비팀 구성과 과제

공론장 준비 두 번째 시간에는 그런 기본적인 사전 합의에 기반해서, 준비팀을 어떻게 구성하고 그 준비팀에서는 어떤 준비를 하는지와 관련된 공부를 하겠습니다. 준비의 목적은 뭘까요? 공론장 구성 및 운영에 관한 준비라고 볼 수 있습니다. 공론장의 목적, 의제, 구성 절차에 관해서 준비하는 것입니다. 그리고 그 내용은 이렇게 공론장 제안서라는 이름으로 작성해서, 향후에 공론장을 실제로 구성할 주체들에게 전달하는 것입니다.

준비팀은 어떤 사람들로 구성해야 될까요? 준비팀은 전 시간에 말씀드린 사전 논의와 합의에 기반해서 구성을 하게 되는 것입니다. 일반적으로 다음과 같은 사람들로 구성이 됩니다. 주요 이해관계자 대표, 사안과 관련된 시민사회단체 대표, 사안 관련 분야별 전문가, 공론장 관련 전문가, 행정기관, 의회 이런 사람들로 이제 구성됩니다. 핵심적으로 준비팀은 공론장에서 다룰 의제는 무엇으로 할 것인가, 공론장에 어떤 사람들을 어떤 방식으로 참여시킬 것인가, 공론장의 절차는 어떻게 만들 것인가 등과 관련된 내용을 준비합니다. 그러자면 두 가지 요소가 같이 결합이 돼야 됩니다. 하나는 의견이 굉장히 다양한 사람들이 반드시 참여해야 됩니다. 그래야지 제대로 된 의제가 형성될 수 있습니다. 핵심적인 이해관계의 질적인 차이를 빠짐없이 충분히 담아낼 수 있도록 구성돼야 됩니다. 그런데 그 사람들로만 구성하면, 차이는 명확해지지만, 그것을 해결하기 위해서 어떤 의제와 절차로 구성해야 될 것인지에 대해서는 잘 파악이 안 될 수 있습니다. 그래서 사안 관련된 분야별 전문가와 공론장 관련된 전문가가 거기에 같이 결합을 해야 되는 것이죠. 차이는 명확하게 부각 하되, 전문성을 거기다 결합시키고 또 갈등이나 공론장 관련된 전문가를 결합시킴으로써, 그것이 일정하고 실현성 있는 프로그램으로 만들어질 수 있도록 준비팀의 인적 구성을 해야 합니다. 거기에다가 행정기관이나 의회도 제일 처음부터 참여하는 것이 바람직합니다.

이 준비팀에서 해야 될 첫 번째 과제는 타당성 검토입니다. 어떤 사안 혹은 어떤 주제가 제안이 됐다면, 그 제안 내용이 공론장 방식을 통해서 해결하는 것이 적절한지를 검토하는 것입니다. 우리가 앞에서 어떤 주제들이 공론장 방식을 통한 문제 해결이 적절한지라고 하는 말씀을 드린 적이 있습니다. 제안된 사안이 그런 적절성을 갖고 있는지를 검토하는 단계입니다.

두 번째는 공론장 진행과 관련된 논의를 하는 것입니다. 공론장의 논의 주제나 공론장 논의 범위와 의제, 공론장 목표나 공론장 구조, 공론장이 원활하게 운영되기 위해서는 다양한 구조들을 가집니다. 이 구조를 어떻게 짤 것인지 또 의사결정을 어떤 방식으로 할 것인지, 이런 것과 관련해서 하나하나씩 준비팀에서 검토하면서 논의를 하게 됩니다. 준비팀에서 해야 될 과제는 그런 논의를 통해서 만들어진 내용을 잘 정리해서 향후에 공론장을 어떻게 구성해서 운영할 것인지에 대한 기본적인 설계도를 완성하는 것입니다. 그렇게 해서 이제 공론장에 대한 기본적인 설계도가 만들어지면, 실제로 공론장이 본격적으로 시작되는 지점에 만들어지는 공론장 운영위원회에 이 준비팀에서 만든 내용을 전달합니다. 이것이 준비팀의 마지막 미션입니다. 그래서 준비팀 논의 결과를 향후 구성될 운영위원회에 제안함과 동시에 관계 기관이나 시민사회와 주민과 같이 고민을 공유해야 합니다.

준비팀은 사안의 복잡성, 사안의 규모에 따라서 차이가 나지만 일반적으로는 3개월에서 4개월. 어떤 경우에는 더 오래 걸리기도 합니다. 대개 한 3~4개월 정도 일주일에 1회 정도 만나서 논의를 하면 기본적인 것을 만들 수 있습니다. 준비팀에서 논의 하는 순서를 말씀 드리면, 준비팀이 구성 이후, 관련 사안에 대해 브리핑하는 것이 가장 먼저입니다. 대개 공론장을 제안한 사람이 브리핑을 하는 경우가 많습니다. 그 제안에 이어서 준비팀에서 가장 먼저 검토하는 것이 '그 주제가 그 사안이 공론장 방식으로 문제를 해결하기에 적절한 사안인가' 하는 타당성 검토를 하는 것이라고 말씀드렸잖아요. 그런 다음에 타당성이 있다고 보면, 그 사안과 관련해서 의견 그룹들의 의견을 발표하게 합니다. 예를 들면, 소각장과 관련해서 다양한 의견 그룹들이 있을 것입니다. 다양한 의견 그룹들이 자신의 의견을 제안하는 시간을 갖고 또 질의응답 하는 시간을 갖습니다. 이렇게 함으로써 그 사안과 관련된 다양한 의견들이 존재한다고 하는 것을 또 나름대로 자기 의견이 있다고 하는 것을 확인하게 됩니다. 그렇게 하면서 이제 쟁점이 무엇이고 쟁점을 기반으로 논의해야 될 의제가 무엇인지를 정리할 수 있게 됩니다.

이렇게 해당 사안과 관련된 다양한 의견과 입장에 기반을 두어서, 내용정리를 준비팀에 참여하고 있는 전문가에게 정리할 것을 요청할 수 있습니다. 그리고 운영위원회 구성 방안, 참여자 모집에 대한 것, 정보 제공이나 활용에 관한 것, 의사결정에 관한 것 등, 공론장의 구성과 운영에 관한 내용도 함께 논의를 하게 됩니다. 이렇게 해서 이제 회의 결과는 공론장 구성 및 운영 제안서로 작성하고, 관련 기관이나 시민사회, 관련 주민에게 그 내용을 제안하게 되고, 이런 제안과 함께 준비팀은 해산하게 됩니다.

[제45강] 공론장 체계와 역할 (1)
- 운영위원회 구성과 역할

공론장 실행 단계 첫 번째로 해야 될게 무엇일까요? 그것은 공론장을 실제로 총괄하고 공론장을 구체적으로 운영해 갈 운영 주체를 형성하는 것입니다. 오늘과 다음 시간에는 공론장 체계를 어떻게 구성하고 그 각각의 역할은 무엇인지에 관한 내용을 공부하도록 하겠습니다. 그 가운데 오늘 첫 시간에는 모든 체계를 구성할 주체인 운영위원회는 어떻게 구성하고 또 어떤 일들을 하게 되는가를 공부하겠습니다. 공론장에는 굉장히 많은 단계들이 있지만 크게 준비단계, 실천단계, 후속단계 이렇게 나눌 수 있습니다. 우리가 지난 시간까지 배운 공론장에 대한 제안, 사전 논의와 합의, 준비팀 구성과 관련된 것은 준비 단계에 해당됩니다. 이제 실행 단계에 들어가는데 실행 단계는 운영위원회 구성하면서 시작됩니다. 그 운영위원회가 중심이 돼서 관련 조직 구성, 시민참여단 선정, 시민참여단 정보 제공과 학습, 숙의토론회를 개최합니다. 그 숙의토론회에서 나온 내용을 잘 정리를 해서 제출하는 것까지가 실행 단계입니다. 그렇게 해서 제출된 내용이 제대로 잘 이루어지는지, 또 제도적으로 잘 반영이 되는지 모니터링하고 검토하는 과정을 계획합니다.

실행단계 첫 번째는 운영위원회를 구성하는 것입니다. 운영위원회는 공론장 준비팀에서 제안된 내용에 근거해서 운영위원회를 구성하게 됩니다. 운영위원회 구성과 관련된 내용을 꼼꼼히 살펴보도록 하겠습니다. 운영위원회를 구성한다고 하는 것은 두 가지 의미가 있습니다. 하나는 공론장 실행 총괄 조직을 구성한다는 뜻이고, 또 하나는 공론장 실행 단계가 시작된다고 하는 의미입니다. 운영위원회의 위상 혹은 위치를 말하자면, 외부로는 공론장을 대표하는 것이고, 내부로는 공론장 구성과 운영을 총괄하는 것입니다. 공론장 진행 관련해서 최고의 의사결정 기구입니다. 또 자율성에 기반해서 독립적으로 운영되는 기구입니다. 그러니까 운영위원회는 국가로 따지면 의회와 행정을 결합한 것이라고 비유할 수 있습니다.

　운영위원회는 어떻게 구성해야 될까요? 운영위원회가 공론장을 대표하고 총괄하는 기능을 하는 것이라면 그 운영위원회가 제대로 잘 구성이 될 때만 공론장이 성공적으로 진행될 수 있습니다. 그래서 대단히 중요합니다. 운영위원회에는 해당 사안과 관련해서 대표성 있는 인사들이 참여해야 합니다. 운영위원회를 제대로 구성하기 위해서는 준비팀에서 제안된 내용을 기반으로 시민사회, 주민대표, 행정기관 등의 의견을 또 종합해서 반영해야 합니다. 대개는 논의의 효율성을 위해서 15인 이내로 구성을 하게 됩니다. 운영위원회에 대체로 참여하는 사람들은 시민 및 주민, 이해관계자, 관련 전문가 또 갈등 및 공론 전문가 등이 주로 참여하게 됩니다. 연령이나 성별, 소수자에 대한 배려도 해야 됩니다. 운영위원회 구성과 관련해서 행정기관은 참여를 해야 되는 것이냐 안 해야 되는 것이냐 하는 부분이 있습니다. 주민 공론장의 경우에는 행정기관은 참관하는 것이 바람직합니다. 주민이 주도적으로 만든 것이지만 다양한 협력이 필요하기 때문에, 참관 하는 것이 바람직합니다. 민관협력 공론장의 경우에는 당연히 참여를 해야 되겠죠. 그런데 그 참여하는 운영위원회 위원으로서의 공무원은 단체장의 권한을 위임받은 사람이라야 합니다.

　운영위원회는 어떤 역할을 하게 될까요? 핵심적인 역할을 말씀드리면, 공론장 운영을 위해서 자문단, 실무진 등 이렇게 관련 조직을 구성할 책임이 있습니다. 또 공론장 의제, 참여자 구성, 추진 절차 등을 확정합니다. 운영규정을 작성하고, 시민참여단을 모집 선정하게 됩니다. 참여단계에서 제공할 자료집을 제작 배포 하고, 숙의토론회를 기획하고 진행하게 됩니다. 또 숙의토론회에서 나온 내용을 정리해서 제안문을 작성을 하고, 그 제안문을 기관과 조직에 전달하는 역할을 하게 됩니다. 앞에 말씀드린 것처럼, 운영위원회는 공론장을 총괄하는 기능을 갖고 있다고 말씀드릴 수 있습니다. 이렇게 해서 우리가 이제 공론장 실행 단계 첫 번째로 운영위원회를 어떻게 구성할 것인가, 또 운영위원회는 어떤 역할을 하게 되는가라는 것과 관련해서 공부하였습니다.

[제46강] 공론장 체계와 역할 (2)
– 관련 조직과 역할

오늘은 운영위원회 외에 다른 조직에는 무엇이 있는지, 또 그 조직들은 어떤 역할을 하는지의 내용과 관련해서 공부하겠습니다. 그림을 보시면 공론장의 일반적 체계는 아래와 같습니다.

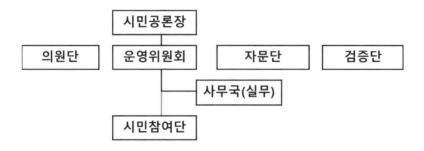

가운데에 보면 운영위원회 이렇게 해서 15명 내외로 일반적으로 구성한다 이렇게 말씀을 드렸고요. 근데 운영위원회만 있는 게 아니죠. 운영위원회 업무를 지원하는 사무국도 있어야 됩니다. 사람들에게 연락도 취하고, 신청도 받고 또 홍보도 하는 사무국이 있어야 됩니다. 시민참여단에 전문적인 내용을 제공할 자료집 등 전문적인 내용을 제공할 전문가 집단으로 구성된 자문위원회 같은 것도 필요합니다. 이 공론장의 전반적인 운영이나 그런 것이 정말로 공정하고 투명하게 이루어지는지, 누군가는 들여다보고 문제제기를 할 수 있는 검증단 같은 기구도 필요합니다. 이렇게 그 공론장을 정상적으로 잘 운영하기 위해서는 다양한 체계들이 구성이 돼서, 서로 이렇게 유기적으로 결합이 돼야만 합니다. 지난 시간에는 이 가운데 운영위원회 관해 말씀드렸다면, 오늘은 나머지 다른 부분에 관해 말씀드리겠습니다.

사무국은 실무를 담당하는 것이고, 행정이나 예산 지원 같은 것 회의 알림 회의 준비 회의록 작성 이런 것들이죠. 또 시민 의견을 수렴하는 역할도 하게 되고, 보통 5명 내외로 구성을 하게 됩니다. 주민의 자율적 공론장인 경우에는 주민이 자원봉사를 하거나, 때에 따라서는 행정에 요청할 수도 있습니다. 민관협력 공론장 경우에는 공무원과 자원봉사자도 함께 결합하는데, 운영에 있어서의 자율성을 위해서 공무원과 시민사회가 추천한 인사들로 실무진을 구성을 하는 경우가 많습니다. 자문단의 역할은 공론장 논의에 필요한 자문을 하는 것입니다. 시민참여단에 필요한 자료집 제작, 공론장에서 발제 질의를 위해, 자문단은 관련 전문가들로 구성하게 됩니다. 검증단은 공론장 운영 과정에서 공정성을 확보하는 역할을 합니다. 공론장이 제대로 공정하게 이루어지고 있는지 들여다보는 역할입니다. 지역에 신망 있는 사람들로 구성을 하고, 공론장의 공정성 투명성이 확보될 수 있도록 노력합니다. 만약 주민이 불만이 있거나 시정 요구가 있는 경우, 즉각적으로 운영위원회에 요청할 수 있습니다. 물론 법적인 권위를 갖고 있는 것은 아니지만, 자율적으로 이런 검증단을 통해서 공론장이 공정하게 진행될 수 있도록 자구적인 노력을 하게 됩니다. 향후 공론장 논의 결과를 현실화하기 위해서는 공공기관과 긴밀한 협력이 필요하고, 특히 논의 결과를 제도화하기 위해서는 의회하고 사전에 긴밀한 논의가 소통이 필요하다는 말씀을 드렸습니다. 그런 점에서 의원단의 역할이 필요한데, 공론장 논의의 실효성 제고를 위해서 여야 의원들로 구성을 하게 됩니다. 공론장 진행 상황에 대해 공감대를 형성하고, 지역주민의 의견을 청취하는 기회를 갖습니다. 향후, 주제와 관련된 제도화 방안 등에 관해서 함께 논의를 하게 되는데, 당연히 여야 동수로 해서 정치적으로 편중되지 않도록 하는 것이 중요합니다.

[제47강] 운영규정 (ground rules) 작성

공론장 실행 단계에 꼭 해야 될 과제가 하나 있습니다. 그게 뭐냐면 공론장 운영규정을 작성하는 것입니다. 공론장 운영규정이 뭘까요? 영어로는 Ground Rule이라고 하고, 기반이 되는 규칙이라고 하는 뜻입니다. 운영규정이 도대체 왜 필요할까요? 일단 그 개념부터 확인을 해보도록 합시다. 운영규정은 활동과 상호 작용이 따라야 할 기본적인 지침과 원칙입니다. 국가에는 헌법이 있고, 법률, 조례, 규칙 등이 있는 것처럼 공론장도 운영규정이 있습니다. 공론장이라고 하는 것은 어떤 사항과 관련해서 특별한 조건에서 문제를 해결하기 위해서 만든 논의 공간인데, 그 논의 공간에는 일정한 질서가 필요하고, 그 질서의 내용을 구성해서 목록화한 것을 공론장의 운영규정이라고 합니다. 그 목적을 살펴보면 그걸 보다 분명히 알 수가 있습니다. 참여자 간의 상호 존중, 투명성, 그리고 공정성을 보장하는 기본적인 프레임워크를 제공하는 것이고, 공론장의 목적, 참여 방식, 의사소통 규범 등 참여자들이 공동 목표를 향해 가기 위한 협력 기반을 마련하기 위한 것입니다. 논의 과정에서 갈등이 발생할 경우 어떻게 해결할 것인지, 공론장의 질서와 효율성을 어떻게 유지할 것인지 등을 담고 있는 공론장의 율법이기도 합니다.

공론장의 운영규정은 언제, 누가 만들까요? 또는 공론장 운영규정은 누가 언제 만드는 것이 좋을까요? 구성 주체는 운영위원회이고, 구성 시기는 운영위원회가 구성이 돼서 상황에 대한 기본적인 이해가 이루어진 다음, 운영규정을 만드는 것이 좋습니다. 제일 처음부터 운영규정을 만들려면 상황이 충분히 이해가 되지 않은 상태라서 적절하지 않을 수 있습니다. 그래서 2~3차 회의 후에 만드는 것이 바람직합니다. 공론장 운영규정에는 어떤 내용들이 들어가 있어야 할까요? 공론장의 명칭, 공론장의 목적이나 논의 범위, 조직 체계, 구성 방법 같은 것들이 들어가 있어야 됩니다. 또 공론장 참여자의 권리나 책임에 관한 부분, 시민참여단의 모집과 선정방법, 의사소통 규칙이나 의사결정 과정, 방법 이런 것들이 들어가 있어야 됩니다. 특히, 공론장은 개방성과 투명성이 중요하기 때문에, 정보 및 자료의 공유에 관한 내용, 진행 과정에서 갈등이 발생한다면 어떻게 해결할 것인지 등의 내용들이 들어가는 것입니다.

그런데 이 운영규정을 똑똑한 한 두 사람이 그냥 이렇게 쭉 문서로 작성하는 것은 아무런 의미가 없습니다. 왜 그럴까요? 공론장에서는 실제로 운영위원들이 주체이고 또 시민참여단이 주체입니다. 그 주체들이 그 운영규정에 대해서 제대로 알고 숙지하고 지킬 때만 의미가 있습니다. 근데 그것을 지키려면 어떻게 해야 될까요? 운영규정을 만드는 과정 자체가 심도 깊은 논의를 통해서 검토되고, 또 합의된 내용으로 구성이 될 때만, 제대로 지켜지지 않겠어요? 함께 만드는 운영규정이라야만, 그 규정이 규범성, 실현성을 갖게 됩니다.

그 작성 과정을 살펴보면, 제일 먼저는 운영규정을 작성하는 목적이나 목표를 분명히 하는 것입니다. 그 다음 중요한 것은 이해관계자들이 함께 참여해서 만들어야 된다는 것입니다. 운영규정 자체가 일종의 논의의 산물이라고 볼 수 있습니다. 그래서 공론장 관련 이해관계자들이 참여한 가운데 다양한 의견과 논의를 통해서 다양한 관점들이 반영돼 있어야 됩니다. 근데 그 초안을 다시 한 번 다양한 이해관계자들로부터 피드백을 받아, 이견이 있는 경우에 다시 반영을 해서 규칙을 수정하는 과정을 반복하게 됩니다. 그렇게 해서 이 운영규정이라고 하는 것을 충분히 사람들이 알고 그리고 그 내용에 자신의 의견이 충분히 반영됐을 때, 그 운영규정의 규범성이 생길 수 있게 됩니다. 즉, 운영규정을 신뢰하게 되고 또 운영규정을 지키려고 하는 책임감도 발생을 하게 된다는 것입니다. 그런 검토 과정을 거쳐서 최종적으로 확정한 다음, 그 운영규정에 대해서 사람들에게 잘 알려줘야 됩니다. 그래서 참여자가 운영규정을 충분히 이해하고 준수할 수 있도록, 교육하고 안내하는 시간이 별도로 필요합니다.

우리가 운영규정이라는 것을 형식적으로 만들다 보니까, 여겨도 별로 심각하게 생각하지 않는 경향이 있습니다. 그런데 그것은 운영규정을 만드는 과정 자체가 허술하기 때문이기도 합니다. 운영규정이 정말로 많은 사람들의 의견이 제대로 반영돼서 꼼꼼하게 만들어지면, 그 운영규정은 그만큼 신뢰할 수 있는 내용이 되고 지켜질 수 있을 것입니다.

■ 공론장 운영규정 예시

○○○○○ 시민공론장 운영규정

「○○○○○○ 시민공론장」은 민주적인 논의를 거쳐 운영 세칙을 다음과 같이 제정한다.

제1장 총칙
제1조. 【명칭】
제2조. 【목적】
제3조. 【운영 기간】
제4조. 【회의장소】
제2장 시민공론장의 구성과 의사결정
제5조. 【시민공론장의 구성】
제6조. 【의사결정】
제3장 운영위원회
제7조. 【회의성립】
제8조. 【회의진행】
제9조. 【심의안건】
제10조. 【의견 청취】
제11조. 【회의 내용의 기록 및 공개】
제12조. 【회의 공개】

제4장 시민참여단
제13조. 【용어】
제14조. 【구성】
제15조. 【역할】
제16조. 【활동기간】
제17조. 【운영】
제5장 자문단
제18조. 【구성】
제19조. 【역할】
제6장 검증단
제20조. 【구성】
제21조. 【역할】
제22조. 【자체 규정】
제7장 의원단
제23조. 【구성】
제24조. 【역할】
제8장 사무국
제25조. 【구성】
제26조. 【역할】

제9장 운영원칙
제27조. 【정보제공】
제28조. 【논의 내용의 공표】
제29조. 【운영경비】
제30조. 【회의비 및 참여 수당 지급】
제31조. 【자문 등 의뢰】
제32조. 【신의성실의 원칙】
【부 칙】
2024년 ○월 ○일
○○○○○○시민공론장 운영위원회
위원장 ○○○ ＿＿＿＿＿＿＿
위원 ○○○ ＿＿＿＿＿＿＿
위원 ○○○ ＿＿＿＿＿＿＿

운영규정 예시를 들어보겠습니다. 위 그림에 보면, 00시민공론장 운영규정에서 이 운영규정은 민주적인 논의를 거쳐 운영 세칙을 다음과 같이 정한다 이렇게 돼 있습니다. 그 다음, 총칙이 있습니다. 명칭, 목적, 운영 기관, 회의 장소 이런 내용이 총칙에 들어갑니다. 그 다음, 시민공론장의 구성과 의사결정 부분이 있습니다. 그 다음, 운영위원에 관련된 내용이 있습니다. 여기는 회의 성립, 회의 진행, 심의 안건, 의견 청취 등이 있습니다. 그 다음은 시민참여단에 관한 부분입니다. 자문단, 검증단, 의원단, 사무국에 관련된 규정들도 담고 있습니다. 그 다음 운영원칙과 관련해서 정보 제공, 논의 결과의 공표, 운영 경비, 회의비, 참여 수당 지급, 자문 의뢰 등의 내용들을 담고 있습니다. 그 다음, 운영위원회 이름으로 서명날인 하도록 되어 있습니다. 이렇게 운영규정을 만들 운영위원회가 만들어지고 운영규정이 만들어짐으로써, 공론장의 질서 체계가 형성됩니다.

[제48강] 참여자 모집과 선정 (1) :
참여자 역할, 구성, 모집 절차

이번 시간부터 세 시간에 걸쳐서 참여자 모집과 선정이라고 하는 주제를 가지고 공부를 하겠습니다. 오늘은 참여자 역할과 구성 모집 절차에 대한 공부를 하고, 다음 시간에는 참여자 규모, 그리고 세 번째 시간에는 참여자 선정 기준에 대해서 공부하겠습니다. 우리가 이렇게 세 차례에 걸쳐서 참여자 모집과 선정에 대해서 공부하면, 공론장에서 가장 핵심적인 부분이라고 할 수 있는 시민참여단 구성에 대해서 잘 이해하게 됩니다. 그러면서 이제 공론장 구성에서 가장 핵심이고, 가장 어려운 부분이라고 할 수 있는 부분을 우리가 넘어설 수 있게 됩니다. 참여자 모집과 선정에서는 참여자의 역할 구성 모집 절차에 대한 일반적인 내용을 말씀을 드리고, 참여자 모집 선정과 관련된 역사적인 사례를 하나 말씀드리겠습니다. 그리스 아테네의 시민의회, 행정부, 시민배심원을 어떤 규모로 어떻게 구성했는지 살펴보겠습니다.

첫 번째, 시민참여단의 역할과 활동 기간에 대해서 말씀드리겠습니다. 시민참여단의 역할은 공론장의 실질적인 주체이면서 운영위원회에서 제공한 정보와 자료를 가지고 사전학습을 합니다. 숙의토론에서 수준 높은 논의를 하기 위한 준비라고 볼 수 있습니다. 숙의토론회에 실제로 참여해서 해당 의제에 대해서 논의하고 의사결정을 합니다. 따라서 시민참여단이야말로 공론장의 실제적인 주인이라고 말할 수 있습니다. 활동 기간은 구성에서 숙의토론회가 완료되는 시점까지입니다.

시민참여단을 구성하고 운영하는 방식에 대해서 가장 핵심적인 것만 말씀 드립니다. 첫 번째는 범위와 지역을 확정해야 됩니다. 그래서 어떠어떠한 시, 어떠어떠한 동네에 주소를 두고 있는 시민 몇 명으로 구성한다고 하는 것이 정해져야 합니다. 그리고 자발적 신청자를 중심으로 지역이나 성별, 연령 등을 고려해서 결정하게 됩니다. 그런데 이런 선정 과정에서 일반 시민과 이해관계자가 있는데, 이해관계자 비중을 어느 정도 할 것인지, 즉 가중치 부여에 관해서는 운영위원회에서 논의를 통해서 결정하게 됩니다. 그리고 참여단의 모집과 공정한 선정을 위해서 운영위원회와는 별도로 선정위원회를 구성해서 운영하는 경우도 있습니다. 또한 한쪽 성이 10분의 6을 초과하지 않게 한다든지, 이렇게 소수자 배려에 대한 것도 역시 운영위원회에서 결정하게 됩니다. 시민참여단 운영 전반에 관해서는 운영위원회에서 논의를 통해서 결정합니다.

　모집 절차에 대해서 알아보도록 하겠습니다. 모집 절차 첫 번째는 선정 기준을 마련하는 것입니다. 운영위원회에서 구성할 시민참여단의 규모를 몇 명으로 할 것인지, 또 구성을 어떻게 할 것인지에 대한 기준을 확립하는 것이 가장 첫 번째 과제입니다. 참여단 구성에 관한 세부적인 내용과 실무를 담당할 선정위원회를 구성합니다. 즉 운영위원회에서는 참여단의 규모와 선발 기준과 같은 기본적인 뼈대를 결정한다면, 참여단 구성에 관한 구체적인 내용에 대해서는 선정위원원회 내에서 하게 된다 이렇게 이해를 하시면 되겠습니다. 기준이 마련되면 그 다음에 해야 될 것은 홍보 및 신청자 접수입니다. 그래서 주민설명회나 SNS 다양한 홍보매체 등을 통해서, 참여 기회를 얻지 못해서 참여를 하지 못하는 사람이 없을 만큼 적극적인 홍보를 통해, 시민들에게 참여 기회를 제공을 해야 됩니다. 그리고 마지막으로는 그렇게 해서 이제 신청을 한 사람들의 목록을 작성을 하고, 거기에 선정 기준을 적용하게 되는 겁니다. 그래서 신청자 중에서 선정 기준에 맞는 사람들로 구성을 하게 되는 거죠. 참고로 참여자를 확정한 다음에 참여자의 한 20% 정도는 예비 리스트로 작성을 해 놓습니다. 그래서 만약에 참여자 중에 참여가 어렵게 된다든지 하면 보충을 할 수 있도록 한다 정도로 이해하시면 됩니다.

다음으로는 하나의 사례로 그리스 아테네에서 시민의회, 행정부 그리고 시민배심원을 구성하는 방법을 꼼꼼하게 살펴보도록 하겠습니다. 이 사례를 살펴보는 이유는 뭐냐면 어떤 모임을 얼마만한 규모로 어떤 절차와 과정을 통해서 구성하느냐 하는 것은 그 모임의 목적과 그 모임이 수행해야 될 과제와 밀접한 관계가 있는데, 그것을 대표적으로 굉장히 선명하게 보여주는 사례가 그리스 아테네에서 시민의회를 구성하는 방식과 행정부를 구성 하는 방법, 시민배심원을 구성하는 방법에 그 차이가 명확하게 드러나 있습니다. 우리가 참여자 구성에 관한 사고를 심화시키는데 굉장히 좋은 사례라고 생각했기 때문에 이 사례를 말씀드립니다.

　아시는 분도 계시겠지만, 그리스 아테네 민주주의를 구성하는 세 요소를 얘기하면 시민의회(에클레시아)라는 것과 행정부(불라), 그다음에 시민법정(디카스테이아)입니다. 그런데 이제 시민의회는 뭘 하는 것이냐면 법률이나 전쟁이나 평화 등과 같은 국가의 중요 정책을 결정하는 것입니다. 행정부는 시민의회에서 논의할 의제를 결정하는 것입니다. 또 회의를 진행하고 시민의회에서 결정된 내용을 집행합니다. 그 다음에 시민법정은 판결과 선고와 관련된 일을 합니다. 그리스 아테네에서는 특별하게 법관이 하는 것이 없고, 시민들이 직접 했습니다.

　그런데 이 세 가지를 구성하는 기본적인 방식에 굉장히 큰 차이가 있습니다. 명수도 다르고 구성 방식에서도 차이가 있습니다. 시민의회는 18세 이상의 아테네 성인 남성으로 구성돼있었고, 집행부는 집정관과 500인 평의회라고 하는 '불라'로 구성이 돼 있습니다. 그 다음에 시민법정은 시민들 가운데 선정된 시민배심원으로 구성이 됐습니다. 그런데 그 자격에서 차이가 있습니다. 시민의회에는 18세 이상의 남성이면 누구든지 참석할 수 있었습니다. 그런가 하면 행정부, 시민법정은 30세 이상이 되어야 합니다. 행정부나 시민법정에 참여하는 사람은 세상 물을 좀 안다고 하는 정도의 나이가 되어야, 행정부 역할이나 시민법정의 배심원으로 참여할 수 있었다는 것입니다. 참여자 수에 있어서도 굉장히 차이가 컸습니다. 여러분 그리스 아테네의 영화나 옛날 사진 같은 것을 보면, 아고라나 피닉스에서 시민회의 하는 장면이 종종 나옵니다. 평균 한 5~6천 명 정도 아테네 시민들이 참여했다고 합니다. 그런데 행정부 같은 경우에는 전략을 담당하는 군인 10명과 500인 평의회로 구성됐습니다. 그 다음에 시민법정 같은 경우에는 사안의 경중에 따라서 달랐어요. 그래서 시민배심원이 200명인 경우도 있고, 아주 중대한 사항 같은 경우에는 250명으로 구성하는 경우도 있었다고 합니다. 그리고 각각의 임기도 달랐습니다. 시민의회 같은 경우에는 임기가 없었습니다. 언제든지 참여할 수 있는 것이죠. 행정부 같은 경우에는 500인 평의회 멤버가 되면, 1년 동안 했습니다. 그리고 평생에 걸쳐서 2회를 넘지 않아야 됐습니다. 시민법정의 배심원 역시도 그 임기가 1년이었습니다.

그런데 우리가 관심을 가져야 될 것은 그 선발 과정입니다. 선발 과정을 보면 시민의회에 참여하는 사람들은 특별한 선발 과정이 없었습니다. 시민이면 누구든지 참여할 수 있었고요. 그리고 이제 시민 5~6천명이 되면 회의가 개최될 수 있었습니다. 1년에 한 40회 정도 회의가 열렸다고 합니다. 그 반면에 행정부 같은 경우에는 장군을 10명을 뽑는데, 그리스 아테네에는 데모스라고 하는 열개의 부족단위가 있었습니다. 각 부족에서 한 사람씩 10명으로 구성을 했습니다. 그런데 그 10명은 군사 경험이 있다든가, 품행이나 경험이나 그런 것을 고려해서 각 부족별로 한 사람씩 선출을 하는 방식으로 10명을 구성을 했습니다. 중요한 것은 500인 평의회를 구성 하는 방식이었는데, 10개 부족에서 각 50명씩 총 500명으로 구성했습니다. 그런데 각 부족에서 50명을 어떻게 구성하냐 하면, 제일 처음에는 자발적으로 신청을 합니다. 그 신청한 사람들 중에서 예심을 합니다. 예심은 이 사람이 범죄 경력은 없는지, 도덕적으로 문제는 없는지 이런 것을 심사하는 것입니다. 그런 다음에 추첨을 해서, 그 사람들을 중심으로 500명을 구성했습니다. 시민법정의 배심원 같은 경우도 역시 자청에 의해서 먼저 등록합니다. 시민법정은 행정부와 다르게 지역별로 선정하는 것이 아닙니다. 그냥 지역과 무관하게 자기가 신청을 하면 등록이 되는데, 등록한 사람들에 대해서 심사를 합니다. 그렇게 심사를 해서 통과한 사람들로 잠재적인 시민배심원 풀을 만듭니다. 5~6천 명 정도가 이 시민배심원 풀에 해당됐다고 얘기합니다. 그런 다음, 재판이 있을 때마다, 그 중에 클레로테리온이라고 해서 무작위로 선정하는 일종의 기계 같은 게 있습니다. 거기서 무작위로 그 잠재적인 시민배심원 가운데, 실제로 그 특정한 사항과 관련된 시민배심원을 선정합니다. 이렇게 선발 방식이 전혀 달랐습니다. 그런데 선발 방식이 왜 이렇게 달랐을까요? 그 역할이 다르고 구성하는 목적이 달랐기 때문에 선발 방식이 달라진 것입니다.

시민의회는 구성 목적이 무엇일까요? 시민의 일반적인 의사를 확인하고, 정책을 결정하는 것이죠. 시민들이 전쟁을 할 것인가 말 것인가? 외국과 수교를 할 것인가 말 것인가? 이렇게 국가적 중대사에 대한 정책결정을 하는 것입니다. 그에 반해서 행정부가 하는 것은 국가가 처리해야 될 다양한 문제 가운데 논의해야 될 의제를 설정을 하고, 또 그것을 일정한 과정과 절차를 통해서 토의를 합니다. 그리고 토의된 내용을 잘 정리해서 집행하는, 어떻게 보면 상당히 전문적인 역할을 수행하는 것이라고 볼 수 있습니다. 또 이 역할을 제대로 수행하기 위해서는 내부적인 토론과 합의가 굉장히 중요했습니다. 시민법정 같은 경우에는 자신의 부족이나 이런 여러 가지 친인척 등 연고에 영향을 받지 않도록 하는 것이 중요했습니다. 이렇게 그 단체 혹은 조직의 목적에 따라서 선출하는 방식이 굉장히 달랐던 것입니다. 이렇게 각각의 구성 목적에 맞게끔 멤버들을 구성했다고 하는 것을 알 수 있습니다.

그리스 아테네 민주주의에 대해서 간단하게 소개하는 이유는 우리가 어떤 조직을 구성을 할 때는 구성 목적, 다뤄야 될 사안에 따라서 그 구성 방식은 달라질 수밖에 없다는 것을 말씀드리기 위해서입니다.

[제49강] 참여자 모집과 선정 (2) :
참여자 규모

참여자 모집과 선정 중 참여자의 규모와 선정 기준을 마련하는 것이 어떻게 보면 공론장을 구성하는데 가장 핵심적인 내용이자 고민거리라고 볼 수 있습니다. 이 부분을 꼼꼼히 잘 이해하시면, 여러분들이 공론장을 구성하는데 가장 어려운 숙제를 풀 수 있습니다.

생각 꺼리
- ■ 개방형 Vs. 폐쇄형 (참여 인원을 한정할 것인가?)
- ■ 지역별(demos) 동수 Vs. 지역과 무관
- ■ 자발적 참여 Vs. 추천
- ■ 평등한 발언 기회 보장 Vs. 편파적 영향력과 편견 방지
- ■ 신청자 사전 심사 Vs. 심사 없음
- ■ 참여자 수의 결정 근거
- ■ 보상 여부와 규모

위의 생각거리를 한번 보십시오. 개방형? 폐쇄형? 아테네 시민의회 같은 경우에는 개방형입니다. 개방형이라고 하는 것은 누구나 자유롭게 참여할 수 있다는 것입니다. 참여자 수에 제한이 없습니다. 폐쇄형이라고 하는 건 숫자가 정해졌죠. 아테네 행정부는 500인으로 정해져 있잖아요. 참여 인원을 무한히 할 것인가 한정할 것인가 이런 문제가 있습니다.
또 지역별로 동수로 구성할 것인가? 지역과 무관하게 구성할 것인가?

그리스 아테네 같은 경우에는 행정부는 지역별로 10명씩 동수로 구성했습니다. 그런가 하면 시민배심원 같은 경우에는 지역과 관계없이 자율적인 신청에 의해서 할 수 있도록 했습니다. 그런가 하면 자발적인 참여에 의한 것인가, 추천에 의한 것인가의 문제도 있습니다.

그 다음에 또 평등한 발언 기회를 보장하는 것에 우선권을 둘 것인지, 아니면 편파적 영향력을 방지하는 것에 우선을 두는지, 시민의회 같은 경우에는 이세고리아라고 해서, 누구든지 말할 수 있는 자유가 있다는 것을 굉장히 강조했습니다. 평등한 발언 기회를 굉장히 강조했습니다. 그에 반해서 행정부나 시민법정 같은 경우에는 이소노미아라고 그래서 법 앞의 평등을 훨씬 더 중요하게 생각을 했던 것입니다.

또 신청자가 사전 심사를 받느냐 심사 없이 참여하느냐, 또 참여자 수를 결정하는 근거는 무엇인가 이런 부분도 고려해야 합니다. 그리스 아테네에서는 참여자에게 모두 일정한 수당을 줬습니다. 시민의회에 비해서 행정부나 시민법정에 참여하는 사람들한테는 수고비를 조금 더 부여를 했는데, 이게 뭐 무슨 고급 권리를 갖고 있기 때문에 부여한 것이 아니라, 훨씬 더 많은 시간을 봉사해야 했기 때문에 거기 합당하게 수고비를 제공했습니다.

몇 가지 고민을 같이 해 봅시다. 첫 번째 모두에게 개방할 것인가 제한할 것인가? 공개된 참여라고 하는 것은 모든 사람들한테 열려 있는 것이고, 참여자의 수에 제한이 없습니다. 그리스 아테네의 시민의회를 생각해 볼 수 있습니다. 그 철학적인 의미는 모든 시민이 정치에 참여할 권리입니다. 그렇다면 현실에서도 그렇게 해야 된다고 하는 것입니다. 이것은 이세고리아라고 그래서 평등한 말할 권리를 중요시 했었던 그리스 아테네 사람들의 사상에 기반해 있습니다. 그 실제적인 의미를 살펴보면, 높은 참여와 포괄성입니다. 여기서 말하는 포괄성은 말 그대로 생각의 차이라든가 모든 것을 포용한다는 의미라고 이해하면 됩니다. 그런데 공개적 참여에 있어서 어려운 점은 숙의의 어려움입니다. 모든 사람들이 참여한 가운데 심도 깊은 논의가 이루어지기 어렵잖아요. 그래서 아테네 시민의회 같은 경우도 중요한 기능이 숙의나 논의에 있었다기보다는 결정에 있었다고 볼 수 있습니다. 참여자 수를 제한하는 제한적 참여가 있습니다. 우리가 공론장을 한다고 할 때는 100명이든 500명이든 이렇게 숫자를 제한합니다. 제한적 참여의 철학적인 의미는 사람들을 잘 구성하면 그 사람들이 전체 사람들의 의견을 대표할 수 있다고 하는 생각이 바탕에 깔려 있습니다. 대표 민주주의라고 하는 것이 기반입니다. 그 다음에 또 일정 수가 참여할 때, 그 사람들을 대상으로 일정한 정보를 제공한다든지 논의 기회를 제공한다든지 하면, 숙의의 품질을 높일 수 있다고 하는 생각이 바탕에 깔려 있습니다. 집중적이고 효율적인 숙의가 필요한 경우라고 볼 수 있습니다.

그런 반면에 제한적 참여로 인해 생길 수 있는 문제는 다양한 관점 중 어떤 관점은 제외될 수 있다는 것입니다. 그 다음 숙의의 질을 향상시킬 수 있는 가능성은 있지만, 광범위한 시민참여는 어려워지는 측면이 있습니다. 예를 들면, 의정부시에서 소각장 관련된 숙의 공론장을 한다고 할 때, 200명으로 구성한다고 한번 해 봅시다. 그럴 때 그 기본적인 철학은 이 200명으로 의정부시 40만 명을 대표할 수 있게끔 구성한다고 하면 숙의의 질이 담보될 수 있다고 생각할 수 있습니다. 하지만 그 200명으로 대표될 수 없는 누군가가 있을 수 있는 거잖아요. 따라서 숙의의 질은 향상할 가능성이 있지만 시민의 의견이 제대로 반영되지 못하는 상황이 발생할 수 있고, 또 시민에게 광범위한 참여 기회를 주지 못하게 됩니다. 이런 측면이 동시에 있다고 말씀드릴 수 있습니다. 결국, 시민에게 참여할 수 있는 기회를 보장함과 동시에 숙의의 질을 어떻게 보장할 것이냐가 문제입니다. 다양한 관점과 이해관계자가 제외될 수 있다는 우려를 말씀드렸습니다. 이런 부분은 현안에 대한 조사와 의견 수렴 등 준비 과정을 철저히 함으로써, 제외될 수 있는 가능성을 사전에 없애는 것이 대단히 중요합니다. 또 시민 참여를 보장하면서, 다양성과 차이 역시 잘 발현될 수 있도록 해야 합니다. 그러자면 사안의 성격을 잘 고려해서 참여구조를 설계 과정에 잘 반영하는 것이 대단히 중요합니다. 그런가 하면 관리 등 실무적인 역량에 대한 고려도 해야 합니다. 결국 참여라고 하는 문제는 다양성과 차이를 훼손하지 않는 범위 내에서 최소한의 규모로 결정하는 것이 바람직합니다.

두 번째는 참여자의 규모에 관한 것입니다. 참여자의 규모를 몇 명으로 할 것인가 하는 것이 무엇에 의해서 결정될까요? 저는 다음과 같은 다섯 가지가 고려돼야 된다고 봅니다.

첫 번째는 공론장의 목적과 목표입니다. 구체적인 정책 제안을 도출하는 것이 목적이라면, 그 규모가 작고 전문적인 사람들을 중심으로 구성하는 것이 맞습니다. 그런가 하면 넓은 범위의 사회적인 합의를 모색하는 경우에는 다양한 배경을 가진 더 많은 참여자들로 구성을 하는 것이 맞을 것입니다. 그 공론장의 목적을 대안 도출에 두느냐, 사회적인 합의 자체에 두느냐에 따라서 참여자의 규모는 달라질 수 있습니다.

두 번째는 논의할 주제의 복잡성입니다. 복잡하고 다양한 관점이 필요한 주제 같은 경우에는 더 넓은 참여자의 규모가 필요합니다. 사안 자체가 복잡해서 다양성이 훨씬 더 큰 상태라면, 그 다양성을 담아낼 수 있을 정도의 규모가 이루어져야 됩니다. 반면에 특정 전문 지식을 필요로 하는 주제인 경우에는 더 작고 전문화된 그룹이 적합할 것입니다. 예를 들어, 이전에 시민단체에서 GMO 관련 유전자 변형식품 공론장이 열린 적이 있었거든요. 꽤 오래전 얘긴데, 그런 경우에 GMO 관련 내용이라고 하는 것은 일반인들이 그 내용을 다 파악해서 얘기하기 굉장히 어렵잖아요. 그런가 하면, 사안이 복잡하고 다양한 관점이 존재하는 것은 아닙니다. 특정한 전문지식을 필요로 하고 또 그 전문지식을 사람들이 깊이 있게 습득을 해야 되기 때문에, 작고 전문화된 그룹으로 하는 것이 적합합니다.

세 번째는 상호작용의 질입니다. 상호작용의 질이라고 하는 것은 공론장에 참여한 사람들 간의 상호작용과 농도라고 이해하시면 됩니다. 효과적인 대화와 상호 작용이 공론장에서 굉장히 중요한 요인입니다. 그런데 그 규모가 커지면 다양성과 대표성이 훨씬 더 커집니다. 그렇지만 그 안에 참여하고 있는 사람들 간의 관계는 밀도 있게 이루어지기 어렵습니다. 즉, 깊이 있는 대화나 숙의 과정을 배치하기 굉장히 어려워진다는 것입니다. 그런가 하면 참여자간 긴밀한 상호작용과 밀도 깊은 논의가 이루어지기 위해서는 참여자의 규모를 축소하는 것이 훨씬 더 바람직합니다. 참여자의 상호 작용의지를 높이기 위해서는 규모를 축소하는 것이 바람직합니다.

네 번째는 사용 가능한 자원과 물리적 공간입니다. 공론장을 운영하는 데는 여러 가지 자원과 물리적인 공간이 필요합니다. 그래서 장소의 수용 능력이나 지원이라든가 시간 재정적인 자원 등을 고려해서 결정해야 합니다.

마지막으로는 참여의 포괄성과 대표성입니다. 공론장은 사회의 다양한 목소리를 포괄하고 대표하는 것입니다. 그래서 다양한 배경 관점 경험을 가진 사람들을 포함시킬 수 있을 규모가 돼야 됩니다. 그니까 공론장에서 참여의 포괄성과 대표성이라는 것은 가장 기본적인 것이라고 말씀을 드릴 수 있습니다. 그래서 공론장이라고 하면 몇몇 소수 사람들, 소수 전문가들로 구성되는 그런 논의 공간과는 다릅니다. 왜냐하면 공론장이라고 하는 것은 삶의 세계에서의 다양성과 차이를 담아낼 수 있을 정도의 포괄성 또 대표성을 확보하고 있어야 되기 때문에, 여러 가지 조건들도 고려함과 동시에 공론장의 가장 중요한 원칙이라고 할 수 있는 참여의 포괄성과 대표성 역시 대단히 중요한 요인입니다.

[제50강] 참여자 모집과 선정 (3) : 참여자 선정 기준

　참여자 선정 기준을 정하는 것과 관련된 말씀을 드리겠습니다. 참여자를 선정하는 방식은 굉장히 다양합니다. 그런데 그 가운데 우리가 가장 대표적으로 사용하고 있는 선정 방식에 대해서 몇 가지 살펴보고, 그 선정 방식이 갖고 있는 특징과 의미에 대해서 간단하게 정리를 해보겠습니다.

　첫 번째는 공개 모집입니다. 공론장의 주체가 공개적으로 참여자를 모집하는 방식이고, 관심 있는 사람이면 누구든지 참여할 수 있게 하는 것입니다. 그리스 아테네의 시민의회 같은 것이 여기에 해당된다고 볼 수 있습니다. 장점은 무엇일까요? 광범위한 참여를 유도할 수 있다는 것이고, 그 다음에 또 참여 과정이 투명하고 개방적이어서 누구에게나 참여 기회를 제공하니까, 투명성과 개방성이 보장될 수 있다는 것입니다. 모든 사람들에게 참여하라고 공지만 하면 되지만, 반면에 단점도 있습니다. 이렇게 공개 모집을 하게 되면, 오히려 소수의 목소리에 지배될 위험이 있습니다. 특정 관심사나 의견을 가진 사람이 대거 참여할 수가 있게 되고, 그 샘플 자체가 편향될 가능성이 있습니다. 이렇게 소수의 목소리가 지배되는 상황이 되다 보면, 특정한 관점이 도드라지면서, 다양한 관점이 무시될 가능성이 있습니다. 그리고 앞에서도 말씀드린 것처럼 효과적인 대화와 숙의 과정, 의사결정에 어려움이 발생할 수 있습니다.

　두 번째는 무작위 표본 추출 방식입니다. 아테네의 예를 들면, 시민배심원을 선발하는 과정이 무작위 추출 방식이라고 볼 수 있습니다. 잠재적인 시민배심원 풀 중에서 특별한 사항과 관련해서 사람을 추출을 할 때, 무작위 추출 방식을 사용했다고 말씀드렸습니다. 그래서 무작위 표본 추출이라고 하는 것은 모집단에서 무작위로 개인을 선정하는 방식이고요. 모집단에 있는 사람들 가운데 참여자 그룹을 형성하는 것입니다. 이런 방식은 대규모 인구 중에서 공론장 참여자를 선정할 때, 주로 사용하는 방식이라고 볼 수 있습니다. 우리가 신고리 5·6호기공론화라고 할 때, 전국민을 대상으로 해서 그 가운데 500인인가를 무작위 추출을 했었잖아요. 그런 방식을 대표적으로 얘기할 수 있는데요. 장점이라고 하면, 모집단의 다양한 성분을 반영할 가능성이 높아지기 때문에 대표성이 커지고, 결과의 일반화가 용이합니다. 그런가 하면 편향을 최소화할 수 있다고 하는 점입니다. 기계적인 평등을 추구하는 정부에서 이런 방식을 주로 활용한다는 말씀도 드린 적이 있었습니다. 반면에 단점도 있습니다. 참여 동기가 부족할 수가 있습니다. 선정된 참여자 일부분은 해당 주제에 관심이 없거나 동기가 부족한 경우가 있을 수 있습니다. 그런가 하면 실시에 어려움이 있습니다. 정확한 추출을 위해서는 충분히 크고 정확한 모집단 데이터가 필요하기 때문에, 비용이 굉장히 많이 들어가는 단점도 있습니다.

세 번째는 자발적인 참여라고 볼 수 있습니다. 참여자가 스스로 공론장에 참여하기를 원하는 경우에 적용이 되고요. 특정 주제나 이슈에 대한 강한 관심이나 의견을 가진 사람들이 주로 참 참여하게 됩니다. 장점은 높은 참여 의욕이라고 말씀드릴 수 있습니다. 그 다음에 전문성과 깊이가 보장될 수 있다고 하는 점입니다. 특정 분야 전문 지식을 가진 사람들이 참여할 가능성이 있습니다. 단점도 있습니다. 역시 대표성이 부족할 수 있습니다. 특정 경향이나 관점을 가진 사람들이 참여할 가능성이 있습니다. 또 편향에 대한 위험성도 있습니다. 일부 의견이 과도하게 강조될 수 있는 위험이 존재합니다.

그 다음에는 목표 지향 샘플링이라고 해서 이것은 특정 기준이나 목표에 따라서 의도적으로 참여자를 선정하는 방식입니다. 특정한 특성이나 경험 지식을 가진 참여자를 선발해서 공론장에 초대하는 방식입니다. 대표적으로 공론장에 참여하는 전문가를 선정하는 경우에, 특정 지식을 갖고 있는 사람들 중에, 다양한 사람들의 입장을 대표할 수 있도록, 의견이 다른 복수의 전문가를 초빙하는 경우가 많습니다. 어쨌든 특정한 목적을 가지고 특정한 사람을 선발하는 것이라고 볼 수 있습니다. 그리스 아테네 식으로 얘기하면 그리스 아테네에서 행정관으로 장군을 선발하는 경우, 장군의 능력을 기반으로 해서 장군을 선발하나요? 추첨이 아니라 추천을 통해서 선발하잖아요. 이런 경우에 해당된다고 볼 수 있습니다. 장점은 특정한 목적을 충족시킬 수 있다고 하는 점입니다. 단점으로는 선정에서 주관성이 포함될 수 있다고 하는 것입니다. 표본의 대표성에 문제를 제기할 수 있다고 하는 정도로 알고 계시면 될 것 같습니다.

다섯 번째는 쿼터 샘플링이라고 하는 것입니다. 이것은 하나의 모집단 내에 몇 개의 쿼터가 존재할 수 있는 경우입니다. 예를 들면, 연령, 성별, 지역이라든가 어떤 특정한 이념 성향, 뭐 이런 것들로 그룹화가 가능한 경우에 그런 부분을 반영해서 부분 샘플링 하는 것이 바람직하다는 것입니다. 통계학적으로는 층화추출 방식이라고도 얘기합니다. 집단이 있는 경우, 그 모집단을 하나의 집단으로 놓고 추출하는 것이 아니라, 그 내부에 있는 하위집단을 중심으로 샘플링을 하는 방식을 쿼터 샘플링이라고 합니다. 장점으로는 대표성이 강화될 수 있다는 것이고, 단점으로는 그렇게 하위 집단으로 그룹핑하는 것 자체도 주관에 의한 편향성이 발생할 수 있다고 하는 측면입니다.

참여자 선정과 관련해서 몇 가지 현실적인 고려를 해야 될 측면들이 있습니다. 첫 번째는 삶의 영역에서 만들려고 하는 공론장은 자발적 참여에 기반을 두어야 합니다. 왜냐하면 문제 해결이 삶에 직접적인 영향을 끼치기 때문입니다. 그래서 참여 동기가 상대적으로 높습니다. 그런가하면 심도 깊은 논의와 대안 마련이 대단히 중요하잖아요. 그렇기 때문에 이렇게 자발성이 높은 경우에는 자발적인 참여를 활성화시키는 것이 바람직합니다.

두 번째는 자발적 참여자 가운데 일정한 기준에 의해서 선정을 하는 겁니다. 자발적으로 참여하겠다고 하는 사람들이 있습니다. 예를 들면 1천명이 신청을 했다면, 1천명 가운데 100명을 추출하는 선정기준을 마련하는 것입니다. 선정 기준에 대한 합의가 필요합니다. 그 합의는 공론장을 운영하는 운영위원회라는 관계자들이 심도 깊은 논의를 통해서 합의를 해야 됩니다. 그런 경우에 이 선정 기준에 어떤 부분을 중요하게 여기느냐를 정할 때 여러 요인을 고려하게 됩니다. 지역이라고 하는 것도 굉장히 중요한 요인일 수 있고, 어떤 경우에는 이해관계의 농도 같은 것이 굉장히 중요할 수도 있습니다. 그런데 여러분들이 꼭 명심하셔야 될게 뭐냐 하면, 선정 기준을 정하는 경우에 이해관계만을 중시해서 안 된다는 것입니다. 이해관계가 약한 일반 시민의 의사도 대단히 중요하거든요. 이전에 공론장이라는 것은 이해관계를 나누는 공간이 아니라고 말씀드렸습니다. 그것보다는 오히려 다양성과 차이에 기반한 일반 시민의 상식적인 판단이라고 하는 것이 그만큼 중요하기 때문에, 이해관계가 약한 일반 시민의 의견도 의사도 대단히 중요합니다. 그 비율을 나눌 때 그 점도 역시 충분히 고려해서 선정 기준을 마련해야 됩니다.

세 번째는 소수자나 사회적 약자에 대한 배려도 필요합니다. 성별 같은 경우에는 한쪽 성이 60% 초과하지 않도록 하는 것이고, 특히 요즘에는 지역 같은 경우에 젊은 층이 숫자가 이렇게 적을 뿐만 아니라 또 여러 가지 생활 전선에 있으면서 이런 참여에 어려움이 있습니다. 그래서 이런 경우에는 40대 이상이 70% 초과하지 않도록, 40대 미만 젊은 층에게 보다 더 적극적으로 참여 기회를 보장할 필요가 있습니다. 또 사안의 특성을 고려해서 사회적인 약자에 대한 참여 기회를 보장하기 위해서 노력해야 됩니다.

네 번째는 자발적인 참여자가 많은 경우에, 참여자 가운데서 일정한 요건을 갖춘 사람들을 골라, 그 중에 무작위 추출을 하는 것입니다. 그래서 대부분 기준이 사회적 약자 등에 대한 비중을 우선하고, 그럼에도 불구하고 초과하는 경우에는 해당 그룹 내에서 무작위 추출합니다. 그리고 정작 무작위 추출이 필요한 경우는 어떤 특성들을 갖고 있는 경우, 관심 영역이 넓고 대상이 많은 경우, 이해관계 농도가 상대적으로 낮은 경우, 숙의의 중요성이 상대적으로 낮은 사안인 경우 등에 무작위 추출 방식이 적합합니다.

　두 번째 참여자 비율과 관련된 문제에 대해서 살펴보겠습니다. 핵심적인 내용은 시민참여단을 구성하는 경우에 이해관계가 밀접하지 않은 일반적인 시민과 이해관계자가 존재하는 경우에 구성 비율을 어떻게 할 것인가 하는 문제가 중요한 고민거리입니다. 이럴 때 다음과 같은 요인들을 고려해서 결정을 하는 것이 바람직할 것 같습니다. 첫 번째는 대표성과 포괄성입니다. 이것은 해당 사회의 다양성과 포괄성을 반영한다고 하는 가장 기본적인 원칙입니다. 즉 일반 시민과 이해관계자를 모두 포괄해야 된다는 것이고요. 그것은 곧 일반 시민의 다양한 관점과 상식뿐만 아니라 이해관계자의 해당 사안에 대한 판단도 역시 중요한 요인입니다. 일반 시민의 상식에 기반한 의견과 이해관계자의 해당 사안에 대한 의견, 이 두 가지를 모두 존중해야 된다는 것입니다. 주제와의 관련성 역시 중요합니다. 이해관계자 비율은 그 주제의 중요성과 관련성에 따라서 달라질 수밖에 없습니다. 그래서 특정 지역의 경우, 해당 지역주민이나 이해관계자의 참여 비율이 중요합니다. 즉 해당 사안이 이해관계자들에게 대단히 중요하고, 삶과 직결되는 문제인 경우, 이해관계자의 비율이 높아질 수밖에 없습니다. 그 삶의 절박성이 다른 일반 시민의 관점으로는 관철되기 어려운 특성이 존재하기 때문입니다. 세 번째는 전문성과 지식의 균형입니다. 이해관계자들은 해당 사안에 대해서 굉장히 잘 압니다. 그리고 관심도 높습니다. 그런 반면 일반 시민은 그 해당 사안에 대해서는 구체적으로 잘 모를 수 있습니다. 대신에 일반 시민은 일상적인 관점에서 판단하고 평가할 수 있는 상식을 갖고 있습니다. 따라서 사안을 이해 중심으로 보는 이해관계자의 관점과 사안을 일반적인 상식의 관점에서 보는 일반 시민의 관점이 결합돼야 합니다. 양자 간의 적절한 균형이 대단히 중요하다고 볼 수 있습니다. 마지막으로는 민주적 참여와 의사결정이라고 하는 측면을 고려해야 합니다. 이해관계자의 입장을 이해하고 존중하지만 과도한 영향력이 행사되는 것은 방지해야 됩니다. 또한 일반시민의 사회적인 대표성 역시 대단히 중요합니다. 그래서 아무리 이해관계가 절박한 문제라 하더라도 이해관계자만 공론장을 구성해서는 안 됩니다. 이해관계자도 참여하지만 그것보다는 훨씬 더 중요한 것이 일반시민의 참여입니다.

[제51강] 정보제공과 사전학습자료집

　사전학습자료집 발간에 대해서 공부하겠습니다. 사전학습자료집은 숙의토론회에 참여할 시민참여단에게 관련된 논의에 필요한 정보를 사전에 제공하기 위해서 만드는 자료집입니다. 사전학습자료집을 만드는 이유는 토론에 참여하는 시민들에게 논의 주제에 대해서 사전에 공정하고 균형 있는 자료와 정보를 제공하고, 논의 주제에 관한 다양한 입장과 견해를 비교하고 평가할 수 있는 기회를 제공하기 위한 것입니다. 또한 숙의토론회가 깊이 있는 토론과 수준 높은 결정을 이룰 수 있도록 지원하기 위한 것입니다.

　이 자료집은 누가 사용할까요? 당연히 시민참여단에 참여한 사람들이 이 자료집을 사용하게 됩니다. 물론 사전학습자료집이 만들어지면, 관심 있는 일반 시민도 일반적으로 받아볼 수 있습니다. 자료집은 운영위원회에서 결정한 의제, 주요 논의 주제를 중심으로 그 내용을 기술합니다. 사전학습자료집의 주요 내용을 살펴보면, 다음과 같습니다. 보통 제 1장은 시민공론장이 무엇인가, 시민공론장의 목적 과제 논의 방식 등 공론장에 관한 전반적인 이해를 돕는 내용으로 작성됩니다. 제2장은 시민들이 참여하는 숙의토론회가 어떤 방식으로 진행되는지, 언제 어디서 어떤 주제로 논의가 진행되는지에 대한 기본적인 추진 계획에 관한 내용이 들어갑니다. 제 3장은 숙의토론에서 다룰 핵심적인 의제를 소개합니다. 의제가 하나인 경우도 있고, 여러 개인 경우도 있습니다. 예를 들면 소각장 같은 경우라면, 소각장의 필요성, 주민지원 방안, 환경성, 기타 등등 이렇게 몇 개의 주제로 나누어질 수 있을 겁니다. 제 4장은 이해관계자의 의견과 쟁점에 관한 내용을 소개합니다. 소각장 문제라면 소각장과 관련해서 소각장 건설 주체인 지자체의 입장도 있을 테고, 또 반대 단체의 입장도 있을 것이고, 또 주변에 사는 지역주민의 의견, 일반 시민들의 의견도 있을 것입니다. 그런 각각의 이해관계자의 의견과 의견들 사이에 충돌하는 부분, 주로 쟁점이라고 얘기하는데, 의견과 쟁점에 대한 내용을 잘 소개함으로써 어떤 부분의 의견이 일치가 있고, 어떤 부분에 의견의 차이가 있는지를 잘 알게 해야 합니다. 참여하는 시민들이 그 상황을 이미 알고 참여할 수 있도록 도와줍니다. 제 5장은 성공적인 숙의토론회를 위한 제언으로 구성되는데요. 여기는 핵심적으로 두 가지입니다. 하나는 진행자가 지켜야 될 수칙 또 하나는 숙의토론회에 참여한 시민들이 지켜야 될 수칙에 대한 내용을 담고 있습니다. 그뿐만 아니라 사전학습자료집은 다양한 참고 자료들을 수록하고 있기도 합니다. 또 아카이브가 있는 경우에는 그 주소를 기록해 놓기도 합니다. 또 해당 사항과 관련해서 관련 보도자료가 있으면 신문이나 다양한 미디어의 자료들을 같이 첨부하는 경우도 있습니다. 마지막으로는 이 논의와 관련된 전문가들의 명단이나 연락처를 기록해 놓습니다. 그래서 궁금한 점이 있으면 전문가에게 문의할 수 있도록 합니다.

중요한 것은 이렇게 다양한 이해관계자가 있고, 또 충돌하는 지점, 쟁점들이 존재하는 상황에서 사전학습자료집을 어떻게 하면 공정하고 균형 있게 작성하는가 하는 것이 대단히 중요합니다. 그래서 작성과 관련해서 몇 가지 중요한 원칙이 있습니다. 작성 원칙에 대해서 살펴보겠습니다. 첫 번째는 의제별로 주요 쟁점을 중심으로 중립적인 질문지를 작성한 다음, 운영위원회에서 정한 작성자에게 질문지를 제공하게 됩니다. 주요 작성자는 핵심적인 이해관계자나 관련 분야 전문가들이 됩니다. 작성자의 의견은 동등한 가치를 가지고 동등한 분량으로 작성하게 합니다. 그리고 의견이 다른 점이 충실히 반영될 수 있도록 작성을 하게 합니다. 그리고 마지막으로는 시민을 위한 자료이기 때문에, 그림이나 도표 같은 것을 많이 활용하게 하고 쉬운 용어로 단순 명료하게 작성하도록 합니다.

발간 절차에 대해서 살펴보도록 하겠습니다. 첫 번째는 운영위원회에서 의제와 논의 주제를 정리합니다. 그런 다음 작성 원칙을 수립합니다.

작성 원칙이 수립되면, 그 다음에는 작성자를 선정하게 됩니다. 같은 쟁점에 관해서 의견 차이가 있는 경우에는 복수의 작성자가 작성하도록 해야 됩니다. 그래서 의뢰를 받은 핵심 이해관계자나 전문가들이 그 내용을 작성하게 되고요. 작성한 내용은 자문단이 그 내용을 검토하게 됩니다.

예시: 【서부경남 공공의료 시민공론장 사전 학습용 자료집】

제1장. 시민공론장 이해
  I. 공론장의 개념
  II. 서부경남 공공의료 확충 시민공론장 소개
   1. 시민공론장 추진 배경
   2. 시민공론장 목적
제2장. 숙의토론회 추진 계획
  I. 숙의토론회 의제 선정 과정
  II. 숙의토론회 진행 과정
  III. 시민참여단의 역할
제3장. 숙의토론회 의제 소개
  I. 【의제 1】공공의료 현황과 과제
   1. 서부경남 공공의료 현황
   2. 서부경남 공공의료 확충 주요 정책 과제
  II. 【의제 2】공공병원 필요성 여부와 기능
   1. 서부경남 지역 공공병원 설립의 필요성 여부
   2. (신설의 경우) 공공병원의 기능과 역할
   3. (신설의 경우) 공공병원 위치 결정의 조건
   4. 신설 이외의 대안
  III. 【의제 3】의료 취약지역 대책과 협력 방안
   1. 의료 취약 지역에 대한 대책
   2. 민간 병원과의 협력 방안
제4장. 이해관계자 의견과 쟁점
  I. 주요 이해관계자의 의견
  II. 주요 쟁점
제5장. 성공적 숙의토론회를 위한 제언
  I. 진행자의 태도
  II. 참여자의 태도
<참고 자료>
<관련 전문가 명단과 연락처>

그 내용 자체의 올바름이라는 그런 것보다는 그 내용이 시민참여단에게 쉽게 제대로 읽힐 수 있는지 또 분량을 제대로 지켰는지 등등 주로 형식적인 내용에 관해서 자문합니다. 그런 내용에 대해서 이제 작성자에게 수정·보완을 요구하고, 수정·보완된 내용을 중심으로 운영위원회에서 사전학습자료집을 확정하게 됩니다. 확정되면 그 자료집을 완성해서 온라인 오프라인을 통해서 숙의토론회에 참여할 시민들에게 배부합니다.

사전학습자료집 구성의 실제적인 예시를 한번 같이 살펴보도록 하겠습니다. 이것은 2020년 서부경남 공공의료 시민공론장과 관련해서 사전학습자료집을 실제로 만든 것이었는데요. 그 내용을 보시면 제1장은 시민공론장의 이해입니다. 공론장의 개념, 해당 사안에 관한 소개, 추진 배경, 추진 목적 이런 내용을 주로 담고 있습니다. 제2장은 숙의토론회를 어떻게 추진할 것인가 하는 내용을 담고 있습니다. 숙의토론의 의제 선정을 하게 된 과정, 숙의토론의 진행 과정에 대한 소개, 시민참여단의 역할 등을 소개하고 있습니다. 제3장은 숙의토론의 의제에 관해서 소개 하게 됩니다. 서부경남 공공의료 시민공론장의 경우에는 의제가 크게 세가지가 있었습니다. 그리고 각 의제의 주요 논의 주제가 한두 개씩 있었습니다. 제 1논의 주제 같은 경우에는 핵심적인 논의 주제가 두 개였고, 제 2의제 같은 경우에는 네 개의 논의 주제가 있었고, 의제 3 같은 경우에는 두 개의 논의 주제가 있었습니다. 그리고 제 4장은 이해관계자의 의견과 쟁점을 주로 다루고 있습니다. 그래서 주요 이해관계자들의 의견과 정리된 주요 쟁점을 소개하는 내용을 담고 있어서, 사전 자료집을 읽으면, 일반 시민들이 어떤 부분에서 누가 어떤 의견을 갖고 있고, 의견이 어떻게 대립하고 있구나 하는 것을 손쉽게 알 수 있도록 작성합니다. 제5장은 성공적인 숙의토론회를 위한 제언으로 진행자의 태도 참여자의 태도 등에 대해서 기록을 하고 있습니다. 그리고 부록에 참고 자료 등을 넣습니다.

[제52강] 숙의토론회 준비와 진행 (1)
- 숙의토론회 준비

이번 시간과 다음 시간에는 공론장의 꽃이라고 할 수 있는 숙의토론의 준비와 진행에 관해서 공부하겠습니다. 그 가운데 오늘은 토론회를 여는데 필요한 준비에 대해서 공부를 하고, 다음 시간에는 숙의토론회의 진행과 관련된 내용을 공부하겠습니다. 이번 시간에는 숙의토론회를 성공적으로 잘하기 위해서 사전에 준비하고 검토해야 할 내용을 공부하겠습니다.

숙의토론회 준비

숙의토론 준비	숙의토론 진행
• 자료집 제작 및 배부 • 사전 학습 • 시민참여단 사전 설문 • 의제 및 주요 논의 주제 • 발제 및 토론, 자문전문가 • 시민참여단 관리 • 토론진행자 사전 교육 • 숙의토론 운영 원칙 확정 • 장소와 시간표	• 개회 / 오리엔테이션 • 숙의토론회 진행 안내 • 주제별 발제 및 토론 • 질의응답 • 분임 토의 / 발표 • 전체 토의 • 주제별 논의 결과 정리 • 토론 전체 내용 정리 • 합의문 작성 . 폐회

숙의토론 준비에는 위 그림 왼쪽에 있는 것처럼 여러 가지 항목들이 있습니다. 그 내용을 살펴보면, 지난 시간에 배운 사전학습자료집을 제작하고 배부하는 것, 참여할 시민들이 사전학습자료집을 제대로 잘 학습

을 했는지에 대한 일종의 검토 과정 등이 있습니다. 그리고 이제 시민참여단에게 사전 설문을 하는 경우가 많습니다. 그리고 발제 및 토론과 관련된 내용도 준비하고, 발제 토론을 담당할 전문가들을 미리 섭외합니다. 그리고 시민참여단을 관리하고 토론 진행자 사전 교육도 합니다. 그리고 숙의토론에 운영원칙을 확정하고, 장소와 시간표도 미리 작성해야 합니다.

각각에 대해서 간략하게 살펴보도록 하겠습니다. 첫 번째 자료집 작성 배부와 관련된 내용은 지난 시간에 배웠지만, 핵심적인 내용을 다시 한 번 상기하면서 살펴봅시다. 첫 번째는 정보 제공을 위한 공식적인 아카이브를 설치를 하고, 거기에 다양한 자료들을 갖추게 됩니다. 그리고 해당 사안에 관련해서 다양한 참고 자료 등을 제공하는데, 한쪽으로 치우치지 않도록 다양한 자료를 제공하는 것이 중요합니다. 그리고 사전학습 자료집을 제작한다고 그랬잖아요. 그래서 깊이 있는 토론을 위해서 자료집을 제작하는데, 균형 있고 풍부한 내용을 담고 있어야 되고, 또 이견이 무엇인지를 선명하게 알 수 있도록 작성하는 것이 중요합니다. 읽기 쉽고, 이해하기 쉽게 기술하는 것 또한 중요합니다. 이렇게 작성된 사전학습자료집은 시민참여단에게 사전에 배부하는데, 읽을 수 있는 충분한 시간을 주는 것이 굉장히 중요합니다. 그리고 이 학습 자료집 외에도 관련 정보 사이트라던가 전문과 목록 등을 포함하는 것이 바람직합니다.

두 번째는 사전학습인데요. 이 사전학습은 숙의토론에 참여할 시민들이 사전학습을 하는 것을 의미합니다. 그래서 이 사전학습이 잘 이루어질 수 있도록 도와주는 역할을 해야 합니다. 참여할 시민들이 해당 사안에 대해 관심을 갖도록 유도해야 되고, 그다음 궁금한 것이 있을 때, 묻고 또 대답을 얻을 수 있는 질의응답 사이트가 같은 것을 갖추는 것이 중요합니다. 그래서 의문 사항이 사전에 해소될 수 있도록 하고, 또 필요한 자료를 요청하는 경우에 제공할 수 있어야 할 것입니다.

세 번째는 사전 설문을 하는 경우가 많습니다. 그 취지는 무엇이냐면 시민참여단의 관심과 성향에 대해서 사전에 파악함으로써, 보다 내실 있는 숙의토론회가 되기 위한 준비에 활용하기 위한 것입니다. 설문 내용은 주로 참여하게 된 동기와 목적 그리고 사안에 대한 이해 정도, 요구 사항 또 실제로 당일 참여가 가능한지 등등에 관한 내용을 담고 있습니다. 주의할 사항은 중립적인 질문을 하는 것이 굉장히 중요하고, 효과적인 준비와 진행을 위한 목적에 한정해야 한다고 하는 것입니다. 이렇게 해서 나온 사전 설문 결과는 숙의토론의 현장에서 대개 발표를 합니다.

네 번째는 의제를 준비해야 합니다. 의제라고 하는 항목에는 대체로 다음과 같은 내용이 포함됩니다. 숙의토론의 목적과 목표 그래서 숙의토론을 통해서 달성하고자 하는 내용과 효과 그 다음 논의 범위가 들어가야 합니다. 숙의토론 내에서 논의할 주제의 범위, 논의 방식, 의사결정 방식 같은 것도 들어가 있습니다. 의제와 주요 논의 주제에 관한 내용이 담겨 있어야 합니다. 그래서 숙의토론에서 다룰 의제, 논의 순서, 의제별 논의 주제 등을 담고 있어야 합니다.

다섯 번째는 발제자와 토론자를 사전에 정해야 합니다. 그래서 발제자, 토론자 선정과 관련해서는 쟁점이 명확하게 드러날 수 있도록 선정하는 것이 굉장히 중요합니다. 그리고 다양한 관점과 소수의견이 존중될 수 있도록 발제자와 토론자를 섭외하는 것이 굉장히 중요합니다. 특히 전문가뿐만 아니라 핵심적인 이해관계자가 꼭 포함돼야 하겠죠. 그리고 이제 발제자는 토론자 외에도 숙의토론 공간에서 다양한 자문을 해 줄 수 있는 자문 전문가들도 참관합니다. 이 자문단에 있는 분들이 숙의토론회에 적절히 결합할 수 있도록 하는 것이 좋습니다. 숙의토론회 당일 시민들이 제기하는 다양한 질문이나 의문을 해소하는 역할을 하게 됩니다. 전문가들을 배치하는 것이 중요합니다. 또 쟁점을 포괄할 수 있도록 복수로 배치하는 것이 좋습니다. 그래서 한쪽 성향을 가진 전문가가 아니라 쟁점이 존재하면 균형 있게 전문가들이 참여할 수 있도록 하는 것이 중요합니다.

여섯 번째는 시민참여단이 이제 어떤 사람들이 참여할 것인지 결정이
돼 있잖아요. 그런데 이제 실제 숙의토론회까지 이분들이 제대로 잘 참
여할 수 있도록 안내하는 것이 굉장히 중요합니다. 그래서 사전학습을
제대로 하고 있는지, 요구나 불편 사항은 없는지, 숙의토론에 실제로 참
여할 수 있는지 등등에 관해서 확인할 필요가 있습니다. 또 요구 사항이
있으면 요구 사항을 숙의토론회에 잘 반영해야 합니다. 무엇보다도 이
시민참여단이 의욕을 가지고 숙의토론회 공간에 참여할 수 있도록 잘 안
내하는 과정이 대단히 중요합니다.

일곱 번째는 토론 진행자를 선발하고 준비해야 합니다. 숙의토론회가
성공적으로 진행되기 위해서는 전체 토론을 이끌 전체 토론자 또 분임토
의를 이끌 분임토론 진행자 등등 여러 스텝들이 필요합니다. 이 사람들
을 잘 선발을 해서 훈련을 잘 시켜 놔야, 숙의토론회가 성과 있게 진행이
될 것입니다. 그래서 토론 진행자를 선발하기 위해서는 사안의 성격을
고려해서 진행자를 선발해야 됩니다. 이전에 말씀드린 것처럼 퍼실리테
이터 정도면 되는지, 아니면 갈등이 심각해서 미디에이터(조정자)가 필
요한지 등, 그 사안의 성격에 맞는 진행자를 선발하는 것이 대단히 중요
합니다. 그리고 무엇보다도 최대한 지역 사회 인사를 발탁하는 것이 좋
습니다. 외부에 있는 사람보다는 해당 지역 내에 있는 사람들이 진행에
참여할 수 있도록 해서 토론 진행자가 지역에 자산이 될 수 있도록 기회
를 주는 것도 굉장히 좋은 일입니다. 그래서 최대한 지역 사회 인사를 발
탁해서 준비하는 것이 좋습니다. 토론 진행자가 선발되면 이분들 대상으
로 사전 교육을 해야 합니다. 그래서 해당 사안에 대해서 잘 이해하도록
그리고 또 의제와 주요 쟁점이 무엇인지에 대해서도 잘 이해하도록 하는
것이 중요합니다. 또 시민참여단에 주로 어떤 분들이 참여하는지 또 진
행자가 지켜야 하는 수칙이 무엇인지를 사전에 충분히 숙지할 수 있도록
준비합니다. 참고로 토론 진행자의 역할에 대해서 간략하게 살펴보면 토
론 진행자는 논의 목적과 과제를 설명할 수 있어야 합니다. 또 논의 범위

를 설명할 수 있어야 하고, 또 자유롭고 평등한 발언 기회를 제공할 수 있어야 합니다. 또 논의 맥락을 이해하고 논의 체계를 수립할 수 있어야 합니다. 갈등이 심각한 사안인 경우에 갈등의 성격과 원인에 대해서도 어느 정도 이해하고 있어야 합니다. 또 사안과 갈등의 성격을 고려해서 진행할 수 있어야 합니다. 갈등이 심각한 경우의 진행 방법에 대해서 잘 이해하고 있어야 하고요. 또 쟁점을 정확하게 이해하고 쟁점을 중심으로 논의할 수 있는 역량을 갖춰야 합니다. 또 분임토의든 전체 토의든 논의 결과를 정리할 수 있는 역량을 갖춰야 하겠죠.

여덟 번째는 숙의토론의 운영원칙을 사전에 준비해야 하는데요. 그 핵심적인 내용은 숙의토론회에서 참여자가 시작부터 끝까지 지켜야 할 수칙에 대해서 잘 정리를 해서 참여자가 그 내용을 사전에 알 수 있도록 하는 것이 대단히 중요합니다. 사전학습자료집에도 그 내용을 대개 첨부하는 것이 일반적이라고 볼 수 있습니다. 진행자 역할에 대해서는 바로 앞부분에서 말씀을 드렸습니다. 토론참여자 수칙 관련해서 몇 가지 내용을 말씀 좀 드리겠습니다. 첫 번째는 주인 의식입니다. 숙의토론회에 참여하는 시민이 의사결정의 주체라고 하는 것을 주지시킬 필요가 있습니다. 두 번째는 자율적 운영입니다. 그래서 숙의토론회에 참여한 사람들이 공론장의 운영규정이나 공론장에 필요한 내용을 필요에 따라 스스로 논의를 통해서 구성할 수 있어야 합니다. 그리고 무엇보다도 이제 상대에 대한 의견 존중과 논의 결과에 대한 존중 역시 대단히 중요한 내용입니다. 이런 내용을 중심으로 토론 참여자 수칙을 작성합니다.

마지막으로는 숙의토론에 필요한 장소와 시간표입니다. 장소는 편리하고 쾌적한 장소여야 되고, 통풍이 잘되는 넉넉한 공간을 확보하는 것이 중요합니다. 아이를 동반한 참여자가 있는 경우가 많으므로, 육아실을 별도로 준비해야 합니다. 안전 및 응급 시설도 필요합니다. 그리고 인터넷 등을 갖춘 시설이 적당하겠죠. 그리고 무엇보다 쉽게 접근할 수 있는 위치면 좋겠습니다. 그다음 이제 시간표 관련된 건데요. 숙의토론회를 몇 회에 걸쳐서 몇 시간 할 것인지와 관련한 내용입니다. 이것은 의제의 복잡성에 따라 달라집니다. 그런데 만약 의제가 굉장히 많은데 하루에 너무 장시간 동안 논의를 하게 되면 토론에 익숙하지 않은 분들한테 굉장히 부담될 수 있습니다. 그래서 필요한 경우에는 매주 한 차례씩 한다든지 이렇게 여러 차례로 나누어서 진행할 수 있을 것입니다. 그리고 이제 참여자들이 대부분 생업에 종사하기 때문에, 이분들 생업에 지장을 최소화할 수 있는 시간을 선정하는 것이 대단히 중요합니다. 또 너무 조급하게 시간을 짜기보다는 충분한 시간을 확보하는 것이 또한 중요합니다.

[제53강] 숙의토론회 준비와 진행 (2)
- 숙의토론회 진행

오늘은 숙의토론회 준비와 진행 두 번째 시간입니다. 숙의토론회 진행과 관련된 내용을 공부하겠습니다. 숙의토론회 준비가 이제 다 끝났습니다. 실제로 숙의토론회 진행을 어떤 순서와 어떤 내용들로 하는지 살펴보도록 하겠습니다. 첫 번째는 숙의토론에 참여한 사람들 좌석 배치와 관련된 내용입니다.

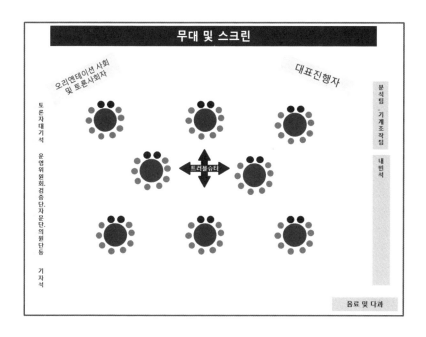

위 같은 경우에는 한 분임별 7~8 명 정도 시민들이 참여하고 팀별로 1~2 사람의 진행자가 참여하고 있는 상황입니다. 그리고 전체 팀은 여덟 개로 구성이 돼 있습니다. 그리고 앞에 전체 진행자가 있고, 그리고 각 테이블별로 팀별 진행자가 한 분씩 계십니다. 그다음에 이제 주변에 정보제공과 관련된 전문가들 자리, 논의 결과를 분석하는 분석팀을 배치합니다. 필요에 따라서 기자단이나 일반 참관인들이 앉을 수 있는 자리를 마련합니다.

숙의토론 진행과 관련해서 살펴볼 내용들이 역시 많습니다. 진행과 관련한 오리엔테이션을 먼저 합니다. 숙의토론 진행 안내도 해야 하고, 주제별 발제 및 토론을 소개하는 시간도 있어야 합니다. 그리고 질의응답, 분임토의 및 발표, 전체 토의, 주제별 논의, 결과 정리, 토론, 전체 내용 정리, 합의 작성 및 폐회 이런 내용으로 주로 진행됩니다.

우선 오리엔테이션을 합니다. 이 토론회가 어떻게 진행될 것인지에 대해서 전반적인 안내를 통해, 시민들의 이해를 돕는 시간입니다. 이 오리엔테이션에서는 다룰 사안의 현황과 과제에 대해서 말하고, 시민공론장이 어떤 의미가 있는지, 시민참여단이 어떻게 구성돼있고 어떤 과제를 수행하는 분들인지 등의 내용과 숙의토론회를 통해서 시민참여단이 결정해야 할 중요한 사항에 대해서도 말씀을 드릴 필요가 있습니다. 또 숙의토론회를 통해서 나온 결과를 향후에 어떻게 활용할 것인지에 대해서도 말해야 합니다. 토론회 일정이나 진행 방식 등에 관해서도 안내를 하게 됩니다.

그다음, 숙의토론회가 어떻게 진행되는지, 그 순서를 좀 살펴보도록 하겠습니다. 의제를 제안하고, 발제 및 토론이 이루어지게 됩니다. 그 발제 및 토론에 따른 궁금증을 해소하기 위한 질의응답 시간이 되게 주어지게 되고, 질의응답이 끝난 다음에는 분임별 토의를 하게 되고, 분임별 토의 결과를 발표하는 시간을 갖게 됩니다. 그리고 분임별 토의 결과 전체를 종합해서 대안 목록을 작성한 다음, 대안 목록을 중심으로 전체 토의를 진행하면서 모아진 의견을 정리해서 합의안을 도출하는 순서로 진행 하게 됩니다.

숙의토론회 진행 예시

전체 진행 OOO / 토론 진행 OOO

구분 (시간)		(분)	세부 내용	담당자
접수	09:30-10:00	30	- 등록 및 자리 배치	전체 진행자
개회식	10:00-10:15	15	- 국민의례 / 내빈 소개	전체 진행자
			- OO 시장 등 격려 말씀	전체 진행자
오리엔테이션 10:15-12:00		105	- 시민토론회 안내 ('15)	전체 진행자
			- 강연 : 시민공론장 추진 배경과 목적('35)	OOO 위원장
			- 전문가 토론회1 : 생활폐기물 관리실태 ('55)	발제 : OOO시, OOO 사무국장, OOO 본부장 (각 15분) 토론 : OOO 위원, OOO 교수 (각 5분)
점심시간	12:00-13:00	60	점심 식사 및 휴식	
제1 의제 토론 13:00-13:50		50	- 질의응답 ('10)	시민참여단
			- 분임토의 ('20)	조별토론
			- 정리 및 발표, 내용 정리 ('20)	토론 진행자
휴식	13:50-14:00	10		
제1 의제 토론 계속 14:00-15:50 (최적대안과규모선택)		110	- 전문가 토론회2 : 최적대안과 규모의 선택 (50)	발제 : OOO시, OOO 사무국장, OOO 본부장 (각 10분) 토론 : OOO 부회장, OOO 감사 (각 5분)
			- 질의응답 ('1)	토론 진행자 / 전문가 답변
			- 조별토론(최적 대안과 규모) ('20)	조별토론
			- 발표 및 집단 토의 ('10)	토론 진행자
			- 최적 대안 선택 ('15) / 규모 선택 ('10)	토론 진행자
정리 및 폐회 15:50-16:00		10	- 토론 내용 정리	토론 진행자

진행 단계별로 주요 과제를 살펴보도록 하겠습니다. 첫 번째 의제 제
안과 관련된 내용을 살펴보겠습니다. 의제 제안은 시민참여단에게 논의
할 주제를 제안하는 것이 목적입니다. 논의할 주제와 논의 목표를 제시
하고, 논의 주제 선정 배경과 핵심적인 쟁점을 소개하는 시간입니다. 무
엇을 논의해야 할 것인지에 대한 큰 틀을 시민들에게 제시하는 시간입
니다. 그다음 발제와 지정토론을 합니다. 그래서 시민참여단의 논의 주
제와 관련된 내용을 전달하게 됩니다. 관련 전문가의 발제와 이해관계
자 토론으로 대개 구성합니다. 그래서 이 발제 토론을 통해서 핵심적인
쟁점이 무엇인지를 선명하게 드러날 수 있도록 하는 것이 중요합니다.
세 번째는 질의응답 시간입니다. 질의는 시민참여단이 하게 되고, 응답
은 주로 발제자 혹은 토론자가 하게 됩니다. 해당 주제와 관련된 질문에
한정하는 것이 대단히 중요합니다. 필요한 경우에는 질문지를 활용하는
방법도 좋습니다. 다음 네 번째는 분임토의를 진행합니다. 팀별 진행자
는 분임에 배정된 시민참여단에게 토의 주제와 목표 진행 방식 등에 대

해 안내를 하고, 해당 주제에 관해서 논의를 진행하게 됩니다. 다섯 번째는 논의 결과를 발표하게 됩니다. 발표는 분임에 참여한 시민참여단 중에 자원하신 분이 하는 것이 좋습니다. 논의 결과를 먼저 발표를 한 다음에 그 근거를 제시하는 방식으로 대개 진행을 하게 됩니다. 그렇게 해서 이제 분임 별로 발표가 끝나면 그 전체 내용을 목록으로 작성합니다. 이것을 이제 대안 목록 작성이라고 하는데요. 분임 발표된 내용을 전체적으로 분석을 해서 공통된 의견과 차이가 나는 의견을 구분 정리하게 됩니다. 대안 목록을 일목요연하게 작성을 한 후, 그 대안 목록을 대상으로 해서 전체 토의를 진행합니다. 그러면서 이제 합의 가능한 부분하고 합의할 수 없는 부분 또 추가적인 논의가 필요한 영역을 구분하게 됩니다. 추가적인 논의가 필요한 부분에 관해서는 분임토의를 다시 한 번 진행할 수도 있습니다. 그렇게 한 다음, 전체 토의를 통해서 합의 가능한 영역을 정리하게 됩니다. 이 합의안을 도출하는 과정에서 명백한 결정이 필요한 경우에는 충분한 논의를 전제로 해서 표결에 부칠 수도 있습니다. 이런 경우에 전제가 되는 것은 충분한 논의를 전제로 해서 장점과 단점 기타 등등의 것들이 충분히 이해된 상태에서 표결에 부쳐야 한다는 점입니다. 표결의 비율을 어떻게 할 것인지 등에 대해서는 운영위원회에서 회의를 통해서 결정하는 것이 바람직합니다.

[제54강] 의사결정과 합의문 작성(1) :
의사결정

　오늘 공부할 것은 의사결정과 합의문 작성 중에서 의사결정에 관련된 내용을 공부하겠습니다. 우선 대표적인 의사결정 방식을 몇 가지 알아보도록 합시다. 잘 아시는 것처럼 다수결이 있습니다. 다수결의 장점은 무엇보다도 효율성입니다. 그래서 대규모 그룹에서 결정을 내리는 간단하고 빠른 방법입니다. 물론 다수결도 여러 종류가 있습니다. 2분의 1에서 심지어는 10분의 9까지도 있습니다. 어쨌든 다수결의 가장 큰 장점은 효율성이라고 볼 수 있습니다. 또 결과가 명확하고 정량화가 가능합니다. 단점은 소수 의견이 제대로 대변되지 못하게 된다는 점입니다. 소수자 요구나 선호가 갈리는 결정을 내릴 수 있다는 점입니다. 그리고 양극화가 일어날 수 있습니다. 승패를 중심으로 사고를 할 수 있게 됩니다. 그래서 다수결이 빈번하게 이루어지는 곳에서는 오히려 내부 분열 가능성이 커집니다.

　다음은 우리가 합의라고 흔히 하는데, 사실은 정확한 의미로는 합의형성(consensus-building) 입니다. 이것의 가장 큰 장점은 포괄성입니다. 모든 참가자의 공감대 형성과 견해를 통합하는 것이라고 볼 수가 있습니다. 공감대를 형성한다고 하는 것은 적어도 적극적인 반대자가 없는 상태를 만드는 것이라는 말씀을 이전에 드린 적 있습니다. 그리고 합의형성의 가장 큰 장점은 토론의 깊이를 가져올 수 있다는 것입니다. 단점도 있습니다. 잘못하면 많은 시간이 들어갈 수 있고, 결정이 지연될 수 있습니다. 그러다 보니까 이렇게 공공기관이나 공적 업무를 하는 곳에서는 시간이 대단히 이렇게 제한적입니다. 그래서 오히려 합의라고 하는 방법보다는 다수결에 의존하는 경향이 있다고 볼 수가 있죠. 그런가 히면 대안 도출에 실패하는 경우에 문제의 완벽한 해결보다는 어정쩡한 해결을 할 가능성도 있습니다.

그 외 공론 조사(Deliberative Polling)라고 하는 방법도 있습니다. 이것은 간단하게 말씀드리면 기호에 폴링을 하는 겁니다. 투표하는 것입니다. 숙의 절차를 앞에다 좀 붙이고 숙의 과정을 통한 다음에 투표하는 방식입니다. 장점으로는 정보제공을 함으로써 인식의 공감대를 어느 정도는 형성할 수 있다는 점입니다. 많은 사람이 자신의 의견을 표현하고 또 의사결정에 반영할 수 있다고 하는 점도 장점입니다. 반면에 단점이라고 하면, 숙의성을 강화하고 정보를 제공하기 위해서는 사전에 준비할 것들이 많습니다. 전문적인 지식을 제공하기 위해서는 전문가가 있어야 하고, 그 과정과 절차를 관리해야 하는 번거로움이 있을 수 있습니다. 그러나 숙의 부분이 상당히 형식적으로 처리되면서, 사실은 폴링을 하기 위한 명분을 확보하는 정도로 이용될 가능성이 있습니다. 그렇게 되면서 의사결정의 수용성을 높이기 위한 방식으로 채택된 것이 수용성을 낮추는 결과에 이를 수 있습니다.

순위 선택 투표라고 하는 것은 이렇게 어려운 말이 아닙니다. 사람들이 논의를 통해서 빈도 조사를 통해 원하는 것의 순위를 정하는 것입니다. 예를 들면 어떤 사안에 관해서 우리가 어떤 대안을 선택할 것인가 하는 것을 열 명이 논의한다고 했을 경우에, 대안이 여러 가지 제시될 것입니다. 그런데 그 가운데 가장 빈도가 높은 것을 우선순위로 하는 것으로 생각하시면 됩니다. 장점은 참여한 사람들의 다양한 선호를 표현할 수 있다는 점입니다. 그렇게 함으로써 다수결처럼 그냥 Yes or No, A 아니면 B라는 결정을 넘어, 선택지가 훨씬 더 넓어진다고 하는 장점이 있습니다. 반면에 단점으로는 자칫 잘못하면 굉장히 이렇게 많은 내용이 나열될 가능성이 있고, 결정하기 굉장히 어려운 상황에 빠질 수 있습니다. 또한 다양한 의견이 제시되어 차이 나는 내용을 일목요연하게 정리하기 쉽지 않을 수 있습니다. 그래서 의견이 왜곡되거나 시간이 많이 들어갈 수 있는 단점이 있을 수 있습니다.

　의사결정을 할 때, 다수결과 합의를 가장 대표적으로 사용합니다. 어떤 것을 사용할지, 선택할 때 곰곰이 따져봐야 합니다. 왜냐하면 각 방법의 철학적인 기반이 다르기 때문입니다. 다수결이라는 것은 여러분도 많이 들어보신 것처럼 공리주의에 기반하고 있습니다. 최대다수의 최대 행복이라고 들어봤잖아요? 보다 많은 사람이 원하는 것으로 결정할 때 더 많은 사람이 행복해질 수 있다는 그런 실용적인 관점에서 다수결을 선택하는 것입니다. 또 공리주의는 자유주의에 기반하고 있어서 집단주의를 거부합니다. 개인의 선호와 선택을 중시하는 것이고, 그 결과를 중시합니다. 즉 다수결이라는 것은, 불가피하게 결정을 해야 할 경우, 보다 많은 사람이 원하는 결정을 하는 것이 더 많은 사람에게 행복을 줄 수 있다는 공리주의에 기반하고 있습니다.

　반면에 합의라고 하는 것은 결정 자체보다도 그 과정을 굉장히 중시하는 결정 방법입니다. 공감대를 형성하는 과정으로서의 의미가 있습니다. 그래서 이 합의라고 하는 것은 숙의민주주의와 굉장히 밀접한 관계가 있습니다. 다양성과 차이를 인정하고 합리적인 논의를 중시하고, 선택이 아니라 더 나은 대안을 찾기 위한 방식입니다. 따라서 이 합의는 기본적으로 사회통합과 공동선, 상호관계와 과정을 중시하는 공화주의적 사고가 바탕에 깔려 있습니다.

　그런데 공론장에서 다수결보다 합의를 중시하는 이유를 간단하게 말씀을 드리면, 공론장에서는 기본적으로 개인의 선택과 다양성과 차이를 존중합니다. 공론장은 기본적으로 자유주의를 포용하고 있습니다. 다양성과 차이를 존중하고 자유롭고 평등한 의견 표출을 중시하고 개인을 존중합니다. 이것은 자유주의적인 전통과 맞닿아 있습니다. 그런가 하면 대화와 토론, 상호이해와 공감을 중시합니다. 이것은 어떻게 보면 공화주의적 전통과 닿아있습니다. 그래서 이 공론장에서의 논의는 자유주의에 기반해 있지만, 공화주의적인 추구를 하는 양면성을 동시에 갖고 있습니다. 그러다 보니 공론장에서는 포괄성과 정당성을 대단히 중요시 여깁니다. 그래서 다원주의와 소수의 목소리를 늘 포함시키려고 노력을 해야 합니다. 이견을 수용하려고 노력을 해야 합니다. 그런가 하면 의사결정 자체보다는 의사결정 의지를 중요시 여깁니다. 그래서 대화를 강조하고, 다양한 관점을 통합하려고 노력하고, 신중한 결정과 창의적 솔루션을 중시한다는 말씀을 드렸습니다. 또 공론장에서는 사회적 결속, 사회적 유대를 중시한다고 말씀을 드렸습니다. 그래서 공동선과 공동체적 가치를 역시 중시합니다.

또, 대화를 통한 문제 해결이라는 것을 추구합니다. 상대를 나처럼 존중한다고 하는 뜻이잖아요. 나와 마찬가지로 존중받아야 할 대상으로 인정을 한다는 것입니다. 의사결정을 통해서 문제를 해결한다고 하는 것은 상대 역시 나처럼 문제를 합리적으로 접근할 수 있다는 믿음이 바탕에 깔려 있는 것이라고 볼 수 있습니다. 또한 합의에 기반을 둘 때 의사결정의 지속성이 생길 수가 있습니다. 합의라고 하는 것은 앞서 말씀드린 것처럼, 상호이해와 공감대를 형성하는 것을 기반으로 하기 때문에, 의사결정에 있어서 지속성이 담보될 수 있습니다. 자신들이 내린 결정에 대해서 지지하는 정도가 다수결 하고는 상당히 다를 수밖에 없는 것이잖아요. 따라서 의사결정의 지속 가능성을 담보할 수 있는 방법이다 이렇게 말씀드릴 수 있습니다.

특히 주민공론장에서 합의가 매우 중요한 배경을 다시 되돌아봅시다. 삶의 영역은 결정보다는 관계가 중요하다는 말씀을 드렸습니다. 공적 영역과는 다르게 삶의 영역은 관계의 지속성이 중요합니다. 또한 의사소통을 통한 상호이해와 공감이 관계 유지를 위해 대단히 중요합니다. 우리 삶은 주로 의사소통을 통해서 상호이해와 공감을 형성하는 과정이라고 볼 수 있습니다. 따라서 국가나 행정에서처럼 어떤 결정에 대해서 압박을 하는 경우에는 관계가 훼손되거나 새로운 갈등이 발생할 수 있습니다. 또한 삶의 영역에서 발생하는 사안의 특징 때문입니다. 삶의 영역의 특징은 다양성과 차이라고 말씀을 드렸잖아요. 어떤 사안에 대해서 사람들의 생각과 판단은 굉장히 많은 요소들이 작용을 하게 됩니다. 그래서 이것을 단순한 의사결정만으로 몰아갈 때, 판단에 필요한 풍부한 요인들이 오히려 소실될 수 있습니다. 이 소실된 것들만큼 불만이 형성될 수 있습니다. 우리가 삶의 영역에 있어서 어떤 선택을 한다고 하는 것은 그만큼 많은 부분들을 버린 결과라는 뜻입니다. 그런데 우리 삶의 영역에서는 어떤 사안이 중요한 만큼, 다른 사안 역시 비중의 차이는 있지만 중요한 것입니다. 따라서 우리 삶의 영역에 있어서는 구성과 조합이 중요하다는 측면에서 보면 단순한 판단이라고 하는 것은 훨씬 더 많은 부분에 손실을 가져올 수 있다는 것입니다. 그리고 그 손실은 불만의 원인으로 작용을 할 수 있습니다.

주민공론장에서 합의가 필요한 배경과 관련해서 세 번째는 가치 판단의 차이 때문에 그렇습니다. 국가나 공공기관 같은 경우에는 효율성과 효과성을 중시하죠. 그렇지만 삶의 영역은 관계성 그리고 도덕과 윤리 사회적 관습 같은 것도 역시 중요합니다. 주민공론장에서 어떤 논의를 통해서 무엇인가를 판단한다고 할 때는 법적인 경제적인 관점에만 한정될 수가 없는 것입니다. 우리 사회 문화 경험적인 측면도 대단히 중요하게 작용하고 있다고 하는 점 역시 중요한 배경입니다.

네 번째는 체계와 다른 시간표입니다. 체계는 국가나 공공기관 같은 것을 주로 체계라고 얘기합니다. 국가나 공공기관에서는 어떤 사업이나 어떤 정책을 시행하는 데에는 시간표가 다 정해져 있습니다. 대개 1년 단위로 이루어집니다. 그런데 삶의 시간표는 물론 우리도 달력을 사용하고 하지만, 실제로 사람과의 관계라든가 마을이나 동네의 일이라고 하는 것은 국가나 행정에서처럼 그렇게 연단위로 끊어지지 않습니다. 우리가 이웃과의 관계가 매년 달라지는 것이 아닌 것처럼 말입니다. 따라서 상호이해에 기반한 소통이 지속 가능성에 가장 중요한 요인입니다.

마지막으로 합의가 가능하기 위한 조건을 살펴보겠습니다. 합의가 가능하기 위해서 첫 번째는 포괄적 참여가 이루어져야 됩니다. 배제되는 사람이 없어야 됩니다. 모든 이해관계자와 참여자의 숙의와 의사결정 참여 기회가 보장돼야 됩니다. 그리고 다양한 관점과 경험이 고려돼야 되고, 폭넓은 수용성을 추구해야 됩니다. 두 번째는 투명성입니다. 합의가 가능하기 위해서는 인식이 넓어지고 깊어져야 됩니다. 그것은 주로 의사소통과 정보의 공유를 통해서 이루어지는 것입니다. 따라서 투명성은 대단히 중요한 요소입니다. 논의 과정에 대한 신뢰에 기반을 둔 합리적인 논의가 가능할 때 합의 가능성이 높아집니다. 세 번째는 충분한 정보와 시간입니다. 사실에 대한 확인, 인식의 확장, 상호이해와 공감에는 시간이 필요하다고 볼 수가 있습니다. 또한 깊이 있는 논의와 의견에 대한 논쟁이 보장되기 위해서도 필요합니다. 시간을 정해 놓고 그 시간 안에 되지 않는다고, 그냥 표결에 붙여서는 안 됩니다. 네 번째는 상호 존중과 개방입니다. 상호 존중이라고 하는 것은 막연한 얘기가 아니라 상대를 대화의 상대로 인식한다고 하는 것이고, 공론장에서 모든 절차와 과정에서 상호 존중의 원칙이 지켜져야 된다는 것입니다. 다른 사람의 관점에 대해서도 차이가 있을지라도 개방적인 태도를 취해야 합니다. 따라서 상호 존중에 기반을 둘 때 내려진 결론은 일방적일 수가 없을 것입니다. 상대의 생각 역시 나의 생각만큼 중요하기 때문에, 인식의 지평을 넓히면서 공통분모를 형성해 가는 방법 밖에는 없습니다. 다섯 번째는 유연성입니다. 삶의 세계라고 하는 것이 항상 유동하고 변합니다. 따라서 삶의 영역에서 논의 공간이 만들어진다 하더라도 거기에 참여하는 사람이라든가 논의 의제나 논의 방식이라든가 하는 것이 고정될 수가 없습니다. 그 상황과 조건에 맞춰서 계속 합리적으로 변화시켜 가야 되는 것이고, 이런 주민공론장에 참여하는 사람들은 그 변화 과정에 민감하게 반응할 필요가 있습니다. 여섯 번째는 합의 논의가 진행되기 위해서는 갈등을 조정하고 해결할 수 있는 역량을 갖춰야 됩니다. 우리가 다양성과 차이를 존중하지만 생산적인 논의가 이루어지기 위해서는 다양성과 차이가 극단화돼서 파행적으로 가지 않게끔 의견의 차이나 사고의 차이를 존중하면서, 논의가 생산적이고 건설적으로 진행될 수 있는 내부 메커니즘을 갖고 있어야 합니다. 공론장의 갈등 해결 메커니즘과 관련해서 대단히 중요한 부분이 이해관계를 넘어서는 일반인의 상식과 지혜를 잘 활용하는 것입니다. 그 공론장에서 다양한 사람들이 참여하는데 그중 이해관계가 굉장히 강한 사람도 있고, 이해관계로부터 좀 거리가 있는 일반인들도 참여합니다. 그럴 경우에 이해관계인들이 자기주장만을 되풀이하면 오히려 갈등이 심화될 가능성이 큽니다. 그런 경우에 오히려 일반인들의 상식과 지혜를 잘 활용해서 이렇게 합리적인 논의가 이루어질 수 있도록 하는 것이 중요합니다. 마지막으로는 공정하고 신뢰할만한 진행자가 굉장히 중요합니다. 이 진행자는 합의를 위한 과정을 안내하고 조정할 수 있는 숙련된 조정자이어야 되고, 공정한 진행을 해야 되고, 효과적인 의사소통을 촉진할 수 있는 사람이어야 됩니다. 또한 쟁점이 무엇인지를 잘 파악해서, 합의지향적으로 논의를 진행시킬 수 있는 역량을 갖추고 있는 것이 중요합니다. 이렇게 해서 우리가 공론장에서 다수결보다는 합의형성이 중요하고, 또한 불가피하게 다수결로 어떤 결정을 내릴 경우라 하더라도 충분한 논의 이후에 다수결을 활용하는 것이 바람직하다는 말씀을 드렸습니다. 특히 주민공론장에서는 성급한 결정보다는 충분한 논의를 통해서 합의를 이루려고 노력하는 것이 대단히 중요합니다.

[제55강] 의사결정과 합의문 작성 (2) :
합의문 작성

　공론장 논의 결과를 정리한 것을 합의문이라고 합니다. 합의문의 의미를 살펴보면 합의문은 공론장 논의에서 합의한 내용을 문서로 작성하는 것입니다. 당연한 얘기죠. 그리고 합의문은 참여자 전체의 동의에 기반해서 작성하게 됩니다. 실제로 합의한 내용을 하나씩 다 확인을 하면서 작성을 하게 됩니다. 합의문의 구조를 살펴보면 공론장의 구성 목적과 진행 개요에 대해서 육하원칙에 기반해서 작성합니다. 공론장 의제별 합의사항에 대해서 기술하고, 그다음에 운영자와 참여자 이름을 기록하게 됩니다. 그리고 필요한 경우에는 서명 날인합니다. 합의문을 잘 작성해야 됩니다. 합의문은 수려한 문장으로 작성하는 것도 중요하지만, 더 중요한 것은 다음과 같은 다섯 가지 원칙을 지키는 것입니다.

　첫 번째는 명확성입니다. 합의문의 내용에 이견이 없도록 명확하게 기술해야 됩니다. 이해관계가 없는 제 3자가 봤을 때도, 문장이 의미하는 바가 무엇인지를 충분히 이해할 수 있도록 작성해야 됩니다. 장소, 주체, 실행 내용, 실행 방식 등을 구체적으로 기술할 필요가 있습니다. 특히 모호한 표현 같은 것을 사용하면 안 됩니다. 예를 들면, 성실히 노력 한다, 최선을 다한다, 함께 노력 한다 이런 표현은 뭘 얘기하는지 모호하기 때문에, 쓰지 않는 것이 좋습니다.

　합의문 작성 원칙 두 번째는 공정성입니다. 호칭을 통일하는 것이 바람직하고, 일상적으로는 직위 같은 걸 생략합니다. 다양한 이해관계자가 관여하는 경우에 주어 선택에 균형을 맞추는 것이 굉장히 중요합니다. 기술 분량도 균형을 맞추는 것이 중요합니다. 예를 들면 의정부시는 무엇 무엇을 어떻게 한다고 기술했다면, 그다음에는 거의 비슷한 분량으로 의정부 시민사회는 동일한 방식으로 기술을 하고, 또 주민단체는 이렇게 그 내용에 있어서 균형을 맞추는 것이 중요합니다. 감정이 포함된 언어나 형용사 같은 것은 지양하는 것이 좋습니다. 예를 들면, 존경하는, 심각한, 원만한, 이런 형용사 같은 것은 오해를 살 수 있습니다. 이런 표현은 되도록 쓰지 않는 것이 바람직합니다.

세 번째는 용이성입니다. 누구나 쉽게 이해할 수 있도록 작성을 해야 되고, 전문 용어 사용은 가급적이면 피하는 게 좋습니다. 불가피하게 쓸 경우에는 각주 등을 통해서 그 의미를 정확하게 해설해줘야 됩니다. 그리고 무엇보다도 합의문에는 향후 대책에 관한 내용이 정확하게 기술됩니다. 전체 합의한 내용만 기술하는 것이 아니라, 이후에 무엇을 할 것인가 또 그 이후 실행과 관련된 내용에 대해서도 구체적으로 기술을 하는 것이 대단히 중요합니다. 합의 내용을 어떤 과정과 방법을 통해서 모니터링할 것인지도 포함돼야 됩니다. 만약 이 부분에 관한 논의가 부족하다면, 추가적인 논의를 통해서라도 이행 과정에 관한 내용이 포함이 돼야 됩니다. 또 합의된 내용에 변경이 불가피한 경우에는 어떻게 할 것인지 등에 대한 내용도 합의문에 포함되는 것이 당연합니다.

마지막으로는 책임성에 관한 부분입니다. 책임성은 합의된 내용을 누가 어떤 방식으로 이행할 것인지를 정확하게 기술하는 것입니다. 시민은 무엇을 할 것인가, 시민사회는 무엇을 할 것인가, 주민단체는 무엇을 할 것인가 등을 정확하게 기술을 하는 것입니다. 이것을 모호하게 해놓으면 안 됩니다. 그래서 누가 무엇을 언제까지 어떤 방식으로 이행할 것인지를 정확하게 기술해서, 이행했는지 안 했는지를 제 3자가 봐도 충분히 판단할 수 있도록 해야 합니다. 그리고 약속 이행을 하지 않았을 경우에 어떤 조치를 취할 것인지도 기록해 놓는 것이 바람직합니다.

공론장에서 합의문의 효력은 어떻게 될까요? 공공기관이 참여하는 경우에는, 규정이나 조례 등을 제정해서 진행을 함으로써 합의 결과의 현실성을 높일 필요가 있습니다. 그래서 앞에서도 말씀드린 것처럼 공론장에서 합의가 이루어지면, 그 합의 결과가 공신성을 얻기 위해서는 제도화될 필요가 있습니다. 그래서 법으로 만들어 진다든지 정책화 될 필요가 있습니다. 주민에 의한 자발적인 공론장의 경우도 마찬가지로 이를 제도화하기 위해서 의회나 행정과 끊임없이 담론을 형성해 가면서 제도화하도록 노력해야 됩니다. 따라서 이렇게 주민에 의한 자발적인 공론장이 만들어지는 경우에는 공론장의 구성과 운영 과정에서 의회나 공공기관과 지속적으로 긴밀한 소통을 하면서, 제도화될 수 있도록 노력할 필요가 있습니다. 이 합의문의 효력이라고 하는 것은 관련된 법이 있느냐 없느냐 하는 것에 의해서라기보다는, 공론장을 구성하고 운영하는 과정에서 갖게 되는 정당성, 즉 구성의 포괄성이라든가 운영에서의 공정성이라든가, 논의 결과의 합리성, 또 참여자가 얼마만큼 그 합의문의 내용에 대해서 지지하느냐 하는 것에 의해서 결정됩니다. 즉 합의문의 효력은 공론장의 구성과 운영 과정에서 거기서 모인 사람들이 얼마만큼 그 합의문에 대한 내용을 지지하느냐 의해서 결정되는 것입니다.

합의문 작성 사례

「의정부 생활폐기물과 소각 및 처리시설 문제해결 시민공론장」
시민참여단 합의문

의정부 시민의 자발적 신청에 의해 구성된 시민참여단은 2023년 7월 1일, 8일, 15일 총 3회에 걸쳐, 의정부 생활폐기물과 소각 및 처리시설 문제해결 방안 도출을 목표로 시민 토론회를 개최하였다. 시민참여단은 그 동안 생활폐기물과 소각시설 관리실태, 소각장 규모와 최적 대안, 주민수용성 제고 방안, 후보 부지, 필요재원 마련 방안, 건강 및 환경 영향 최소화 방안, 자원순환 촉진과 시민참여 방안 등을 주제로 심도 있는 논의를 진행하였고, 각 주제에 대해 합의안을 도출하였다. 이제 시민참여단은 그 합의안을 공론장 제안자인 의정부 시장에게 제출한다. 시장은 시민공론장을 통해 도출된 시민의 의견을 최대한 존중하여 정책에 반영하기를 바란다.

2023년 7월 15일
「의정부 생활폐기물과 소각 및 처리시설 문제해결 시민공론장」 시민참여단 일동 합의문 사례를 같이 한번 살펴보면요. 실제로 작년에 진행했던 것입니다. 의정부 생활폐기물과 소각 및 처리시설 문제 해결 시민공론장 이렇게 해서 거기 같이 참여했던 시민참여단이 합의문을 작성한 겁니다. 한번 읽어 볼까요? "의정부 시민의 자발적 신청에 의해 구성된 시민참여단은 2023년 7월 1일, 8일, 15일 총 3회에 걸쳐 의정부 생활폐기물과 소각 및 처리시설 문제 해결 방안 도출 목표로 시민토론회를 개최하였다. 시민참여단은 그동안 생활폐기물과 소각시설 관리실태, 소각장 규모와 최적 대안 주민 수용성 제고방안, 후보 부지 필요 재원 마련 방안, 건강 및 환경 영향 최소화 방안, 자원 순환 촉진과 시민 참여 방안 등을 주제로 심도 있는 논의를 진행하였고, 각 주제에 대해 합의안을 도출하였다. 이제 시민참여단은 그 합의문을 공론장 제안자인 의정부 시장에게 제출한다. 시장은 시민공론장을 통해 도출된 시민의 의견을 최대한 존중하여 정책에 반영하기를 바란다." 이렇게 해서 날짜 쓰고 시민참여단 일동 이렇게 해가지고 합의문을 작성을 했습니다. 그래서 생활폐기물 관리 방안에 대한 의견, 그다음에 소각시설 규모와 체적대안에 관한 의견, 기타 필요 재원마련 방안에 관한 의견 이런 내용에 대해서 기술하고, 마지막에 참여자 명단을 제시합니다.

〈참고 문헌〉

Acemoglu, Daron and Robinson, James A. 저·장경덕 역. 2020. 『좁은 회랑』. 서울: 시공사.

Arendt, Hannah 저 • 이진우·태정호 역. 『인간의 조건』. 서울: 한길사.

Barber, Benjamin. 1984. 『Strong Democracy: Participatory Politics for a New Age』. University of California Press.

Gaventa, John. 2006, "Finding the Spaces for Change: A Power Analysis." Institute of Development Studies Bulletin. Volume 37, Issue 6.

Grunfeld, Deborah. 2020. 『Acting with Power: Why We Are More Powerful Than We Believe』. Crown Publishing Group.

Habermas, Jürgen 저 • 박영도·한상진 역. 2000. 『사실성과 타당성』. 파주: 나남출판.

Habermas, Jürgen 저 • 장춘익 역. 2006a. 『의사소통행위이론1 행위합리성과 사회합리화』. 파주: 나남출판.

Habermas, Jürgen 저 • 장춘익 역. 2006b. 『의사소통행위이론2 기능주의적 이성 비판을 위하여』. 파주: 나남출판.

Habermas, Jürgen 저 • 한승완 역. 2001. 『공론장의 구조변동 : 부르주아 사회의 한 범주에 관한 연구』. 파주: 나남출판.

Liu, Eric and Hanauer, Nick. 2011. 『The Gardens of Democracy: A New American Story of Citizenship, the Economy, and the Role of Government』. Sasquatch Books.

Lukes, Steven. 1974(revised edition 2005). 『Power: A Radical View』. Palgrave Macmillan.

Rajan, Raghuram. 2019. 『The Third Pillar: How Markets and the State Leave the Community Behind』. Penguin Press.

강문수. 2011. 『민관협력[PPP, Public Private Partnership]활성화를 위한 법제개선연구』. 세종: 한국법제연구원.

강혜원. 2006. 『신자유주의적 세계화와 국민국가의 상대적 자율성 약화』. 서울: 서울대학교 대학원.

광주도시철도2호선공론화위원회. 2019. 『소통&경청 기록이 미래다: 광주도시시철도 2호선 공론화 백서』. 광주: 광주도시철도2호선 공론화위원회.

김재현. 1996. "하버마스에서 공론영역의 양면성." 이진우·김용일·한자경·백승균·김재현·한승완·윤평중·김득룡 편. 『하버마스의 비판적 사회이론』. 서울: 문예출판사.

박태순. 2019. "신고리 5,6호기 공론화 평가와 개선 방향." (3월 28일 온라인), 지식협동조합 좋은나라. 현안과정책, 119호

박태순. 2020. "비교 성과 및 평가." 광주도시철도2호선공론화위원회 편. 『소통&경청,기록은미래다: 광주도시철도 2호선 공론화 백서』, 418-435.

사용후핵연료정책포럼. 2012. 『사용후핵연료관리정책 수립과공론화를 위한 권고』.

산업통상자원부. 2015. 『사용후핵연료 관리에 대한 권고안 및 정부의 후속조치계획』. 대전: 원자력진흥위원회.

서부경남 공공의료 확충 공론화협의회. 2020. 『평범한 사람들의 탁월한 정책 결정 합의형 공론장 실험에 성공하다: 서부경남 공공의료 확충 공론화 백서』. 경상남도.

유홍림. 1997. "하버마스의 재구성적 정치이론." 『한국정치연구』 7권 1호, 115-136.

이동수. 2001. "하버마스에 있어서 두 권력." 『한국정치연구』 5권, 153-178.

장명학. 2002. "한나 아렌트의 공동권력과 정치.", 『한국정치연구』 11권 2호, 43-68.

장명학. 2003. "하버마스의 공론장 이론과 토의민주주의." 『한국정치연구』 12권 2호, 1-35.

삶을 위한 권력
공론장과 권력감수성

1판 1쇄 인쇄 2024년 12월 1일
1판 1쇄 발행 2024년 12월 10일

지은이 : 박태순 김경숙
발 행 : 홍기표
인 쇄 : 정우인쇄
디자인 : 이소영

글통 출판사 출판 등록 2011년 4월 4일(제319-2011-18호)
facebook.com/geultong
e메일 geultong@daum.net
전화 02 780-4534 팩스 02-6003-0276
ISBN 979-11-85032-98-6

가격 : 17,000원